邹韬奋与
中国现代出版转型

刘火雄 著

南京大学出版社

总　序

商务印书馆元老张元济先生曾言:"盖出版之事,可以提携多数国民,似比教育少数英才尤要。"古往今来,出版早已成为人类文明的播种机、社会进步的发动机。

南京大学是国内最早开展出版教育的高校之一。 1928 年,南京大学前身之一的金陵大学开设了图书专修科,包括"重要书籍研究"、"图书流通"等课程。 1985 年,南京大学恢复图书馆学系。 翌年,图书馆学专业硕士学位点获得批准。 1987年,学校在图书馆学硕士点下设立了编辑出版研究专业方向,开始培养出版方向的研究生。 图书馆学侧重对图书的流通、收藏、利用等方面的研究,而编辑出版学侧重于图书的生产制作。 通过这样的学科设置,一个从图书生产、流通到典藏、利用的完整环节形成了。 1993 年,南京大学编辑出版学本科专业开始招生。 1998 年,南京大学出版科学研究所成立,这是当时全国高校中为数不多的研究所之一。 2003 年,出版科学研究所与南京大学公共管理学的公共管理硕士(MPA)专业合作,联合培养出版管理方向的公共管理硕士(MPA)。 2006年,原国家新闻出版总署设立"新闻出版总署南京大学出版人才培养基地"。 同年,南京大学设立了华东地区第一个出版学博士点。 2009 年，受国务院学位委员会办公室委托，南京大学出版学学科点与南京大学研究生院牵头论证了我国设置出版硕士专业学位议题。 2010 年，出版硕士设置方案获国家有关部门批准。 2011 年，该学科点成为全国出版专业学位研究生教育指导委员会秘书处所在单位，是目前南京大学唯一的一个专业学位秘书处。

2012 年，在时任南京大学党委书记洪银兴教授的大力支持下，在原中国出版集团总裁聂震宁编审的努力下，江苏亚东建设发展集团有限公司向南京大学首批捐款 200 万元，作为南京大学出版研究专项基金，用于筹建南京大学出版研究院。 2012 年 12 月，在南京大学编辑出版学学科点的基础上，整合学校相关力量，学校发文成立南京大学出版研究院。

南京大学出版研究院以建设成为国内一流、国际知名的出版研究智库和出版教育培训机构为目标，全力推进出版学研究。 编纂出版研究丛书是其中的一项重要战略。 作为出版研究院的成果之一，该系列丛书致力于对我国出版理论与历史、出版实务、数字出版与文化产业发展等方面的研究，力求为我国出版业改革发展、提高国家文化软实力提供智力支持。

"多少事，从来急。 天地转，光阴迫。 一万年太久，只争朝夕。"时下，受技术驱动的出版业，正处于新一轮变革转型期。 数字出版、媒体融合、知识服务一日千里。 南京大学出版研究院将顺势而为、应时而变，紧扣时代与社会发展需要，为更多"弄潮儿"脱颖而出提供全方位的支持，最终服务于我国文化强国的建设。

南京大学出版研究院丛书编辑委员会

2017 年 12 月

目　录

绪　论

晚清民国知识分子群体中许多人通过书报刊媒介，实现了自我赋权，从而以其丰富学识和道义责任，对公共事务发出独立声音……一大批慷慨人士，为中国的新闻出版业鼓与呼，谱写了各自的华章，在不同领域筚路蓝缕，开启着中国现代出版的文化山林。

晚清以降，中国遭遇"三千年未有之大变局"，"西潮冲击—中国反应"外向驱动模式与"中学为体—西学为用"内生变革策略相互交织，带动着中国政治、经济、军事、文化多领域的现代转型。邹韬奋、胡愈之、徐伯昕等生活书店同人置身时代的滚滚洪流中，不断拓展所从事的新闻出版业务，如进行经营管理创新，报道都市生活，宣传抗战救国……无形中建构起一幅现代出版和转型的历史图景；他们自身的新闻出版人角色身份以及对出版自由、民主政治的诉求，与当代正处于转型期的中国新闻出版业有诸多相似语境和共通之处。

一、研究背景:现代出版转型基本路径和历史语境

在社会时代后浪推前浪的历史潮涌中，中国新闻出版业从传统向现代嬗变，载沉载浮，此消彼长。现代出版转型表征为以下新质：在器物层面主要指新印刷装帧形式特别是印刷术的革新；在政制层面主要指政府规制的调适，现代新闻出版体制以及企业管理制度的确立；在文化层面主要指传统文化的递演、西潮东渐及大众文化的勃兴；在道德精神层面主要指新职业伦理的建构和发展。现代出版及其转型不仅仅是一个历史分期的范畴，更是中国现代政治、思想、文化风云激荡、百家争鸣的场域。①

_____

① 有关现代出版转型的内涵和特征，聂震宁师、吴永贵等人士均已有洞见。如聂震宁师在 2012 年 9 月举行的首届"中国—亚欧出版博览会论坛"上，对中国出版业的转型特点及其趋势等作了阐述，包括产业化转型、公益出版制度化转型、发展方式转型、战略重点转型、出版技术转型、国际出版合作转型。吴永贵则在其于 2011 年出版的著作《民国出版史》中对此作了界定。此类成果和探索对笔者深有启发。

虽然早在西汉初期中国就出现了邸报，其主要承担发布命令、书诏、章表、辞见等内容功能，此后，官刻、坊刻、私刻图书出版业几经迭变，多元并存，但中国现代书报刊出版业的兴起，主要靠西方传教士的推动，带有鲜明的"内生外驱"特征。西方传教士早期的出版活动，主观上基于传播福音需要，客观上给中国近现代出版业转型提供了物质和文化资源。1815 年 8 月，《察世俗每月统记传》由伦敦传教会传教士米怜与马礼逊创刊于马六甲，新闻史上普遍将其视为以中文出版的第一份现代定期报刊，如民国报人戈公振就将其视为"我国有正式报纸之始"①。《特选撮要每月纪闻》、《东西洋考每月统记传》、《天下新闻》等传教士主办的报刊继而兴起，报刊馆逐渐由南洋、广州等地向上海集中，如林乐知编发《上海新报》、《万国公报》影响一时，后者于戊戌变法期间的发行量最高时达 38000 多份。随着墨海书馆、美华书馆、土山湾印书馆、广学会等在华教会出版机构的设立与扩容，中国现代新闻出版业格局初定。与此呼应，晚清及民国时期，中国知识分子陆续涉足书报刊出版业，直至万涓成河，蔚为大观。如伍廷芳 1858 年在香港创办《中外新报》，这可谓中国近现代报刊的发轫。王韬主笔的《循环日报》发刊于 1874 年，该报成为中国报刊史上第一份以政论为主的报纸，主要推介政治改良主张。

传教士从事书报刊出版业或相关教育活动，对中国现代出版转型的影响显而易见：一方面，他们带来了西方的书报刊出版模式，如定期出版、书报刊联动编印等；一方面推动了铅印、石印等印刷技术的普及。逗号、顿号、破折号等新式标点，最初也是在传教士所主办的书报刊上试用并定型。影响更为深远的是，他们为中国哺育了出版人才。如商务印书馆创始人之一夏瑞芳，曾在美国基督教长老会传教士范约翰创立的清

---

① 戈公振.中国报学史 [M].上海：上海书店出版社，2013：313.

心书院学习印刷知识，并结识了同窗好友鲍咸恩、鲍咸昌兄弟和高凤池等。 他们与夏瑞芳联手于 1897 年在上海创办商务印书馆，成为中国现代印刷图书出版业嚆矢。 此外，"传教士为了赢得中国知识分子对基督教的好感，除了用新技术印刷宗教宣传品外，还翻译出版了一批反映西方科学文化知识的中文书刊，从而拉开了近代出版内容结构调整的序幕"①。 梁启超、张元济、胡适、陈独秀等知识分子，同样在推动中国文化事业由传统向现代转型的变革中无役不与。

中外学人有关知识分子的论述连篇累牍，早已汗牛充栋。追寻近代知识分子传统，许多论者视法国"德雷福斯事件"为滥觞。 1898 年，当中国正试图推行戊戌变法时，法国作家左拉为给遭受诬陷而被判终身监禁的犹太裔军官德雷福斯辩护，发表了致总统的公开信《我控诉》，赢得"知识分子"称号并享誉至今，法国知识分子由此"走出了'为艺术而艺术'的林中空地，并警示他们担负起'现代国家的道德守护者'的崇高天职"②，其流风余韵一直延续至萨特、雷蒙·阿隆等人。 中国现代知识分子则与古代士人阶层有历史渊薮。 中国古代士人阶层位居传统社会"四民"（士农工商）之首，因所处时代各异，主要体现为游士、卿士、名士、士大夫乃至高僧等群体形态。就精神义理而言，他们或如孔子"士志于道"，或如孟子"富贵不淫、贫贱不移、威武不屈"，抑或如顾炎武"天下兴亡，匹夫有责"，普遍抱有"修齐治平"情怀。 但晚清至民国初期，在中国由封建专制向民主共和政体转轨的历史进程中，特别是科举制废除后，随着现代知识教育体系和新闻出版业的崛起，传统的士人阶层逐渐为现代知识分子群体所取代。 要对知识分子

---

①　吴永贵.民国出版史［M］.福州：福建人民出版社，2011：8.

②　马克·里拉.当知识分子遇到政治［M］.邓晓菁，王笑红，译.北京：新星出版社，2005：148.

作一放之四海而皆准的概念式界定，既是极大的理论挑战，也容易以偏概全、挂一漏万，但作为新式智识群体，他们无论"居庙堂之高"还是"处江湖之远"，至少有以下共性：普遍具备专业化的知识、独立人格与自由思想，自觉维护社会正义，拥有良知。

晚清民国知识分子群体中许多人通过书报刊媒介，实现了自我赋权，从而以其丰富学识和道义责任，对公共事务发出独立声音。正如梁启超之于《时务报》、《新民丛报》，章太炎之于《苏报》，张元济之于商务印书馆，陆费逵之于中华书局，胡适、陈独秀之于《新青年》……一大批慷慨人士，为中国的新闻出版业鼓与呼，谱写了各自的华章，在不同领域筚路蓝缕，开启着中国现代出版的文化山林。

鸦片战争以后，积贫积弱已久的中国屡遭外敌侵凌，受此时局影响，"启蒙"、"救亡"、"革命"这些时代命题凸显，进而逐渐演变为中国现代书报刊出版业的三重奏主题，这一历史轨迹至少延续至 1949 年中华人民共和国成立、定于一尊前后。其间，维新士人、革命派、新文化知识群体以及中国共产党人的报刊编辑出版实践百舸争流、竞合共生。《循环日报》创刊词写道："本报所载上的有关政事之得失，足以验证国运之兴衰，足以察风俗之厚薄。"[1]康有为、黄遵宪等人所创办的《强学报》开宗明义，"敬告读者：目前的一切正处在开创时期，本报专门以寻求救国图强的学理为目的"[2]。梁启超主编的《新民丛报》，取《大学》新民之义，以"维新吾民"为旨归，"笔者以为要想使旧的变为新的国家，首先使人民的思想呈现出新的面貌。中国之所以不能振兴，是由于人民智慧尚未开启，缺乏一种公法意识。所以本报针对这一问题，应采取融合中西方教

---

① 本局启事.循环日报 [N].1874-2-4.
② 本局告白.强学报 [N].1896-1-12.

育的方法，为我国的教育方针，广泛搜集政学理论为我国的知者之本"。① 陈其美等人主持的《民国日报》，则以革命为鹄的："本刊是革命的报纸，一切言论，均与中国唯一的革命党——国民党一致，一切反革命的言论，均在绝对摈弃之列。"②1919 年，26 岁的毛泽东开始在长沙主编《湘江评论》，激扬文字，反对强权，倡议民众大联合，对帝国主义和封建势力进行揭露和抨击："世界什么问题最大？ 吃饭问题最大。 什么力量最强？ 民众联合的力量最强。 什么不要怕，天不要怕，鬼不要怕，死人不要怕，官僚不要怕，军阀不要怕，资本家不要怕。"③

面对动荡、混乱的社会现实，被裹挟的知识分子如何自处，从来不是一个不证自明的议题。 鲁迅曾自嘲"破帽遮颜过闹市，漏船载酒泛中流"，胡适奉行范仲淹"宁鸣而死，不默而生"的人生信条，梁漱溟有"吾曹不出，如苍生何"的浩叹……中国知识分子群落中，尽管许多人的生活阅历、教育背景、政治诉求迥异，但他们试图以各自方式在危机社会中重建秩序与追寻意义，特别是普遍借助新兴的书报刊媒介来推介新知、传播思想、宣扬主张，其方式或保守，或自由，或激进，均殊途同归于以各自努力来实现民族独立、国家现代化这一宏大理想与愿景。"在晚清民初的民族自强运动中，中国知识分子对世界的整体解释可以被理解为对国家的合法性的一种论证，但他们要证明的不是原有的政治秩序的合法性，而是如何以及为什么必须通过变革去运用政治力量，实现那些对构成社会同一性具有

---

① 古敏.头版头条：中国创刊词［Z］.北京：时事出版社，2005：47-48.

② 创刊词.民国日报［N］.1916-1-22.

③ 中共中央文献研究室.毛泽东年谱（1893-1949，修订本上卷）［Z］.北京：中央文献出版社，2013：41.

意义的各种价值。"①美国艺术人文科学院院士孔飞力在论述中国现代国家的起源时，曾指出 20 世纪中国的政治发展看似杂乱无章，方向多重，但以整个世纪为视角观之，"这便成了一个关于中央集权的国家不屈不挠地向前迈进的故事"。② 在谋求"民族—国家"的现代化进程中，因中国屡遭强敌入侵，中国知识分子还承担着反抗列强的使命，他们大多以"意见领袖"的姿态，不断通过书报刊等媒介平台展开辩论，做出呼吁，点染出较为鲜明的民族主义色彩。 上述出版转型形态与知识分子的角色扮演，时至今日依然普遍存在。 在此意义上可以说，中国的现代出版转型仍是进行时，而非完成式，此为本研究的历史与现实语境。

二、问题提出：民国知识分子与书报刊互动关系

邹韬奋（1895 年 11 月 5 日至 1944 年 7 月 24 日）生活的时代，历经戊戌变法、辛亥军兴、清帝逊位、民国始肇、新文化运动、日本侵华、国共合作等风云变幻。 与此同时，中国现代新闻出版业迎来了发展的"黄金时代"，分别在"五四"运动前后以及"七七事变"前数年形成了两个高峰。 据叶再生统计整理，1927 年至 1937 年间民国书报刊出版最为活跃。 单以期刊为例，"五四"前后（1917 年至 1922 年），中国平均出版期刊为 271 种；1927 年至 1937 年间，中国每年出版期刊 1483.8 种③，增幅明显。 另据国民政府内政部核准登记的报刊社资料

① 汪晖.现代中国思想的兴起（全四册）［M］.北京：生活·读书·新知三联书店，2008：1483.
② 孔飞力.中国现代国家的起源［M］.陈兼，陈之宏，译.北京：生活·读书·新知三联书店，2013：119.
③ 叶再生.中国近代现代出版通史（第 2 卷）［M］.北京：华文出版社，2002：1033.

显示，截至 1936 年 4 月，上海、南京、北平三地杂志社的总数分别为 529 家、219 家、174 家，在全国各省市所属种类排名中位列前三强，占据半壁江山。① 这一时期，商务印书馆、中华书局、世界书局、大东书局、开明书局、正中书局、文通书局均在出版领域多有建树，商务印书馆崛起为"远东第一，世界第三"的大型文化企业。 相比于张元济、陆费逵、叶圣陶等人，邹韬奋因英年早逝，从事新闻出版业的时间约 20 年，不算太长，但他使《生活》周刊、《大众生活》、《抗战》三日刊风靡一时，《大众生活》单期发行量一度突破 20 万份，生活书店在全国设立 50 余家分店②，一家涉足书报刊联动出版且颇具规模的

---

① 王余光，吴永贵.中国出版通史［M］.北京：中国书籍出版社，2008：87.

② 1937 年全面抗战发生以前，生活书店总店在上海，分店仅有广州、汉口两处。 据邹韬奋回忆："全面抗战爆发以后，为适应抗战期间全国同胞对于抗战文化的迫切，本店特派高级干部数十人分往内地各重要地点创设分店，由于负责干部的艰苦奋斗，业务更一日千里，异常发达，不到一年，全国分店已达五十余处。"（生活书店.韬奋画传·经历·患难余生记［Z］.北京：生活书店，2013：362.）此外，邹韬奋同事张仲实曾言及生活书店"后来在全国有分支店和办事处五十六处"。（张仲实.一个优秀的中国人——邹韬奋先生的生平、其思想及事业//邹嘉骊.忆韬奋［Z］.上海：学林出版社，1985：76.）另据《生活书店史稿》记载，"生活书店在 1938、1939 两年内在全国建立了庞大的发行网：分支店及办事处达 52 个，临时营业处 3 个，此外还有 9 个流动供应所"。（生活书店史稿编辑委员会.生活书店史稿［Z］.北京：生活书店，2013：116.）综上基本可以推断，生活书店在巅峰时期的分店总数在 50 家以上，且遍布中国内地及香港地区、新加坡等地。 相比而言，商务印书馆在 20 世纪 30 年代的辉煌时期，全国各大城市设有 36 个分馆，1000 多个销售网点遍布全国和整个东南亚，职工人数达 4500 人，营业额达 1200 万银元，年出书千余种，占全国（见下页）

现代传媒机构异军突起。

在机械复制时代，发行量通常为衡量书报刊影响力的主要标尺，以此可以管窥邹韬奋编辑出版活动在中国现代出版史上的成就。邹韬奋本人在回顾生活书店店史时，提及过刊物发行量问题："本店最初为生活周刊社，该刊销量每期在十五万份以上（有当时邮局盖章的立券簿为证），仅仅该刊每年的订费即有数万元。"②另据邹韬奋在生活书店的同事张仲实记述，"《生活》周刊不到三年，每期销数便由两千多份而增至四万份；自一九二九年十月起，该刊又加以扩充，改为本子形式（原为一单张半），内容更加充实，每期销数突增至八万份，随即增至十二万份，后来更增至十五万份以上，为中国杂志界开一新纪元！"③1930年，《生活》周刊推出五周年纪念增刊，上海日光牙刷公司在其广告语中写道："《生活》周刊五周年纪念增刊出十二万份，日光牙刷亦随之而有十二万份之广告，是《生活》周刊与日光牙刷有密切之关系也，谨以十二万份至诚心，敬祝《生活》周刊万岁。"④1931年《生活》周刊推出《双十特

（接上页）年图书品种总量的40%以上。（于殿利，等.品牌之道——商务印书馆［Z］.北京：商务印书馆，2008：8.）尽管在总体规模、产能等方面，生活书店与商务印书馆仍有较大差距，但两者在民国时期的文化界，各拥擅场，特别是随着日军侵华加剧，商务印书馆上海总店遭日军空袭，元气大伤，如其馆建的东方图书馆40多万册图书化为灰烬，生活书店却异军突起，成为中国抗战文化建设的一支新生力量。

② 北京印刷学院，韬奋纪念馆.《店务通讯》排印本（下）［Z］.上海：学林出版社，2007：1292.

③ 张仲实.一个优秀的中国人——邹韬奋先生的生平、其思想及事业//邹嘉骊.忆韬奋［Z］.上海：学林出版社，1985：76.

④ 上海日光牙刷公司广告//《生活》周刊影印本（第6卷）［Z］.北京：人民出版社，1980：39.

刊》，销售一空，供不应求。　生活周刊社在杂志上发布启事，感谢读者踊跃订购、分赠亲友，使得该期杂志超出先前预定销量 3 万份，已达 15.5 万份。　邹韬奋随即又在刊物上公布经社方特聘会计师潘序伦等审核后的销量证明，其中明示"该期销数共达十五万五千份"。①综上推断，《生活》周刊最高销量达 15.5 万份基本可以确认，其平时每期发行量也在 10 万册以上。翻译家许渊冲曾提到《生活》周刊和邹韬奋对他下决心学好英语的影响②。　邹韬奋所主编的《大众生活》，其销量同样破纪录。"《大众生活》每期销数达二十万份，打破中国杂志界的纪录，风行全国，为每一个爱国青年所爱护，为每一个妥协阴谋者所震慑不是偶然的，因为它是与当前时代最进步的运动——救亡运动——联结在一起的。"③担任过生活书店编委会主席的胡愈之曾撰文："《生活》周刊和《大众生活》在检查禁寄禁阅的重重限制之下，平均的销数，达到十五万至二十万份，创造

---

①　双十特刊销数之证明//《生活》周刊影印本（第 6 卷）[Z].北京：人民出版社，1980：1118.

②　"我在小学时代并不喜欢英文，觉得英文发音别扭，字形没有意义，远远不如中文，做梦也没想到后来会有兴趣。到了初中，情况并没有好转；到了高中一年级，甚至英文有不及格的危险；不料到了高二，背熟三十篇短文并且模仿作文之后，忽然一下融会贯通，考试成绩从中等一跃而为全班第二，这就克服了自己甘居中游的思想，摆脱了不如人的心理，超越了不喜欢英文的自我。加上当时风行林语堂主编的《论语》半月刊和韬奋做主编的《生活》周刊，而林语堂和邹韬奋都是教英文的。更重要的是，表叔熊式一用英文写的剧本《王宝钏》在英美上演，名利双收，成了我们家崇拜的人物。"（参见许渊冲.后序//任尔东西南北风：许渊冲中外经典译著前言后语集锦 [Z].北京：清华大学出版社，2014：598。）

③　生活书店.韬奋画传·经历·患难余生记 [Z].北京：生活书店，2013：309.

了中国期刊销行的新纪录。"①在中国新闻出版界的当时，报刊发行量如能突破万册，已属难得，如李欧梵谈到，《东方杂志》这份创办于 1904 年、面向都市读者的"中层"刊物，"每期销量曾高达一万五千"。② 1932 年初，"《良友》画报销四万份，是全国销路较大的刊物之一"。③ 即便久负盛名的《申报》，其发行量有时也无法与邹韬奋所主持的《大众生活》相匹敌。 林语堂参照《〈申报〉年鉴》以及申报馆出版的纪念册（1935年）等资料，统计出《申报》这一代表性报刊在 1935 年前后的单期发行量约为 15.59 万份④，而当年邹韬奋所主编的《大众生活》，因声援"一二·九"运动抗日救亡运动，单期发行量一度高达 20 万份。

发行量仅仅是衡量书报刊影响力的变量之一，其报道内容所承载的新闻、思想、文学、艺术、价值等，同样决定着出版物信誉和效用，如《新青年》因开展新文化运动，倡导"民主"、"科学"等系列言论，至今仍为学界多所关注。 相对而言，邹韬奋编辑出版实践的贡献，更偏向于市民文化、抗战文化的建构和传播上。 鉴于邹韬奋在现代新闻出版界的丰富实践和标杆意义，以邹韬奋为主要研究考察样本，切入"民国知识分子与现代出版转型"主题，有助于展现中国知识分子与现代书报刊的多元互动。 诚然，民国知识分子群体人数众多，思想不一，品性各异，邹韬奋仅仅是其中的一员，他无法代表整个民国知

---

① 胡愈之.韬奋与大众文化//邹嘉骊.忆韬奋 [Z].上海：学林出版社，1985：152.

② 李欧梵.上海摩登：一种新都市文化在中国（1930-1945）[M].毛尖，译.北京：北京大学出版社，2001：57.

③ 赵家璧.编辑忆旧 [M].北京：中华书局，2008：41.

④ 林语堂.中国新闻舆论史 [M].刘小磊，译.上海：上海人民出版社，2008：152-154.

识分子群体。但另一方面，邹韬奋以及胡愈之、徐伯昕等生活书店同人，在中国现代出版史有其典型性，是民国知识分子共同体的重要一极，因此，以生活书店同人尤其是以邹韬奋为研究中心，仍能较好地通过对他们编辑出版实践活动的考察，来论证"民国知识分子与现代出版转型"议题。邹韬奋及生活书店同人在近 20 年的编辑出版活动中，其内容选取、作者队伍建设、读者服务、企业经营管理，以及由此展现出来的知识分子的家国情怀、责任担当、现实关切、批判精神、出版自由思想等，对于当代转型期的新闻出版活动，既有业务上的启发借鉴，更有精神上的共鸣应和。这可谓本研究的逻辑起点和现实意义所在，民国时期沉淀的新闻出版经验之于当代启示的时空间距由此得以缩减、贯通。基于历史和现实互为观照的整体性框架，回归历史视野，以史为鉴，重寻理论资源和方法，便于来者更好地洞悉未来。

值得注意的是，在意识形态话语主导下，邹韬奋专题研究成果虽不时推陈出新，但总体而言处于相对固化状态，许多研究往往流于梳理邹韬奋编辑出版生涯相关史料，重复叙事，学理阐释和深度解读尚显不足。邹韬奋何以能把籍籍无名的刊物打造成为洛阳纸贵的大众读物？通过对邹韬奋编辑出版实践、思想理念转变及与现代出版转型关系的考察，当代中国知识分子能汲取什么样的历史经验，进而更好地在当前转型时期与书报刊、互联网等传播介质结合，并在此基础上追寻并光大"文以载道"和"文人论政"的传统，拓宽话语空间，以便积累新的文化成果和思想资源？强力的政府规制与知识分子的诉求如何实现平衡？这正是本研究有待解决的基本问题。在信息有限的印刷媒介时代，邹韬奋等知识分子在处理书报刊与大众利益、政党利益关系时，已有诸多尝试。当前日新月异、信息爆炸的数字时代，在书报刊、互联网等媒介与大众利益、政党利益的关系中，知识分子何为，本研究也力求从邹韬奋等人的言行实践和启示中作一定探索。

三、研究回顾：邹韬奋研究视角嬗变及其主要成果

涉及"民国知识分子与书报刊互动关系"主题的研究，向来为学界所关注。无论是对张元济、陆费逵、叶圣陶、章锡琛等人的个案分析，或者对商务印书馆、中华书局、开明书局、北新书局等出版机构与近现代文化之间的历史解读，抑或是对《申报》、《大公报》、《新青年》、《东方杂志》、《良友》、《小说月报》、《礼拜六》等报刊文化研究，都成果迭出。这一定程度上彰显了"民国知识分子与书报刊互动关系"研究的持续热度。其中，《百年沧桑：王芸生与〈大公报〉》、《上海摩登：一种新都市文化在中国（1930 - 1945）》、《商务印书馆与中国近代文化》、《多维视野下的〈新青年〉研究》、《文人论政——知识分子与报刊》、《北新书局与中国现代文学》、《时代变迁与媒体转型：〈大公报〉1902 - 1966 年》、《北大教授与〈新青年〉》①等论著均有一定代表性。诸如此类上述成果，已从不同层面关涉知识分子的编辑出版思想与实践，同时论及相关人物（机构）与"中国现代出版转型"议题，这为后续开展此类研究积累了较为丰富的史料，并提供了理论视角。

具体到以邹韬奋为考察中心，来辨析民国知识分子与现代出版转型关系，其中，有关邹韬奋编辑出版实践活动及其思想转变的研究与本课题关联密切。笔者以"韬奋"为关键词，检索中国知网、维普、万方等数据库资源，综合比对、去重后发现，2000 年以来，每年约有二三十篇与邹韬奋相关的回忆性文字或研究论文，主题涉及韬奋编辑出版思想及活动、教育观、民主政治观、人物交往、史实考证等领域，此外有评传、研究

---

① 以上论著作者、出版信息相关情况，详见本书"参考文献"内容。

专著陆续出版，邹韬奋专题研究由此总体呈现关注度较高的态势。

1. 邹韬奋思想变迁研究

早在 1944 年邹韬奋去世后不久，对他进行纪念及评价的论述不时见诸报端。 1944 年 11 月，延安《解放日报》推出《邹韬奋先生逝世纪念特刊》，刊发了毛泽东的题词："热爱人民，真诚地为人民服务，鞠躬尽瘁，死而后已，这就是邹韬奋先生的精神，这就是他之所以感动人的地方。"①邹韬奋逝世五周年之际，周恩来代表中共中央给出了这样的评价——"邹韬奋同志经历的道路是中国知识分子走向进步、走向革命的道路"，陈毅等题词称"从爱国主义出发，与群众结合，为人民利益而奋斗，最后走向科学的共产主义，你是革命知识分子的典范"。②上述论断主要以中国共产党代表人物的立场总结了邹韬奋人生道路的"转轨"路径，在政治上定位了他"接受共产主义信仰、向党靠拢"的基调。 其后随着中华人民共和国成立、中国共产党成为执政党，类似言论更广为业界、学界人士奉为圭臬，被不断引用。 1955 年，《韬奋文集》（共 3 卷）由生活·读书·新知三联书店发行，这是中华人民共和国成立后，第一次比较系统地整理出版邹韬奋文录的文献。 此版《韬奋文集》序言《韬奋的思想的发展（代序）》一文由范长江主笔，最终以"《韬奋文集》编辑委员会"名义行世。 该序言强调邹韬奋转向马克思主义和共产党思想的历程，即"从资产阶级思想影响下摆脱出来到无产阶级立场的中国广大知识分子的典型"，并认为"从韬奋思想发展的过程，可以看出半殖民地半封建的中国社会的革命知识分子思想发展的规律。 这里有两个基本关键问题：一个是对帝国主义的态度问题，第二个是对工农群众和对工人阶级

---

① 题词 // 邹嘉骊. 忆韬奋 [Z]. 上海：学林出版社，1985：515.
② 题词 // 邹嘉骊. 忆韬奋 [Z]. 上海：学林出版社，1985：516.

的政党——共产党的态度问题"。^① 学者李频指出,《韬奋的思
想的发展(代序)》是"按 20 世纪 50 年代知识分子改造的现时
图像来描摹历史,描绘出来的韬奋放大了韬奋思想变迁的一个
侧面,体现的是《韬奋文集》编委会的思想意图与话语权
力"。^②

如果说《韬奋的思想的发展(代序)》还只是纲举,那么原
光明日报社总编辑穆欣所著《邹韬奋》一书则为目张。作者在
传记中,多处论述了邹韬奋思想的转变,如 1931 年"九·一八
事变"爆发后,邹韬奋思想分为前后两期等。在穆欣看来,
"九·一八事变"以前,邹韬奋"曾有一段时间未能摆脱资产阶
级思想的影响,对于反对帝国主义的斗争,在认识上不能清楚
明白,在态度上不够坚定彻底",但"事变以后,在反对日本帝
国主义的斗争中,他的立场已经逐渐坚定起来,而且和大多数
具有善良愿望的爱国知识分子一道,努力寻求能够反对帝国主
义的力量","此后各期《生活》周刊全是以抗日救国为中心内
容,并且逐渐成为新闻评述性质的周报"。^③ 这成为后来诸多
邹韬奋相关传记的叙述定式。1935 年,邹韬奋流亡海外两年
后归国,流亡期间,他考察了欧美、苏联多国。穆欣认为,"这
次环绕世界的旅行,他(邹韬奋^④)刻苦地学习了马克思列宁主
义,对于社会主义社会和资本主义社会进行了实地考察,使得
他在思想上有了飞跃的进步","他已坚决勇敢地站到了革命的

① 《韬奋文集》编辑委员会. 韬奋的思想的发展(代序)//《韬奋文
   集》[Z].北京:生活·读书·新知三联书店,1955:3-18.
② 李频.井冈山归来读韬奋//出版:人学絮语[Z].郑州:河南大学出
   版社,2012:38.
③ 穆欣.邹韬奋[M].北京:首都师范大学出版社,1995:61-65.
④ 直接引语中此类圆括号中的文字,如非另外特别说明,则均表示为
   笔者所加,以便语义更明确,或语言文字更符合当前使用规范,全
   书下同。

立场上，接受了辩证唯物主义与历史唯物主义的观点，因此对于有关中国前途的重大问题，找寻到了正确的答案"。① 穆欣结合《生活》周刊等文本，对邹韬奋出版活动及思想转变的论述，拓展了邹韬奋专题研究的思路。但由于作者所处时代的特殊语境，对于邹韬奋的某些思想转变，字里行间有时情绪化渲染过重，仍带有鲜明的意识形态话语色彩，如在涉及美国等时，常常冠以"帝国主义"等修辞语，对蒋介石、国民党则目为"奴颜婢骨"、"反动派"。这种先入为主式的情感倾向，固然是特定时代语境下的情势使然，但有时难免影响到对传主的客观评价和阐述。

"文革"时期，受时局影响，邹韬奋因早年与周恩来等人关系密切，一度被"四人帮"追视为"黑线人物"，有关邹韬奋的研究相应付之阙如。改革开放后，邹韬奋专题研究日益复苏。潘大明侧重从儒家文化、西学背景、抗日战争等因素来探讨邹韬奋人格思想的形成及演变，分析了邹韬奋从强调个人作用到服膺集体主义的转变等历程，②其研究视角颇有新意。但作者在邹韬奋思想演变过程中对儒家文化因素的过于强调，也值得商榷。参照邹韬奋文集，以及《生活》周刊等文本，其思想中"反传统"特征其实同样明显，如反对包办婚姻、提倡新式小家庭，倡导破除迷信，宣扬现代科技、健身美容，等等，不一而足。

对邹韬奋思想述评翻新较多的当属郝丹立。作者不但对《韬奋的思想的发展（代序）》中的某些论断做了辨正，还就邹韬奋科学主义的人生观、进化论的历史观、知识分子观作了解析。在郝丹立看来，邹韬奋思想核心的"自变量"主要是：在其整个思想历程中始终处于发展和充实过程中的爱国主义、民

---

① 穆欣.邹韬奋 [M].北京：首都师范大学出版社，1995：114.

② 潘大明.韬奋人格发展的轨迹 [M].上海：上海文艺出版社，1998.

主主义，以及其关心国家命运和民族前途的忧国忧民之心，淑世救世之情；邹韬奋言论自由和民主人权的政治主张，以及其强烈的人格独立和思想自由精神，则是居于"次核心"的自变量；由于邹韬奋"深受费边社会主义思潮和拉斯基的影响，并且在是否承认无产阶级专政这一马列主义根本立场上，始终与毛泽东的人民民主专政理论存在着根本的分歧。因此，韬奋是一个伟大的爱国主义者，一个杰出的民主斗士，但却始终不是一个马克思主义者"。① 相对穆欣、范长江等人偏于情感维度的"宏大叙事"，郝丹立的论著彰显了对邹韬奋这位历史人物的"祛魅"，这可视为当代学者强化理性反思的自觉。郝丹立虽然拿出两章篇幅来探讨邹韬奋主编《生活》周刊时期的思想，但对他后来所主持《大众生活》、《抗战》三日刊等报刊的论述相对薄弱，这不利于总体上完整观照邹韬奋思想的变迁。龚鹏试图"以'启蒙'为研究韬奋思想的切入口，通过论述邹韬奋启蒙思想的内涵、特点来分析邹韬奋在现代中国启蒙思想史上的历史地位"②，为此，他从"立人"、"唤起民众"、"救亡"等角度探寻了邹韬奋启蒙思想不同层级及其效果，但仍延续着穆欣"九·一八事变"的爆发为邹韬奋思想前后转变的基本框架，且"启蒙"仅仅是邹韬奋思想的一个缩影，其"救亡"主题更为明显。

上述研究成果为本课题研究提供了直接的参考思路，但相关研究普遍存在一个有待深入研究的领域，即邹韬奋思想的转变对其编辑出版活动有何影响，其影响在现代出版转型历史进程中，又有着怎样的坐标意义和当代价值？本研究主要以此为

---

① 郝丹立.韬奋研究的历史走向 // 韬奋新论：邹韬奋思想发展历程研究 [M].北京：当代中国出版社，2002：7.
② 龚鹏.邹韬奋启蒙思想研究 [M].北京：中国社会科学出版社，2011：14.

突破口，集中论证邹韬奋思想转变，探究其与中国现代出版转型的关系和意义，同时力求客观评价其历史局限。

　　2. 邹韬奋新闻出版实践活动史论

　　史料搜集、整理、分析作为一项基础性研究工作，在邹韬奋专题研究中体现得比较充分。邹韬奋本人就有比较明显的存史意识。如他写于 1937 年的《经历》，写于 1940 年的《生活史话》，未完成的遗著《患难余生记》等，有许多内容涉及《生活》周刊、《大众生活》的编辑出版以及生活书店的经营管理等，都是一手资料。邹韬奋去世以后，友人、同道如茅盾、沈钧儒、夏衍、胡愈之、郑振铎、戈宝权、范长江等纷纷撰文，或回忆相互交往故事，或论述邹韬奋的编辑出版活动，留下了诸多历史信息。邹韬奋女儿邹嘉骊所编《忆韬奋》一书，正是此类史料、论著的汇编，信息量大。

　　马仲扬、苏克尘曾分别在中共中央政治研究室、首都师范大学中共党史研究室任职，从事理论科研及教学工作多年，他们合著的《邹韬奋传记》一书，全景式展现了邹韬奋的生平经历，便于研究者从宏观上对邹韬奋的言行、思想进行把握。上海交通大学陈挥教授于 2009 年出版了《韬奋评传》。本书既以评传形式写作，在行文论述中侧重对邹韬奋生平事迹的考证、去芜存真。如作者通过档案资料，获悉了邹韬奋早年求学南洋公学附属中学的学习成绩和排名情况。此外，对于邹韬奋在上海居住过的地方，在华中抗日根据地的活动日程，生活书店旧址等，作者也一一作了辨析，体现了较严谨的学风。《韬奋评传》的出版，一定程度上标志着邹韬奋传记写作、研究由侧重生平叙事逐渐向侧重考证和史论结合的路径演化。

　　在邹韬奋专题研究中，有关其新闻出版实践的研究可谓热点，相关成果最为丰富。20 世纪 80 年代，钱小柏、雷群明所著《韬奋与出版》以及俞月亭编《韬奋论编辑工作》等著作问世。俞月亭《韬奋论》一书则主要为邹韬奋报刊编辑出版思想研究论文集，作者俞月亭从对《生活》周刊、《大众生活》的分析中，总结了邹韬奋的新闻宣传思想和写作艺术，这在 20 世纪 90 年代有一定代表性。

上述以传记、史论为主的回忆和研究，较好地梳理了邹韬奋编辑出版活动的基本史料，尽管存在部分重复研究、叙述的问题，但为展开对邹韬奋与现代出版转型关系的进一步研究提供了知识图谱。此外，韬奋基金会、韬奋纪念馆先后编辑出版过邹韬奋研究的相关论文集，其中，陈福康《邹韬奋的翻译理论》、梁小建《从"健而美的体格"看〈生活〉周刊的转变》、胡学亮《邹韬奋广告思想探微》等文选题较有新意。武志勇则对邹韬奋的大众化办刊理念、读者服务精神等有相对全面的论述。①

3. 《生活》周刊等个案研究

在邹韬奋研究领域，《生活》周刊因其发行量大、影响广、出版时间跨度近 10 年等特点，向来受到学界青睐。赵文以《生活》周刊为个案，在内容文本分析的基础上，总结了《生活》周刊对于上海城市平民文化的营造、引导作用，分析了其主要内容、海派风格等，②这一角度的选取，显示出研究者较开阔的历史社会文化学视野。作者对《生活》周刊编辑、作者、读者群体进行梳理，归纳出《生活》周刊作者队伍籍贯以江浙沪居多。

在相关传记作品中，尽管学界对邹韬奋与胡愈之、徐伯昕等"生活"同人的研究已多有涉及，但他与鲁迅、胡适、张元济、陆费逵等出版人的交往互动、思想异同比较研究，仍相对

---

① 武志勇.韬奋经营管理方略［M］.北京：中央编译出版社，2000.
② 赵文.《生活》周刊（1925－1933）与城市平民文化［M］.上海：上海三联书店，2010.

薄弱。《关于鲁迅、黄源同生活书店风波由来考辨》一文①中，作者以详实的考证梳理了因《译文丛书》、《译文》杂志出版而造成邹韬奋、鲁迅等人多方误会的来龙去脉，并穿插了各自不同的编辑思想，在邹韬奋比较研究中颇为难得。此前，李频著的《编辑家茅盾评传》对"《译文》风波"也作了详细记载。②

　　总体而言，邹韬奋专题研究"热点"与"冷灶"并存现象明显。学界对邹韬奋编辑出版实践活动的关注较多，对他所主编的报刊内容分析较少。邹韬奋所主持的报刊出版，因其特定的历史情境，保留了许多时代的印记，对于了解中国现代社会变迁、抗战历程、都市生活等，保存了丰富的史料，值得进一步挖掘。此外，学界普遍对《生活》周刊的研究较多，但对《抗战》三日刊、《大众生活》乃至生活书店内刊《店务通讯》等文本的研究、关注较少，深入对《抗战》三日刊等文本的研究，更有助于从整体上烛照邹韬奋的编辑出版实践及其心路历程。

　　已有成果中，一些论文有时基于二手、三手资料的重复使用、转引，对原报刊研读比较少，以至研究新意不足，有些地方还存在以讹传讹或以偏概全的情形。如邹韬奋对国民政府交通部长王伯群贪腐行为的揭批，并非一开始即持鲜明的批判态度，中间还经历过从关注此事、展开讨论（包括读者参与）到调查取证的变化过程，其报道内容随之改变。对于类似问题，本研究在论述时力求进行补正。

　　对邹韬奋媒介观、教育思想、女性解放思想等领域的研究，学界虽陆续有论者涉及，但系统性的专题研究仍欠缺，且偏于史料的归纳整合，理论工具和研究方法局限性明显。

① 秋石.关于鲁迅、黄源同生活书店风波由来考辨［J］.文艺理论与批评，2003（5）：129-138.

② 李频.编辑家茅盾评传［M］.开封：河南大学出版社，1995：111-116.

四、研究理论与方法

本书围绕邹韬奋约 20 年的编辑出版实践活动展开研究，涉及其社会交往、思想情感等多方面论述，同时论及胡愈之、徐伯昕等生活书店同人，主要借用布尔迪尔"场域"理论，结合编辑出版学、政治学、社会学等跨学科研究方法，力求深入探究民国知识分子的身份角色及其与中国现代出版转型的互动关系。

1. 文献—内容分析法

本书研究在参照已有学术成果的基础上，主要对《韬奋全集》(共 14 卷)，《生活》周刊（共 8 卷），《大众生活》、《生活日报》、《生活日报星期增刊（生活日报周报）》、《生活星期刊》、《抗战》三日刊影印本以及生活书店内刊《店务通讯》进行内容分析，进而论证邹韬奋编辑出版实践活动及其思想的变迁。

2. 历史—比较分析法

本书的中心研究对象邹韬奋为民国时期的人物，对其言行、思想的研究，历史属性明显，因此在研究中力求还原到民国时期的情境来进行阐释。此外，本研究在论述中与张元济、陆费逵、胡适等人进行比较研究，进而展现民国知识分子的精神传承与价值分殊。

3. 个案分析法

《生活》周刊等刊物所承载新闻、社会、文化信息的丰富性，以及邹韬奋本人新闻出版思想的多样性，决定了本研究的跨学科研究特征，其中至少涉及编辑出版学、知识社会学、政治学（民主政治论）相关学科，本研究主要对邹韬奋及其编辑出版实践活动和《生活》周刊、《抗战》三日刊、《大众生活》等进行个案研究。其一，本研究主要运用议程设置、组织传播、话语分析相关理论工具，阐述邹韬奋的编辑出版思想转变历程及其影响。其二，本研究借助知识社会学、知识分子论相关理论，借此论证邹韬奋的主编角色功能，力求超越意识形态话语，以期还原出本真、多元的邹韬奋形象，同时探究他与中国现代出版转型的互动，并挖掘隐蔽其后的党国权力和社会控制模式。其三，本研究拟同时借鉴出版自由、民主政治等分析，探析邹韬奋的政治思想变化及其缘由。

五、研究框架

本研究结构大致分为三部分：

第一部分为绪论，主要说明研究背景和问题、文献综述、研究现状、研究方法和理论工具以及研究主要框架。

第二部分为主体部分，共有四章，即第一章至第四章。

第一章的主题为"职业出版人身份认同与建构"，对邹韬奋从自由撰稿人向职业出版人转型进行梳理，以此为基础展开论述他出任《生活》周刊、《大众生活》、《抗战》三日刊等报刊主编后，在编辑出版领域的变革举措；同时从知识生产等角度，重点分析他与胡愈之、徐伯昕、范长江等知识分子的互动与合作；结合组织传播相关原理，探究邹韬奋在现代出版企业管理上的创举和经验。

第二章的主题为"国民性关怀及其话语谱系"，主要结合话语分析相关理论，集中论述邹韬奋对国民性议题的关怀，对政治社会生活现状的批判以及由此形成的反讽风格，进而解析邹韬奋作为公共知识分子的批判立场。

第三章的主题为"抗日救亡时局中的媒介议程"，主要论述日本侵华以后，邹韬奋如何发挥其"意见领袖"作用，借助书报刊媒介宣传抗战，并探求其背后暗含的民族主义因子和抗战建国理想。

第四章的主题为"出版自由与民主政治思想演进"，主要立足于国民政府查封《生活》周刊、生活书店等史实，梳理邹韬奋出版自由思想的发展，民主政治诉求演变，以此探究他最终转向共产主义信仰的深层原因，进而强调知识分子与党国权力之间的冲突与合作。

第三部分为结语部分，主要说明本研究的主要结论、可能的研究成果、面临的研究限制与将来的研究建议。

第一章 /

职业出版人身份认同与建构

就邹韬奋而言，他的编辑出版职业生涯虽然走了一条"曲线"，却与现代编辑出版人的职业化进程互为共振，其身份认同与建构，映照了现代新闻出版从业群体崛起的图景。

民国时期，中国现代知识分子群体的职业分流主要体现为以下三条路径：其一，立足教育系统，传道授业，著书立说；其二，"学而优则仕"，身居庙堂，指点江山；其三，投身新闻出版业，激扬文字，潜心创作。其中许多人踏足三界，辗转腾挪，游刃有余，如张元济原人翰林院任庶吉士，后为昌明教育"故向书林努力来"；黄远生历任清政府邮传部员外郎、参议厅行走等职，后来同样辞官专事新闻工作；北大教授胡适在30岁时，则婉拒了张元济、高梦旦等人提议由他出任商务印书馆编译所所长的邀请……尽管术业有专攻，但他们均在各自领域建树颇丰。就邹韬奋而言，他的编辑出版职业生涯虽然走了一条"曲线"，却与现代编辑出版人的职业化进程互为共振，其身份认同与建构，映照了现代新闻出版从业群体崛起的图景。

第一节 从撰稿人向出版人的身份转换

现代图书报刊业的兴起，为文化产品生产与流通提供了市场，这也造就了许多自由撰稿人，如鲁迅、沈从文、周瘦鹃等。成为一名自由撰稿人，既须兴趣使然，又得具备良好的写作功底，而邹韬奋两者兼备。

一、新闻理想的自我启蒙

中国现代新式知识分子早年往往师法王阳明、曾国藩等传统士人，修内圣外王之道，继而受时局或个人生活轨迹的变化波动，纷纷转向西学取经，介入国家、社会公共事务，这是知识分子现代转型的内在理路，邹韬奋早期学习历程与思想前后变化大致与此类似。 1912 年，邹韬奋就读于上海南洋公学下院（附属小学），翌年升入南洋公学中院（附属中学）。 其间，他写下了《诸葛武侯谓我心如秤论》、《斯宾塞谓修道之法在于尝人生最大之辛苦说》等作文，有 7 篇分别收入《南洋公学新国文》各卷。 在这些文章中，邹韬奋已经展现出不俗的写作技能。 如在讨论明代"陆王心学之集大成者"王阳明平定"宁王（朱宸濠）之乱"主题的文章中，邹韬奋对王阳明的事功作了分析，颇有先贤立德、立功、立言"三不朽"之论的气概："先生之所以定此大乱而不动声色者，固有道焉。 其道维何？ 则得力于学问。 而其平生学问之得力，则在龙场迁谪之后。 居夷处困，动心忍性，因默坐澄心之理，悟格物致知之道，道德文章，优入圣域。 宸濠之平，思田之服，乃先生学问之表露，固其末事也。"①国文教师对邹韬奋此文作了如此评价："庖丁解牛，如土委地，所谓技进于道也。 向见作者听讲，端容默坐，异乎常人。 阅此文，知其修养有得，喜极喜极！"②长者赏才之意、爱犊之情，可见一斑。

20 岁时，邹韬奋开始在公开报刊上发表文章，这可谓他试水新闻出版业。 1915 年起往后三四年，由商务印书馆出版的《学生杂志》刊发了由邹韬奋写作或整理的十余篇文章，如《不求轩困勉录》、《强毅与刚愎》等，其内容多探讨修身养

---

① 邹韬奋.问王阳明先生不动声色而擒宸濠功业冠乎有明一代论者谓其生平学问之得力在于龙场贬谪之后其说如何 // 中国韬奋基金会韬奋著作编辑部.韬奋全集（1）[Z].上海：上海人民出版社，1995：13.

② 邹韬奋.问王阳明先生不动声色而擒宸濠功业冠乎有明一代论者谓其生平学问之得力在于龙场贬谪之后其说如何 // 中国韬奋基金会韬奋著作编辑部.韬奋全集（1）[Z].上海：上海人民出版社，1995：14.

性、勤学努力等议题。邹韬奋特别将曾国藩等人自奉为师,以其言行不断勉励自己。"千古圣贤豪杰,不外一勤字。千古有道自得之士,不外一谦字。劳谦二字,受用无穷。劳所以戒惰也,谦所以戒傲也。有此二者,何恶不去,何善不臻。"①诸如此类的曾氏警句,邹韬奋多所摘抄、述评,整理为文发表,也可见他师法先贤的志向。1916年12月15日,梁启超在南洋公学作劝学演讲,邹韬奋躬逢其盛,一瞻风采,他有感于报刊所刊发的梁启超演讲内容错讹颇多,于是整理出约万言的文稿,以《梁任公先生在南洋公学演说词》为名,分两次刊于《学生杂志》上。文后,邹韬奋还效仿"太史公曰"、"臣光言"体例,以"邹韬奋曰"形式记述了他的观感,重申了学子应砥砺品行、奋发有为、报效家国的使命,"要而言之,吾侪既知前途之危险,各当提起精神,向正路而直趋,不可再如从前之醉生梦死,与时俯仰"。②知名的《申报》"自由谈"副刊从1919年开始有了邹韬奋的作品,大多署笔名"谷僧",如《欧战中的妇女》、《美国纽约地道中之地道》等文章。自1919年9月考入圣约翰大学以来③,邹韬奋陆续在校刊《约翰声》、《约翰年刊》上发文。如《青年奋斗之精神与国家前途之希望》最初发表于1919年11月《约翰声》第30卷第8号,后被《申报》转载。1921年12月15日,邹韬奋在《时事学报》"学灯"副刊发表

① 邹韬奋.我师录(续)//中国韬奋基金会韬奋著作编辑部.韬奋全集(1)[Z].上海:上海人民出版社,1995:110.

② 邹韬奋.梁任公先生在南洋公学演说词(续)//中国韬奋基金会韬奋著作编辑部.韬奋全集(1)[Z].上海:上海人民出版社,1995:116.

③ 1917年,邹韬奋升入南洋公学上院(大学)电机工程科学习,但因其志不意成为一名工程师,于是他在大学二年级时,经过考试,顺利由南洋公学工科二年级跨校转入圣约翰大学文科三年级,主修西洋文学。

《杜威的〈民治与教育〉》一文，对其翻译的《民治与教育》一书作了推介。

邹韬奋早年的写作实践，纵然是兴趣所在，更多时候却是迫于生计的无奈之举。因家道中落，入中学以来，邹韬奋得自力更生筹措学杂费、生活费，为此他多次担任家庭教师。散见于报刊的文章，不少是邹韬奋从学校英文报刊中选取、编译的作品。多年后，在自传《经历》一书中，邹韬奋追忆了最初领取《申报》馆稿费时的激动心情："心里一直狐疑着，不知到底能够拿到多少。不料一拿就拿了六块亮晶晶的大洋！如计算起来，一千字至多不过一块钱，但是我在当时根本没有想到这样计算过，只觉得喜出望外。"①这些成功的投稿经历，对于邹韬奋立志于投身新闻出版业，有一定推动作用。据邹韬奋自述，小学最后一年级时，他已想到自己以后比较适合做一名新闻记者，其缘由主要基于黄远生、梁启超和章士钊等业界人士的影响。

黄远生 1885 年生于江西九江，书香门第，19 岁时参加了清朝于 1904 年举办的最后一次会试，并与谭延闿、沈钧儒、叶恭绰等人同中进士，少年得志。他与刘少少（先后在《帝国日报》、《湖南公报》、《公言》等报刊任编辑记者），徐彬彬（曾任上海《申报》、《时报》驻北平记者）一道，有民国初年"报界三杰"之称。有论者将黄远生称为中国现代职业记者第一人，他在新闻报道中第一个以"记者"署名，在黄远生之前，"中国新闻界是没有'记者'这个职业的，那时只有访员，也叫访事。访员不是报社的正规工作人员，大多是兼职的文员。他们是一个有团体组织，担承各家报馆本地新闻的爆料工作，送出来的稿子是一律的"，"从黄远生在《时报》当记者之后，

---

① 生活书店.韬奋画传·经历·患难余生记［Z］.北京：生活书店，2013：120.

尤其是远生的'北京通讯'的影响越来越大之后，各报馆都聘任了专门的外勤记者，那一班旧式的访员就逐渐淘汰了"。① 而在邹韬奋看来，黄远生探访新闻，每遇到重要事件，都能直接从相关部门或重要政治人物那里探得详细正确的内情，行文流利、畅达、爽快、诚恳、幽默。② 时至今日，《远生遗著》等作品，仍是诸多新闻出版从业人员练习写作的参考资料。梁启超曾创办、主持过《中外纪闻》、《时务报》、《清议报》、《新民丛报》等，执舆论界牛耳多年，被赞誉为"言论界的骄子"，其笔锋常带感情的叙述、议论，时人"如饮狂泉"，毛泽东等也深受启发。邹韬奋对《新民丛报》"一时看入了迷"，尤其"欣赏那里面的锐利明快引人入胜的写的技术"，虽认为该报刊中的许多议题不合时代，"可是增强了我要做个新闻记者的动机，那影响却是很有永久性的"。③ 章士钊早年主持过《苏报》笔政，邹韬奋认为其"文字的最大优点是能心平气和地说理，文字的结构细密周详，对政敌或争论的对方有着诚恳的礼貌，一点没有泼妇骂街的恶习气"。④ 英国学者尼古拉斯·加汉姆在探讨传媒和知识分子关系时认为，知识分子将承载其批判话语的印刷文本的流通，当作他们使用社会权力的基础，与此同时，传媒机构自身和传媒知识分子，从批判知识阶层及其在公共领域角色的传统中吸收了他们的合法性，尤其是与政治有关的重要部分，在自由新闻业和新闻工作者的想象当中，公共领域被奉

---

① 陈龙.书生报国——民国那些大记者 [M].武汉：湖北人民出版社，2011：42-50.
② 生活书店.韬奋画传·经历·患难余生记 [Z].北京：生活书店，2013：122.
③ 生活书店.韬奋画传·经历·患难余生记 [Z].北京：生活书店，2013：123.
④ 生活书店.韬奋画传·经历·患难余生记 [Z].北京：生活书店，2013：123.

为掌握话语权者的讲坛。① 黄远生、梁启超、章士钊等人，都曾与政治密切相关，并掌握了较大的"文化资本"和话语权。邹韬奋早年服膺于他们的媒体实践，可以说是自我启蒙式的理想觉醒，推动他后来步入新闻出版业。

二、《生活》周刊早期的编辑理念

邹韬奋虽然对新闻出版业心向往之，但真正投身其中，完成自我认同轨迹走了一条曲线。 通常所谓自我认同并不仅仅是被给定的，即作为个体动作系统、连续的结果，而是依据其个人经历所形成、作为反思性理解的自我，是在个体的反思活动中必须被惯例性地创造和维系的某种东西。② 1921 年 7 月，邹韬奋从圣约翰大学毕业，经友人毕云程介绍，先后在穆藕初创办的厚生纱厂、上海纱布交易所任英文秘书。 工作不久，邹韬奋认为每天翻译着几张纱布电讯，内容只是数目的变更，样式呆板，意义不大，于是再次萌生了入职新闻界的念头。 他主动向圣约翰大学校友、时任《申报》馆经理的张竹平毛遂自荐，请对方代为留意相关工作。 张竹平将一份两万来字的英文文件让邹韬奋翻译，邹韬奋在最短时间内交了"答卷"，前者对此表示满意，并送二十块钱稿费为酬。 不久，张竹平即请邹韬奋协助他处理报馆的英文函件，但非正式职员，主要以私人身份帮忙。 邹韬奋需要处理的英文函件，内容多为报馆广告推介或与国外公司办理纸张采购。 张竹平对中英文翻译工作要求严格，要用有表现力、说服力的文字把他的意思完全呈现，否则一语

---

① 尼古拉斯·加汉姆.解放·传媒·现代性：关于传媒和社会理论的讨论［M］.李岚，译.北京：新华出版社，2005：162-163.
② 安东尼·吉登斯.现代性与自我认同：现代晚期的自我与社会［M］.赵旭东，方文，王铭铭，译.北京：生活·读书·新知三联书店，1998：58.

不合，往往推倒重来。邹韬奋为此经常加班到夜里十点，还担心张经理变换主意，不然又得从头开始。"这样干了三个星期，把堆积的英文信件清理之后，才告一段落。当时我得到多少金钱的酬报，现在已不记得，但我好像做了三星期的练习生，学得办事的认真态度，却是无价之宝。"①当时，邹韬奋还在上海青年会中学兼授英语，陆续为《申报》撰稿。不难看出，这一时期，邹韬奋的工作比较细杂，但积累了许多为人处世的经验，为他后来开展新闻出版活动奠定了一定基础。

自 1922 年出任中华职业教育社编辑股主任开始，邹韬奋算是正式进入了新闻出版业。邹韬奋早年求职，得益于良好的英文功底和写作优势，并且他习惯采用两种方式，一是从校友群入手，大胆毛遂自荐，中华职业教育社编辑股主任职位的取得是另一旁证。因协助张竹平工作时间不到一个月，加上难舍新闻出版情结，邹韬奋很快给南洋公学校友、中华职业教育社发起人之一的黄炎培写了信，谋求"新饭碗"。面谈时，邹韬奋特意带上了自己在大学期间发表的作品。经过考察，黄炎培为邹韬奋提供了职位，主要负责两项工作，一为编辑职业教育丛书，一为编辑职教社月刊《职业与教育》。邹韬奋还一度参加过江苏省教育会旗下科学名词审查会的各科名词编辑工作。因工作关系，这一时期，邹韬奋撰述的重心为国内外职业教育，其文稿如《职业教育之鹄的》、《中国职业指导的现况》、《哥伦比亚大学职业教育科之内容》等，散见于《职业与教育》，中华书局《中华教育界》，上海《教育杂志》以及中华教育改进社《新教育》等期刊。

为了便于传播职业教育的讯息，1925 年 10 月，中华职业教

---

① 生活书店.韬奋画传·经历·患难余生记［Z］.北京：生活书店，
2013：152.

育社创办了《生活》周刊，最初由王志莘担任主编。王志莘早年入上海商科大学，修读银行理财，兼任中华职业教育社编辑及会计主任，后赴美留学，获哥伦比亚大学银行学硕士学位后归国。他与邹韬奋一样，曾在南洋公学就读。

《生活》周刊《创刊词》出自黄炎培手笔（化名"抱一"），他对"生活"之义作了诠释——"世界一切问题的中心，是人类，人类一切问题的中心，是生活"，为解决贫富差距等问题，于是出版发行《生活》杂志。①

综观《生活》周刊第 1 卷（共 52 期）内容，多为中下层民众生活状况的报道，其中，关于城乡学徒、小贩、乞丐、贫农困苦的生存境遇尤多，从《学徒泪》、《受生计压迫而去投军的青年》、《北京无产阶级的生活》等报道标题即可见一斑，这与该周刊《创刊词》所述出版宗旨大体相符。在第 1 卷第 2 期上，邹韬奋为《生活》周刊写下了第一篇发表文章，题为《女子之职业与丈夫》，主要探讨女性的恋爱和就业问题。在《生活》周刊第 1 卷中，邹韬奋发表的文章较少，据笔者统计，总计 3 篇，且均署名"邹恩润"（"韬奋"为其后来使用的笔名）。在第 5 卷中，邹韬奋发表《澈底》一文，倡导对于事业需要服务上的"澈底精神"。"何谓服务上之澈底精神？即吾人不任事则已，既已任事，必竭吾心力，务使所处理之事，达到尽量完备之境域，始肯释手，丝毫不存迁就或敷衍之态度，服务上最忌之恶劣根性，莫甚于以'勉强过得去'为满足。"②

王志莘担任主编时期的《生活》周刊，总体而言，保持了期

---

① 抱一.创刊词//《生活》周刊影印本（第 1 卷）［Z］.北京：人民出版社，1980：1.

② 邹恩润.澈底//《生活》周刊影印本（第 1 卷）［Z］.北京：人民出版社，1980：26.

刊的如期推出，栏目设置相对简单，主要包括《编辑者言》、《生活消息》、《平民生活素描》、《歌谣》、《名人箴言》、《各地风俗谈》等栏目（各期栏目不定，变化较大），广告业务基本没有开展，语言文白夹杂，订户多为"商店工厂中之学徒，与中小学校之学生"。[①] 其文稿多为自由来稿，名家手笔较少，第19期上刊有《学做一个人》的演讲稿，此为教育家陶知行（后来改名为"陶行知"）在南开大学的演讲稿。 在涉及独立的职业修养方面，陶行知提到了自己曾作过的一首知名的白话诗：滴自己的汗，吃自己的饭；自己的事，自己干；靠人，靠天，靠祖先，都不算好汉。[②] 在《职业界名人之箴言》中，"编者"分别引用了陆费逵和梁启超的言论刊发。 陆费逵强调了君子要"慎动"、"慎思"、"慎言"、"慎行"，梁启超则认为对从事的工作要抱以"趣味主义"。 通过名家现身说法，可以看出，《生活》周刊的编者试图对读者、大众在职业修养、人生境界等方面进行引导。 从出版技巧方面来看，这一时期《生活》周刊少有名家名作，但试图"借势"摘编名家们老少咸宜的作品或言论，吸引读者受众。

三、转型担任《生活》周刊主编

1926 年 10 月，因王志莘在银行证券业有其他任职，邹韬奋受命接办《生活》周刊，开始了一段持续约一年半的"主编过渡期"。 之所以称为"过渡期"，主要是因为邹韬奋接任《生活》周刊主编不久，受已任《时事新报》董事长张竹平的邀请，

---

① 抱一.三年学徒生活//《生活》周刊影印本（第 1 卷）[Z].北京：人民出版社，1980：97.

② 陶知行.学做一个人//《生活》周刊影印本（第 1 卷）[Z].北京：人民出版社，1980：115.

兼任了报馆秘书主任一职。经与中华职业教育社方面商量，邹韬奋得以白天在报馆上班，晚上主持《生活》周刊编务，这种"日夜开工"的兼职生活持续了一年多。

邹韬奋兼职《时事新报》的经历，对其后来主持编辑出版业务大有裨益，秘书工作有助于了解报馆编辑、印刷、发行、广告运营乃至管理各环节。此外，《时事新报》董事长张竹平、总经理潘公弼、总主笔陈布雷，均为报业一时之选。由于跟潘公弼在同一办公室办公，邹韬奋"偷师"之处颇多。潘公弼曾赴日本入东京政法学校留学，与邵飘萍合办"东京通讯"，并担任上海《申报》、《时事新报》驻日通讯员，归国后历任《时事新报》编辑、《京报》主笔等，从业经验丰富，这让邹韬奋很是感佩。"潘先生处理事务有一个特长，那就是他用坚决的态度解决职务上的当前的各问题，一点都不着急，一点没有疾言厉色。任何同事进来和他商量什么事情，或甚至和他大起争辩，他总是对事对人根据他的见解作坚决的应付，很从容不迫地作坚决的应付，无论如何，总是始终和和气气的，从没有看见他发过脾气。"①两相比较，邹韬奋"反求诸其身"，认为自己性急，接人待物，应加强涵养。

随着《生活》周刊事业的发展，从 1928 年开始，邹韬奋工作的重心转向全面主持生活周刊社工作，并辞去了兼职干了七八年的英文教员工作，从此实现了向职业出版人的转型。受聘出任《生活》周刊主编职务后，邹韬奋发文经常以"编者"、"记者"之名落款，这其实是一种身份象征和归属认同。马克斯·韦伯曾断言：新闻记者的生涯不管从哪个方面说"都是一场彻底的赌博"，相对于学者，他们必须"谨言慎行"，必须

---

① 生活书店.韬奋画传·经历·患难余生记［Z］.北京：生活书店，2013：184.

"迅速而令人信服地就这事或那事发表意见"，表明态度，又不能"因自我表白而丧失尊严"，还得与政客周旋，等等。① 尽管韦伯与邹韬奋所处时代各异，但前者对新闻出版业从业者的工作状态素描，仍有相当普适性，邹韬奋毅然选择这一"畏途"，可见他对新闻出版业的情有独钟。 此后，他接连创办、主编了《大众生活》、《生活日报》、《生活星期刊》、《抗战》三日刊以及主持运营生活书店等，在中国现代新闻出版史上留下了浓墨重彩的一笔。 诚然，邹韬奋之所以先后主持多份报刊、生活书店，固然是其新闻出版事业拓展的表现，但更大程度上是受国民政府当局压制后的变通之举。 如《大众生活》主要是《生活》周刊、《新生》杂志被查禁后的产物。 此外，图书出版方面，以 1938 年为例，生活书店被禁止印行出版的图书有《抗战中的西北》（徐盈著），《中国不亡论》（宋庆龄著，查禁理由：诋毁中央），《救亡手册》（钱俊瑞等著，查禁理由：注重派系私利，诋毁中央），《望远镜与显微镜》（冷观、徒然著，查禁理由：诋毁本党、抨击政府并污蔑领袖），《全面抗战论》（潘汉年著，查禁理由：诋毁政府、影响抗战前途），《三民主义读本》（许涤新著，查禁理由：立论谬误且曲解本党主义及政策），《抗战建国论》（侯外庐著，查禁理由：曲解本党政策、言论偏激、毁诋中央、破坏集中力量），《一颗未出膛的枪弹》（丁玲著，查禁理由：以派系私利为立场，妨碍民族利益），《街头讲话》（柳湜著，查禁理由：立论不合抗战要求）。② 可以说，对于当局查

---

① 马克斯·韦伯.学术与政治（第三版）［Z］.冯克利，译.北京：生活·读书·新知三联书店，2013：77-81.

② 参见《中央图书杂志审查委员会向教育部呈送〈一九三八年查禁书刊一览〉〈书刊查禁理由提要〉〈三个月来之中央图书杂志审查委员会〉案》，中国第二历史档案馆，全宗号：五，案卷号：491，目录号：2。

禁活动的规避与抗争，促使邹韬奋辗转上海、香港等地，创办了多种刊物、主持生活书店管理，其新闻出版实践活动，由此更为跌宕起伏。

第二节　主编角色及其功能

邹韬奋身为《生活》周刊主编，首先要发挥角色作用，明确杂志定位尤为重要，业界人士常言一本杂志的风格往往是主编个人风格的体现，也有一定道理。社会角色是有选择的行为展示，从整体上看，这些展示被看成在给定的社会场景中某个个体的恰当行为，其表演不仅取决于场景，而且取决于参加那个场景的人的相对地位或位置，地位与角色有一种共生的关系，对一个人来说，维持某种地位就要求扮演恰当的角色。① 从社会行为角度看，如果把报刊视为一个大舞台，传媒从业人士就应表演好每出"戏"（尤其是报道），以便吸引并长期留住"观众"（读者）。

一、栏目设置与调适

《生活》周刊创办之初，"编辑者时刻想使得此《生活》周刊常常有新鲜活泼的精神，表演在读者眼帘之中。 换一句话说，就是时刻想用《生活》周刊的新精神，来破除社会上一切沉闷的现象，解慰人类中一切愁苦的生活"②。 邹韬奋接手《生活》周刊以后，他逐渐使杂志确立了"有趣味有价值"这一

---

① 约书亚·梅罗维茨.消失的地域：电子媒介对社会行为的影响
　　[M].肖志军，译.北京：清华大学出版社，2002：325-326.
② 记者.三年学徒生活//《生活》周刊影印本（第1卷）[Z].北京：
　　人民出版社，1980：97.

核心理念。"我接办之后，变换内容，注重短小精悍的评论和'有趣味有价值'的材料，并在'信箱'一栏讨论读者所提出的种种问题。 对于编制方式的新颖和相片插图的动目，也很注意。 所谓'有趣味有价值'，是当时《生活》周刊最注重的一个标语。 空论是最没有趣味的，'雅俗共赏'的是有趣味的事实。"①许多时候，新闻工作者往往保留着"政论家"的角色，即影响公共舆论的取向，而在另一些媒介体制中或历史时期内，新闻工作者更愿意将自己看成中立的信息或娱乐的提供者，这些差异与侧重评论或分析还是侧重新闻采集有关。② 为实现上述目标，邹韬奋在栏目设置调整、完善组稿机制、优化版式设计等方面，均有较多创新。

　　自《生活》周刊第2卷第2期开始，后来成为期刊品牌栏目之一的"读者信箱"开始设立。 第一封选用的是署名为"礼弘"的来函，他在通信中表达了对《生活》周刊的热爱，已"认他为至友"，"差不多一期过了，盼望下一期加快一些，呈在眼前"，同时希望周刊注重"文字浅显"，"少载长篇记账式无味的文字"，"多征文的题目"等。 邹韬奋针对各条一一作答，如针对"文字浅显"要求，"本刊文字诚当力求浅显，然同时并当顾到雅达，使读者不但改进思想，并能获得以文会友之益"。③"读者信箱"类似栏目，不但有助于维系读者与编辑之间的互动，同时有助于各种意见的呈现、碰撞，尽量保持报道平衡，克服偏见，这是媒体机构保持其信誉并用以吸引受众的常规举

①　生活书店.韬奋画传·经历·患难余生记［Z］.北京：生活书店，2013：186.

②　丹尼尔·C.哈林，保罗·曼奇尼.比较媒介体制——媒介与政治的三种模式［M］.陈娟，展江，译.北京：中国人民大学出版社，2012：29.

③　礼弘，编者.我所望于《生活》周刊的几点管见//《生活》周刊影印本（第2卷）［Z］.北京：人民出版社，1980：6.

措，他们能帮助报刊树立为读者提供一种开放的论坛形象，有时这些信被视为报刊上最直接、最民主的部分。[①]《生活》周刊"读者信箱"探讨的内容，后来逐步扩大到人生修养、求学就业、婚姻家庭诸多方面，其中不乏读者向编者倾诉个人不幸遭遇、人生困惑，或径直要求推荐工作、提供其他帮助等。来函日趋增多，邹韬奋每天逐渐得把大部分时间来处理复函，后来，他不得不安排一些助手协助答复读者信箱的来件。"读者信箱"这一编读往来交流平台，此后成为邹韬奋所主编"生活系列"刊物如《大众生活》、《抗战》三日刊的常设栏目，只是名称略有改变（如"大众信箱"或"简复"栏目），功能大同小异，即便是生活书店内刊《店务通讯》，后来也有了"信箱"之类的栏目。从营销、传播角度看，虽然没有足够多的版面刊登所有的通信，但是主编的公平意识会让主要观点都有发布的机会，一名编辑公正的通联专栏是展现报纸宽阔胸襟的最好广告，即使它的读者没有其他版面的读者多，它仍然是有价值的。[②] 林语堂曾批评中国人缺乏公共精神（公共服务意识），如民国时期报刊界一度出现以下状态：不但主笔、国内国际新闻编辑等同人之间各自为政，且"出版新闻为编辑先生的职务，而阅读新闻，乃在读者，故两方互不相涉，这是中国几种最老最大最广销的报纸所沿用迄今之专门技术"。[③] 而邹韬奋与许多同时代的人不同，他有意对于《生活》周刊"读者信箱"苦心经营，为读者与编辑之间搭建交流平台，这正是其独到和

---

① 罗伯特·哈克特，赵月枝.维系民主？西方政治与新闻客观性[M].沈荟，周雨，译.北京：清华大学出版社，2005：67.

② 利昂·纳尔逊·弗林特.报纸的良知——新闻事业的原则和问题案例讲义[M].萧严，译.李青藜，展江，校.北京：中国人民大学出版社，2005：132.

③ 林语堂.吾国与吾民[M].南京：江苏文艺出版社，2010：172-173.

创新之处，这与陈独秀等主持《新青年》编读往来相关信箱栏目异曲同工。

在现代新闻出版业语境中，无论图书编辑还是报刊出版，其生产、传播均带有鲜明的商品化倾向。许多政治经济学家思考传播中的商品形式时，他们倾向于从媒介内容开始，如新闻记者的主要工作就是运用职业技能制造包含许多不同使用价值的新闻报道，书报刊传播往往被视为一种特殊的商品，因为它们除了像其他商品一样具有创造剩余价值的能力，还包含了象征和图像，其意义有助于塑造意识。[1] 在此意义上可以说，报刊栏目增设等举措是文化商品生产的形态之一。《生活》周刊另一品牌栏目"小言论"，诞生于1927年9月出版的第2卷第47期上。"小言论"开栏题为"大失所望"，主题为讨论夫妻间的真情实爱为何难以求得。"小言论"带有强烈的评论色彩，有时相当于刊物的社论，基本都出自邹韬奋手笔。据邹韬奋回忆："每期的'小言论'虽仅仅数百字，却是我每周最费心血的一篇，每次必尽我心力就一般读者所认为最该说几句话的事情，发表我的意见。这一栏也最受读者的注意；后来有许多读者来信说，他们每遇着社会上发生一个轰动的事件或问题，就期待着看这一栏的文字。"[2]媒介机构及其工作人员，对其固定受众或目标受众的兴趣、期待和文化品位，往往会形成某种刻板印象，并且寻求合适的传播内容来与此相匹配，如邹韬奋对"通信"栏目的一贯重视。但在为争夺读者而展开的竞争中，媒体采取控制的手法处理与受众的关系，且花样不断翻新，仅仅为那些不经意的消费者生产商品是不够的，必须将他们拉进市场

---

① 文森特·莫斯可.传播政治经济学［M］.胡春阳，黄红宇，姚建华，译.上海：上海译文出版社，2013：168-172.

② 生活书店.韬奋画传·经历·患难余生记［Z］.北京：生活书店，2013：187.

和对媒介人物、事件的关注中，这已成为传播者目标的一部分，也是取得这一效果所要掌握的技巧之一，其目的先是吸引受众的注意力，然后激发一部分受众的感情投入，①进而保持对刊物的认可和忠诚度。邹韬奋后来多次对《生活》周刊等栏目设置进行调整，正验证了这一规律。长篇作品连载是邹韬奋在《生活》周刊栏目创新上的另一尝试。如第 2 卷第 17 期《生活》周刊上，邹韬奋刊发了自己的翻译作品《一位美国人嫁与一位中国人的自述》。作品主要讲述的是一段跨国姻缘的悲欢离合，分 44 次在《生活》周刊上连载。连载过程中，邹韬奋收到约两百封读者来信，对其译作表示欣赏，另有很多友人和读者对周刊是否准备连载其他作品表示兴趣。邹韬奋于是趁热打铁，继《一位美国人嫁与一位中国人的自述》连载完成后，于《生活》周刊第 3 卷第 3 期推出了同样由他翻译的连载作品《一位英国绅士与孙先生的婚姻》，这一次连续刊载了 66 次才完成。此后，《一个女子恋爱的时候》（笑世意译）以及《腐蚀》（茅盾著）等中篇文艺作品，分别在邹韬奋主编的《生活》周刊和《大众生活》杂志上连载。选取比较合乎读者胃口的作品进行连载，不但可以较好地解决组稿问题，同时便于维系读者对于刊物的持续关注。此外，邹韬奋也连载其他知名人士的代表作，如郑毓秀女士②的《自述》就分 19 次连载于《生活》周刊。

在文艺方面，新诗推介栏目从《生活》周刊第 2 卷第 17 期

---

① 丹尼斯·麦奎尔.受众分析［M］.刘燕南，李颖，杨振荣，译.北京：中国人民大学出版社，2006：142－144.

② 郑毓秀（1891－1959），中国现代第一位女性法学博士（1925 年，获得巴黎大学法学博士学位），第一位女性律师，历任江苏省政务委员会委员、上海法政大学校长、国民政府驻欧特使、立法院立法委员、教育部次长等职。

起开始成为常规栏目。 与旧体诗不同，新诗主要是新文化运动的产物，以胡适的《尝试集》为开山之作。《生活》周刊所刊新诗，白话语言，却不失清新之风或哲理之境。 如《和气歌》写道：“好兄弟，要和气，彼此记刻须捐弃！ 人人各有短与长，舍短取长勿求备。 好兄弟，要和气，大量容人如天地！”①在邹韬奋主持的刊物中，发表新诗数量最多的当属冯玉祥，仅《抗战》三日刊中，其诗作有 20 多首，其中除少数旧体诗外，大多为新诗，主题主要围绕抗日战争展开，如《吴淞口大战》、《炸弹》、《李连长》等篇目抒发了抗战必胜的决心，“八百好同胞，阵地守得牢，决心为国死，对敌把战麈！ 全国军人都如此，倭寇还向那（哪）里跑?”②

　　“特刊模式”在《生活》周刊 1927 年 10 月出版百期之际得到了初步实行。 该期以“娱乐”为主题，主打文章包括《我所最喜欢的娱乐方法》、《直觉得我自己也在画中》、《读小说与游历》等，多为约稿作者讲述各自的娱乐活动，如唱歌弹琴、购书赏画、观影看剧等，甚至有读者记述了自己再次读到《生活》周刊的“旧雨重逢”之喜。 1936 年 10 月 19 日，鲁迅去世，同年 11 月，邹韬奋在其主编的《生活星期刊》（第 22 号）上推出了《悼鲁迅先生特辑》，刊发了叶圣陶、郑振铎、王统照、徐调孚等十余人的纪念文章。 1941 年“七七事变”四周年之际，邹韬奋主持在《大众生活》（新八号）上推出了“纪念特刊”。 特刊因其主题集中，便于从不同角度报道某一事件（人物），可产生出传播的集约效果，这从《大众生活》有关“一二·九”运动的专号发行量突破 20 万册中管中窥豹。

---

① 秦树风.和气歌//《生活》周刊影印本（第 2 卷）[Z].北京：人民出版社，1980：111.
② 冯玉祥.八百好同胞//《生活》周刊影印本（第 2 卷）[Z].北京：人民出版社，1980：111.

　　邹韬奋主持《生活》周刊后，还有一个突出的特点是大量采用图片。第一卷《生活》周刊基本没有照片、图像搭配，可谓纯文字版，版式密密麻麻。而邹韬奋接任主编职位后，先从陆续刊载中外名流的照片起步，如孙中山、爱迪生、柯立芝、洛克菲勒等人的图像，继而拓展到"选美"、"健身"、"体育竞技"、"风景照"等主题，还设立了专门的"漫画"栏目。随着国内军阀混战以及日军侵华加剧，第二次世界大战爆发等时局变幻，战况地图、形势剖析漫画日益增多，直至出版专门的画报副刊。在1935年11月16日创刊的《大众生活》周刊上，"图画的世界"栏目以跨页形式铺展开世界地图，然后选取相关时事进行简要说明和图解，颇令人耳目一新，其附言写道："这图在中国是一种创制，如有什么缺点，请读者随时指示。"①各种图画的采用，一方面有助于活跃版式，协调读者的阅读节奏，提升视觉审美效果；一方面可与文稿搭配，互为补充，但其印制成本相对较高。此外，关于时事的照片，定格了特定的历史事件和人物，事后重新翻阅，有一定的历史价值，可以从中回顾时代的风云沧桑。《生活星期刊》、《大众生活》杂志在内文或封面上，后来采用了彩色画报或大幅照片套红印刷等技术，其主题诸如"收获的季节"、"世界科学的新发明"、"北平学生的救亡运动"等。在装帧上，邹韬奋根据读者反馈的意见，将《生活》周刊由8开格式，装订为16开书册装，这样更便于读者翻阅和收藏。邹韬奋的上述举措，为其所主编的期刊向新兴的图片化演进做了尝试。值得注意的是，如果单就图片报道的艺术成就和影响力而言，伍联德创办的《良友》画报系列无疑更具特色。

　　至于《一周鸟瞰》时事汇集，《每周大事记》、《笔谈》、《读

---

① 金仲华，沈振黄.图画的世界//《大众生活》影印本（第1-16卷）[Z].上海：上海书店，1982：21.

书与出版》、《歌曲刊载》等栏目，虽各有其特点，但其设立与更迭，基本上可算作微调。邹韬奋所主持的期刊，在栏目与功能设计上，主要还是以言论、信箱与文艺等板块为主，具体呈现形式名有不同，实则相类。邹韬奋通过栏目设置与调整，不断推陈出新，逐步奠定了《生活》周刊等杂志日后在中国期刊史上的地位，其发行量一度超过 15 万册。

二、完善组稿机制

接办《生活》周刊最初的两三年间，因只有邹韬奋、徐伯昕、孙梦旦三人负责杂志编辑出版、宣传推广具体事务，邹韬奋基本包揽了写稿、编稿工作，有时候，整期杂志都是他编写的文章，只是以不同的笔名落款。据统计，邹韬奋先后使用过的笔名总共约 20 个，其中尤以"韬奋"、"谷僧"、"心水"、"落霞"、"孤峰"、"秋月"之名经常使用，有时直接署"编者"、"记者"之名。英文报刊是邹韬奋早年编稿取材的源头之一。他经常到上海棋盘街和四川路一带翻阅中西书铺里的报刊图书，从中"择其善者"购买或凭记忆阅读，然后回编辑部编译成稿。为此，邹韬奋非常注重资料的搜集、归档整理，他个人以及编辑部都有相对完备的资料文档、读者信息卡片库。终其一生，邹韬奋有一个很突出的特点，那就是勤奋，每晚坚持写作、译著两三千字，几乎成为惯例。1995 年出版的《韬奋全集》达 14 卷，共计约 800 万字①，如此多产，非笔耕不辍难以企及。人手有限，自编自写模式虽可以应对一时，但难免受制

①　2015 年，邹韬奋先生诞辰 120 周年之际，韬奋基金会、韬奋纪念馆协同上海人民出版社出版了《韬奋全集》（增补本），共 14 卷，近 800 万字。增补本收录邹韬奋先生自 1914 年起至 1944 年止约 30 年间的全部著述和译述，这是当前有关邹韬奋著述最全面的文献。

于个人的知识结构和眼界，容易影响文稿质量和出版效率，特别是随着《生活》周刊由两三千份的发行量向数万份飞跃后，对外约稿、组稿才能有效保证稿源及其质量。

多交朋友、广结善缘，编辑才能更好地拿到一手原创好稿。毕云程是《生活》周刊的第一位特约撰述，当时能支付给他的稿酬仅为千字四角钱。《生活》周刊国外"特约通讯"栏目最初由在日本留学的徐玉文和在美国的李公朴执笔。"国外通讯"稿酬刚开始时只有千字大洋一元，随着杂志社事业发展，后来能开到千字十元左右的高酬。据统计，20世纪30年代，上海各大报刊如《新闻报》、《申报》、《时事新报》、《时报》等报刊约稿支付的稿酬基本在千字两元至五元左右，鲁迅、梁启超等名流的稿酬，有时可达千字十元至二十元不等。①

业界同人之间相互约稿、帮衬，是编辑出版活动的常态，《晨报副刊》孙伏园向鲁迅约稿，"催生"《阿Q正传》等名篇的掌故，早已成为出版史、文学史佳话。邹韬奋1941年避走香港期间，应国新社创办人范长江之约，为其所主持的《华商报》写了《抗战以来》的长篇连载。范长江也多次在《大众生活》等刊物上发文。邹韬奋的作品同样散见于金仲华所主持的《星岛日报》等其他报刊。编写关系的建立，一定程度上可视为知识分子群体的互助协作与自我认同。自我认同是个体将自我身份同另外某些身份相融合的过程，其方式包括但不限于：将自我延伸到某些他人，从某些他人借得自我，或将自我与某些他人融合。②在邹韬奋主编的报刊中，"名人效应"颇为明显。在法国社会心理学家古斯塔夫·勒庞看来，现实中的名望

---

① 陈明远.文化人的经济生活［Z］.西安：陕西人民出版社，2013：100-111.

② 约翰·费斯克，等.关键概念——传播与文化研究辞典（第二版）［M］.李彬，译注.北京：新华出版社，2004：127.

是某个人、某本著作或某种观念对我们头脑的支配力，这种支配有时会完全麻痹我们的判断力，让我们心中充满惊奇和敬畏。① 胡适、林语堂、苏雪林等名流都曾为《生活》周刊写稿。 名人写作通常容易出佳作，符合读者的期待视域。 邹韬奋也热心培养青年作者，对于他们的来函来稿，多方尊重或提出修改要求，尽量采用。 读者来信中，许多普通来函，只要内容有可取之处，邹韬奋往往择其要点，予以刊登。 抗战时期，在重庆，每当日军前来轰炸，邹韬奋常把来不及处理的稿子和读者来信随身携带进防空洞，以免被炮火焚毁。

　　除了约稿、写稿关系外，编辑作者互动有时还能成为同事和搭档。 邹韬奋与胡愈之的相识、共事即是如此。 胡愈之1914年考入商务印书馆编译所任编辑练习生，工作之余，他利用东方图书馆刻苦自修，并在夜校练习英文，19岁即调任知名刊物《东方杂志》编辑，后又负责主编工作。 1927年"四·一二"事件爆发后，他与郑振铎、章锡琛等联名发表控诉当局的抗议信，为免遭受迫害，避走法国、苏联等国。 1931年2月，胡愈之回国，应上海新生命书局老板樊仲云之约，他为《社会与教育》杂志撰稿，写下了6万多字的《莫斯科印象记》。 该文单行本一年间再版5次。 邹韬奋阅读《莫斯科印象记》后，在《生活》周刊（1932年第6卷第40期）作了推荐。 其后，通过两人共同的友人毕云程联系，邹韬奋与胡愈之在商务印书馆创办的东方图书馆里首次见面，谈了三个多小时。 应邹韬奋之约，胡愈之在1931年10月出版的《生活》周刊上发表了署名文章《一年来的国际》，文章通过对世界经济危机、法西斯运动展开分析，并预言"人类的第二次世界大战的序幕，已在逐

① 古斯塔夫·勒庞.乌合之众：大众心理研究［M］.冯克利，译.桂林：广西师范大学出版社，2011：146-147.

渐展开了"。① 胡愈之不久后成为邹韬奋主编刊物的主要撰稿
人之一,其主题多为国际形势分析,常使用笔名"伏生"。 由
于胡愈之的文章和分析太受欢迎,有其他报刊打擦边球,试图
以所谓署名"胡伏生"的文章招徕读者。 邹韬奋不得不在《生
活》周刊刊出启事:"胡伏生"非"伏生","伏生"只在《生
活》周刊上发表文章,以正视听。

　　设立编辑委员会为邹韬奋有效开展组稿活动的又一策略。
1941 年 5 月 17 日,《大众生活》在香港复刊,邹韬奋只用两个
星期就完成了复刊筹备工作,效率颇高。 除处理日常编务外,
邹韬奋同时负责"社评"、"读者信箱"相关栏目内容编辑出
版。 他组织设立了编辑委员会,其他成员包括胡绳、乔冠华
(乔木)、夏衍、茅盾、金仲华、千家驹。 编委会成员每星期
开会一次,决定下一期刊物的主要内容,并在各自擅长领域内
写稿一篇,或者是负责向编委以外的朋友约一篇需要的文稿。②
这一时期的《大众生活》,因此经常可见编委会成员文章。 其
他如巴金、巴人、郭沫若、柳亚子、叶浅予、何香凝、戈宝权等
的文稿也陆续可见,且多为时事评论、通讯或文艺作品,如
《对于孙先生诞辰的感想和建议》(柳亚子)、《莫斯科在动员
了》(戈宝权等)等。 据夏衍回忆,"由于韬奋抓得紧,每次编
委会上都要'派'任务,分派给我写的主要是'周末笔谈'和散
文、随笔,我用的是夏衍和另一个笔名任晦"③。 继茅盾的小
说《腐蚀》连载之后,受邹韬奋委托,夏衍"打鸭子上架"为

① 胡愈之.一年来的国际∥《生活》周刊影印本(第 6 卷)[Z].北
　京:人民出版社,1980:898.
② 茅盾.邹韬奋和《大众生活》(前言)∥《大众生活》(香港版)
　[Z].上海:上海书店,1981:2.
③ 夏衍.懒寻旧梦录(增订本)[M].北京:中华书局,2016:300 -
　301.

《大众生活》写了中篇小说《春寒》，后因香港沦陷，小说的后半部分等作者回到内地后才续写完成。他们与邹韬奋类似，因多关注现实，以普罗大众为接受对象，因此具有了知识分子的公共性特征，能就公共问题（政治问题、文化问题）面向社会公众发声。在此意义上说，这类知识分子大致与"社会评论家"或"政治知识分子"同义。①

编委会往往可发挥智囊作用，博采众长。邹韬奋办报刊，对社论看得很重。为了写好一篇社论，他不仅编委会上反复讨论、仔细推敲，写好甚至打好清样之后，还要请人审定（例如国际问题咨询乔冠华、杨潮，经济问题请教千家驹）。② 柳湜曾主编过《全民》以及《全民抗战》（《全民》与《抗战》三日刊合并而来）期刊，与邹韬奋属同事关系。据他回忆，邹韬奋总是把宣传政策与报道重点在编辑部反复酝酿，召集固定或客串的好友开编委会，大家畅所欲言，群策群力，"每每讨论到主题明确的阶段，每期文章的题目就出来了。韬奋一直保持主动，他提出的结论，常常十分中肯。这是因为他比谁都准备得多，比谁更了解读者的情况。题目大致定下以后，就当场分配写文章的任务，谁写那（哪）一篇，另一篇约谁写适当"。③ 此举体现出邹韬奋集体办刊的民主作风和敬业精神。对于一些重要的约稿文章，邹韬奋尽量登门拜访，一起商定要点。当然，在具体运作上，编委会的设立有时只是权宜之计。1936年，邹韬奋受高尔基策划《世界的一日》创意启发，决定找茅盾出任

---

① 理查德·A.波斯纳.公共知识分子：衰落之研究 [M].徐昕，译.北京：中国政法大学出版社，2002：26-27.

② 夏衍.韬奋永生//邹嘉骊.忆韬奋 [Z].上海：学林出版社，1985：440.

③ 柳湜."最大的愿望是办好一个刊物"（摘要）——学习韬奋的编辑工作经验//邹嘉骊.忆韬奋 [Z].上海：学林出版社，1985：250-251.

主编，拟编辑出版一本六七十万字容量的图书《中国的一日》。
为此，邹韬奋与茅盾拟定了一个由 11 人组成的编委会名单，其
中包括王统照、沈兹九、金仲华、茅盾、柳湜、陶行知、章乃
器、张仲实、傅东华、钱亦石、邹韬奋。经茅盾提议，还拟请
蔡元培作序。① 为一本书出版而组建的编委会，表面上看阵容
强大，其实只有茅盾具体负责组稿、审稿乃至编辑加工具体事
宜。邹韬奋之所以请左翼人士、各民主人士、中共人士、国民
党元老加盟，可能主要是想借此造势、扩大宣传影响。

　　不但期刊、图书项目可以设立编委会。在邹韬奋主持下，
1938 年 1 月，生活书店也成立了编审委员会。生活书店特聘胡
愈之为主席，编委会成员包括张仲实、范长江、柳湜、杜重远
等十余人，后经改组充实，茅盾、胡绳、戈宝权等加入进来。
"他们都是文化界卓有声誉的作家、新闻工作者或社会活动家，
他们为书店组织稿件，审阅稿件，通过这些编审委员和生活所
办的几个杂志的编辑，生活书店团结了大批作家、翻译家，提
供给生活书店的稿件大增。编审委员会成立后，确定了增出新
的刊物（如《文艺阵地》、《国民公论》），使生活（书店）出版
的刊物达到 7 种，增出新的丛书或丛刊多种，1938 年一年出版
的新书达 200 余种，在抗战中心的武汉，生活书店是出版战时
书刊最多的一个出版机构。"②

　　生活书店等编委会的设立，是以邹韬奋为中心的"生活"
同人共同体诞生的主要体现。现代中国知识分子的共同体，基
本上以各种政治和文化的意识形态为标志，如新青年社、少年
中国学会等，或许是受到传统"君子群而不党"的影响，他们

---

① 李频.编辑家茅盾评传［M］.开封：河南大学出版社，2006：187 -
　　195.
② 《生活书店史稿》编委会.生活书店史稿［M］.北京：生活书店，
　　2013：101.

很少以正式团体的名义出现，通常以同人刊物为中心，形成一个松散的、志同道合的同人共同体，且因各种学缘、地缘、血缘关系组合为复杂的人际交往和信息传输网络。[①] 这构建起民国时期上海、北平、香港等大都市新闻出版界文化生产互动往来的主要景观。

除自由来稿外，刊登征文启事无疑可以广而告知，更大范围内吸收稿源，以便主编进行选编工作。邹韬奋所主编的刊物，不时就会刊出启事，征求文稿、图片，等等，在这他主编《抗战》三日刊以及《大众生活》中尤为明显。《大众生活征稿简约》曾刊文如下：

一、凡关于下列稿件，均欢迎投稿：（一）时事论文；（二）学术论文；（三）国内外通讯；（四）随笔小品。

二、来稿以白话为主；内容需适切大众需要，注重客观事实的研究；文字须通俗浅显。

三、稿末须注明真实姓名及通信地址。

四、本刊对稿件有增删权，不愿者请预先声明。

五、来稿不用时需退还者，请于投稿时声明，并附足寄还邮票。

六、来稿登载后，概用现金奉酬。

七、征求各地有新闻价值的照片或有关文化事业的照片，请附简单说明，酬金每张一元至三元。

八、来稿请寄上海福州路复兴里大众生活社。[②]

---

① 许纪霖，等.近代中国知识分子的公共交往［M］.上海：上海人民出版社，2008：17.

② 大众生活征稿简约//《大众生活》（第1-16期）［Z］.上海：上海书店，1982：81.

征稿是否可用，需要编辑人员把关，以便控制或推动信息的传播。上述征稿启事中，出版方对来稿的选用与否以及增删处理，即履行编辑"把关人"职责的体现。来稿以白话为主、内容契合大众需要等要求，也反映出邹韬奋征稿的平民化取向。

三、编创者之间的精神交往

邹韬奋生前与当时知名的新闻出版人士基本都有接触，他与胡愈之等同事、好友之谊，已超越一般的业务往来，而升华为一种嘤鸣其友的精神交往。邹韬奋的好友戈公振为《生活》周刊特约撰稿人之一，主要承担海外通讯写作。戈公振曾任上海《时报》总编辑，1927 年出游欧美和日本考察新闻事业，其论著《中国报学史》，至今为业界所重。1935 年 10 月 15 日，戈公振由海参崴（即符拉迪沃斯托克）回到上海，邹韬奋专程到码头迎接。不想回国一周，戈公振就因患盲肠炎遽然离世。事后，邹韬奋含泪提笔写下了《悼戈公振先生》，刊于当年 11 月 1 日《世界知识》杂志上，①此前，邹韬奋曾拟定并在刊物上

---

① 邹韬奋在文中写道："我所最觉得悲痛的是以戈先生二三十年积累的学识经验，益以最近二三年来对世界大势的辛勤的（地）观察研究，在正确认识上的迈进（我在莫斯科时和他作数次长谈，深感觉到他的猛烈进步），我们正希望着他能为已沦入奴隶地位的中华民族做一员英勇的斗士，不料他竟这样匆匆忙忙地撒手而去。我想到这里，回忆着他在弥留时睁大着眼睛，那样激昂地——我觉得他竟是很愤怒地——对于侵略者的斗争情绪，我不禁搁笔痛哭。但我转念，又深深地感觉到这是我们后死者同样要负起的责任，我们都当以同样的'置生死于度外'的态度，朝着民族解放的目标向前猛进。我认为这样才是不忘却我们的好友！这样才是能记念着我们的好友！"[参见邹韬奋，中国韬奋基金会韬奋著作编辑部.悼戈公振先生//韬奋全集（6）[Z].上海：上海人民出版社，1995：286-287。]

公布了由戈公振担任即将创办的《生活日报》编辑部主任，亦可见两人交情之深。

　　加工、修改稿件是编辑分内之事，邹韬奋对于每篇稿件，包括画刊的材料，都亲自审阅、修订，他的选稿、用稿标准是"唯好文论"，"不唯身份论"："我对于选择文稿，不管是老前辈来的，或是幼后辈来的；不管是名人来的，或是'无名英雄'来的：只须是好的我都要竭诚欢迎，不好的我也不顾一切地不用。 在这方面，我只知道周刊的内容应该怎样有精彩，不知道什么叫做情面，不知道什么叫做恩怨，不知道其他的一切。"① 此处，邹韬奋行使的同样是"把关人"职责。 报道内容是作者、编辑记者、编辑部等多方磨合的结果，编辑部负责报纸报道哪些内容或每天的报道方案，它是评价哪些内容对于特殊媒体机构具有新闻价值的最后守卫者，媒体机构奉行的新闻价值概念，包括哪种表达方式能够迎合他们的受众，以及符合报纸编辑的优先权。② 如中华职业教育社创办人黄炎培不时以"观我生"、"抱一"的笔名在《生活》上发表文章，他有一个习惯，不喜欢自己的文章给他人修改。 邹韬奋刚加入中华职业教育社时，黄炎培指导过他编译国外作品时要考虑到国内读者的接受习惯。 但在邹韬奋那里，即便对于顶头上司黄炎培的来稿，每遇到自认为非修改不可的地方，就亲自找到作者一起商量，反复说明修改原因乃至为此争辩，直到黄炎培欣然同意修订后才予以发表，从不迁就。 邹韬奋在改稿过程中，对于照顾到作者的心境，动之以情、晓之以理的处理方式，颇值得借鉴。

---

① 生活书店.韬奋画传·经历·患难余生记［Z］.北京：生活书店，2013：187-188.

② 约翰·埃尔德里奇.获取信息：新闻、真相和权力［M］.张威，邓天颖，译.北京：新华出版社，2004：172.

及时支付稿酬，有助于维系编辑与作者关系，其中体现出双方之间的信任、默契乃至关心。 张元济、王云五等人曾婉拒出版陈独秀在狱中写就的《中国拼音文字》书稿，但仍为此支付了数千元优厚稿酬，以便接济这位落难的中国共产党前总书记。 邹韬奋对待作者同样礼遇有加。 李公朴由沪江大学毕业后赴美勤工俭学，他关于美国见闻的通讯内容丰富，但最初中文表达不太熟练，邹韬奋有时为此要费许多时间替他改稿。 那时的李公朴还是一位半工半读的穷学生，邹韬奋每次只要觉得他的来稿可用，就赶快让人把稿费汇出，以备不虞之需。

如果说邹韬奋在担任《生活》周刊、《大众生活》主编以前，其编辑出版活动仍是谋生的职业化手段，其担任主编后的一系列变革，则更偏于向专业主义发展，如完整的编印发流程，评论与新闻并举，编辑、作者、读者互动等，这些举措客观上从不同维度推动着中国现代书报刊联动出版模式的与时俱进。

第三节　生活书店经营管理创新

邹韬奋的出版实践活动虽然偏重编辑业务，但因后来被推选为生活书店总经理，因此他同时参与了诸多管理实务，其汇编作品《事业管理与职业修养》一书，较集中地体现了他的管理理念。 在邹韬奋主持下，通过胡愈之、徐伯昕等同人的共同经营，生活书店在人才队伍、完善组织机构、实行合作经济制度及民主管理等方面，都有丰富的实践和创新，成为研究民国时期中国大型出版机构迈向现代企业经营管理转型的典型样本。

一、协调编辑工作与广告业务

邹韬奋与老搭档徐伯昕分工明确、精诚合作，奠定了杂志的发展基础，特别是在编辑和经营业务方面。邹韬奋自己并不擅长拓展广告业务。当年在《时事新报》担任秘书主任时，董事长张竹平曾有意把邹韬奋打造成为一名英文广告员。"我因为不愿就辜负他的一番厚望，也曾经努力过几次，其中也有几家成功过，但是我每次一看见那像理人不理人的搭足臭架子的洋鬼子的臭脸，就引起了我的一万分的精神上的苦痛。我宁愿饿死，不愿和这类东西敷衍，因此竟无法引起我的自动的兴趣来。"①好在徐伯昕是广告发行业务的好手，他与邹韬奋一直合作到后者去世。邹韬奋弥留之际口述的遗嘱，也是徐伯昕记录的。广告和杂志发行向来是《生活》周刊及生活书店的经济支柱，对此，徐伯昕发挥了较大作用。

据笔者统计，《生活》周刊高峰时期每期所刊登的广告达五六十则，1931 年 10 月 10 日出版的《双十特刊》中，广告达 80 余条。《生活》周刊包括《大众生活》等报刊，其广告内容主要涉及衣食住行日用品（服务）、书报刊宣传，人才招聘相关事项。如 1931 年 12 月 12 日出版的第 51 期《生活》周刊中，共刊发广告 60 则，其广告商（产品）包括"双十牌"牙刷，"鹅牌"卫生衫裤，"兄弟商店"网球拍，"狗头老牌丝线绒袜"，"雪园"西餐馆，浙江兴业银行（储蓄广告），大华铁厂，中华珐琅厂（瓷器），"科达"麦精鱼肝油，肺痨病特效药"肺形草"，沪江大学商学院（招生简章），中华书局新书《法兰西大革命史》书讯，商务印书馆新书《满蒙中日关系的研究》书讯，其他书报刊宣传广告诸如《教育与职业》、《人文》杂志、《体育

---

① 生活书店.韬奋画传·经历·患难余生记［Z］.北京：生活书店，2013：185.

新声》图书等。① 上述广告及其宣传语，一定程度上是 20 世纪 30 年代初期上海十里洋场生活风貌的缩影，西餐厅、商学院、自来水笔、唱片、丝线绒袜等新事物、舶来品广告的出现，折射出上海十里洋场浓烈的现代气息。

邹韬奋与徐伯昕达成默契，"略有迹妨碍道德的广告不登，略有迹近招摇的广告不登，花柳病药的广告不等，迹近滑头医生的广告不登，有国货代用品的外国货广告不登"。② 徐伯昕自己能画插图、给客户设计广告，因此常有斩获。 有时，徐伯昕联合书报刊出版方，一起包下《申报》等报刊头版。 联合其他出版机构一起刊发书报刊相关出版销售讯息，可谓创举。 广告一多，徐伯昕与邹韬奋就得经常商量，协调内容版与广告版之间的篇幅分配。 在 1926 年 11 月出版的《生活》周刊第 2 卷第 4 期中，有读者来函，要求减少广告体量。"一种报章杂志，都不能不登载广告，但是广告同正文的比例不可太近。 而本刊的广告地位，竟占有四分之一，正文只占有四分之三，比例似乎相差太近，以致登载稿件不能众多。 最好以后广告的地位，缩小一半，把那其余的一半，来登载文字。"③这一定程度上反映出，邹韬奋有时出于经营压力考虑，不得不牺牲部分编辑内容：主编无疑要给读者提供丰富的内容信息，其前提得保证期刊的正常运营和编辑内容的丰富充实。 邹韬奋"内容为王、兼顾经营"但绝不被商业过度侵蚀的办刊思路，时至今日仍值得借鉴。

① 《生活》周刊影印本（第 6 卷）［Z］.北京：人民出版社，1980：1129 - 1152.

② 邹韬奋.大拉广告与自力更生∥中国韬奋基金会韬奋著作编辑部.韬奋全集（9）［Z］.上海：上海人民出版社，1995：728.

③ 朱鸾.爱本刊的几句话∥《生活》周刊影印本（第 2 卷）［Z］.北京：人民出版社，1980：26.

二、人才招聘制度设计与组织建设

截至 1939 年 12 月，据《本店工作人员一览》相关资料统计，生活书店员工总数已达 307 人，[1]其后增加到四五百人，颇具规模。

人员的聘用往往随业务的发展而增加，在生活周刊社，早期总是事务繁多而人手不足。邹韬奋虽勤勉于编务，终究感到个人的力量有限，亟须同人协助，他于 1930 年 8 月 3 日在《生活》周刊上发出了《征求一位同志》的启事。在启事中，邹韬奋对未来的同事提出了以下条件，要求德才兼备：其一，大公无私，秉承良知，不受任何私人或团体的指使威胁利诱，或迁就私人的情面而作违心的言论；其二，思想深入，要有敏锐的观察和卓越的识见；其三，文笔畅达；其四，至少精通一门外语，能精通英文更佳。[2] 1931 年加入《生活》周刊的艾寒松，原本是复旦大学应届毕业生，他因给邹韬奋写过一封有关青年和国事问题的信，受到邹韬奋赏识。最终，艾寒松如愿加入生活周刊社，成为邹韬奋的得力助手。艾寒松原号"涤尘"，"寒松"这个笔名，由邹韬奋改定。

邹韬奋用人有意回避亲戚，力戒安插冗员。"记者生平反对在自己主持的机关或职务上安插自己的亲戚，所以自全权主持生活周刊社以来，未曾用过一个亲戚。也许有人觉得矫枉过正，因为亲戚里面不见得就绝对没有人才，但我以为果真有实学能够努力奋斗的人，不怕无处谋发展，安插亲戚实弊多于利，尤其因为痛心狐亲狗戚之充斥于官僚社会，甚至蔓延于其

---

① 北京印刷学院，韬奋纪念馆.《店务通讯》排印本（中）［Z］.上海：学林出版社，2007：1059 - 1080.

② 韬奋.征求一位同志//《生活》周刊影印本（第 5 卷）［Z］.北京：人民出版社，1980：571 - 572.

他事业，我们不得不'矫枉过正'。"①基于如上原则，邹韬奋
主持生活周刊社时期，主要的选人方式为不定期的招考录取。
1933年有一则《生活书店招考练习生启事》主要内容如下：

> 本店现拟招考练习生三位，有志应考者，请作自荐书
> 一封，叙述籍贯，年龄，家庭状况，通信地址，已否定婚或
> 结婚，以往求学或就业经历及志趣等，于三月二十日前寄
> 到本店，信封上注明"应考"两字，附最近四寸半身照片一
> 张，及挂号回件邮票，合者函约面试，不合者当将照片寄
> 还，恕不另复。
>
> 希望条件：（一）体格健全；（二）具有高小毕业或同
> 等程度者（无须文凭）；（三）年龄在二十岁以内；（四）
> 品行端正，心思细密，富责任心。
>
> 练习期限：自一年至二年，视成绩而定。
>
> 待遇：练习期内除供宿及每月膳费十元外，第一阶段
> 每月津贴四元，第二阶段六元，第三阶段八元，第四阶段
> 十元。练习期满后即为正式职员，其待遇视能力而定，以
> 后每年按服务成绩增加。②

1938年4月14日，汉口生活书店举行了一场文书及练习生选
拔考试，获得考试机会的共有20人，其中5位投考文书工作，
其余都为练习生。考试项目则分为国文、作文常识、珠算和口
试。投考文书的作文题目为"二选一"，一是"评述家庭状况
及个人就业经历与感想"，一是"民族统一战线与中国抗战前

① 韬奋.正在积极筹备中的《生活日报》//《生活》周刊影印本（第7
卷）[Z].北京：人民出版社，1980：183-185.
② 生活书店招考练习生启事//《生活》周刊影印本（第8卷）[Z].
北京：人民出版社，1980：206.

途"。 投考练习生的作文题目是："试述文化在抗战中的重要性。"十五道"常识"题目，诸如"所谓'八·一三'事件是什么"，"最近国民党的组织上有什么变动"，"书店与抗战有何关系"，等等。① 生活书店此次招考，比较注重考生对时局的关注和认识，这与抗战大背景不无关系，有较强的时代色彩。 这次考试，邹韬奋亲自主持了文书考生的口试，练习生考生的口试则由徐伯昕等主持，由企业主要负责人主持面试，可看出生活书店比较注重人才的选拔与考核。

老员工往往是企业发展的巨大的人力资源，他们大多经验丰富、技能突出，对企业忠诚度强、认同度高，通常相互之间友谊深厚。 对于老员工的关心、爱护，应是企业经营管理者的职责所在。 主持生活书店，邹韬奋注重干部的培养和爱护，中高层多从老员工中选拔。 从内部寻找候选人来填补职位空缺有很多好处：如果想要了解一位候选人的优点和缺点，没有比与其共事一段时间更好的选择了，老员工可能会对公司更加忠诚，如果员工将晋升视为组织对忠诚和能力的一种报酬，那么用内部人填补职位空缺的做法会提升员工的士气，与外部候选人相比，内部候选人对于上岗引导的需求更少。② 不可否认，从组织内部雇佣人员也可能造成"近亲繁殖"，申请某一职位却未能得到批准或未达到预期的员工有可能会产生不满。 对于老员工的辞职、离店，邹韬奋等人总会尽量挽留，颇有求贤若渴之风。 严长衍与邹韬奋有十年共事之谊，前者无论主持书报代办部，或手创广州、汉口、重庆、成都等重要分店，均有所建树。 1939 年，严长衍在桂林负责处理西南区业务，但从当年 2

---

① 北京印刷学院，韬奋纪念馆.《店务通讯》排印本（上）［Z］.上海：学林出版社，2007：63 - 64.

② 加里·德斯勒.人力资源管理（第十二版）［M］.刘昕，译.北京：中国人民大学出版社，2012：173 - 174.

月起，他已停止签到，并且没有按生活书店总管理处提议和决定，回调总店就任生产部主任一职。其间，他曾向生活书店总管理处提出请假半年，考虑到战时业务需要，该申请未被批准。此后，生活书店总管理处通知严长衍暂任西南区购料及运输负责人，但6个月间他都没有工作情况汇报，却向桂林分店预支了930元款项。生活书店总管理处经过三次函询情况，均没有得到严长衍复函，有传闻还说他已到其他机构就职。邹韬奋与徐伯昕最后联名给严长衍写信致候："因数度奉函，未得复书，隔膜愈深，系念更切……兄接信后，请即回渝担任生产部主任职务，请先电示行期。如因故未能即回，亦请详细来信说明原因。否则，为维持纪律，巩固整个事业之组织起见，惟有依照服务规约及同人公意办理之。弟等重视个人劳绩，并爱护干部，至此自信已竭尽心力，尚希兄能予以曲谅也。"①结果严长衍还是没有回函，生活书店人事委员会经讨论，只得决定同意他离职。

生活书店原来只有上海总店和广州、汉口等少数几个分店，抗战爆发后，随着业务扩大，其分店总数一两年间扩大至五十余处。为加强管理，邹韬奋在企业组织机构上作了完善。1938年总店由上海迁往汉口后，邹韬奋等将总店改组为总管理处，以便与各分店相区分。并且，随着各分店数量的猛增，书店运营管理的综合、协调事务日益重要，总管理处作为中枢的地位凸显。

生活书店改组后的总管理处包括总务部、主计部、营业部、编辑部和出版部。"这五部的工作，都是综合整个本店（即包括各分店等机构）的工作，注重提纲挈领的效用。它和各地分店的异点只是责任和工作上的范围有广狭之分，而在性质上

① 北京印刷学院，韬奋纪念馆.《店务通讯》排印本（中）[Z].上海：学林出版社，2007：1025-1027.

还是同样地为整个的本店工作和事业而努力。"①总管理处的及时设立，一方面有助于书店整体规划和各项工作的考核指导，一方面有利于各分店汇报情况，加强相互交流。 为此，生活书店主办了内刊《店务通讯》。 邹韬奋有意识地通过这一平台发表了一系列文章，涉及职业指导、经营管理、店史介绍、问题检讨相关主题，旨在引导同人工作。 在具体实施过程中，邹韬奋往往采取"软着陆"方式，或通过社员大会广而告之，或在《店务通讯》等内刊上发文、讨论，由生活书店同人一道分析问题、交流经验、献计献策、不断反馈调适，这样较好地规避了因管理改革可能带来的风险和隐患，这方面商务印书馆早已有前车之鉴。 商务印书馆在中国出版企业现代化转型进程中曾多有创举，如较早实行了美国"管理之父"泰勒的现代科学管理办法，但总经理王云五最初试图推行这项改革时，因涉及任务考核、福利待遇等具体利益，一度遭到许多职工的激烈反对，甚至要求他下台。 并且，按照组织传播理论，组织内部传播交流中，管理者通过何种媒介传递信息非常重要。 而生活书店《店务通讯》内刊作为一种媒介化的人际交流，比较符合"媒介丰裕度模型"。"丰裕媒介"在信息传输时，往往能完全或部分满足以下能力：获得及时反馈的能力，多种提示信息的利用，自然语言的使用以及对个体的关注，反之则为"匮乏媒介"。 此外，组织传播有不同程度的歧义性，即对某一问题有多种相互矛盾的理解和认识。 根据"媒介丰裕度模型"，采用丰裕度高的媒介处理歧义性高的任务，容易实现效率高的传播。② 对于《店务通讯》讨论的某些问题或事项，凡涉及商业

① 北京印刷学院，韬奋纪念馆.《店务通讯》排印本（上）［Z］.上海：学林出版社，2007：117.
② 凯瑟琳·米勒.组织传播（第二版）［M］.袁军，石丹，周积华，吴燕春，译.北京：华夏出版社，2000：250-252.

机密之处，邹韬奋要求不对外传播，仅供生活书店同人阅览，不允许转示外人，传阅后由经理或负责人妥收保存。

三、合作经济制度及民主管理

邹韬奋及"生活"同人致力于文化建设事业，个人价值观与企业价值观重合度（即组织认同）较高。"回想我和几位'患难同事'开始为文化事业努力到现在，我们的确只是以有机会为社会干些有意义的事为快慰，从没有想要从这里面取得什么个人的私利"，"我和一班共同努力于文化事业的朋友们，苦干了十几年，大家还是靠薪水养家，我们并不觉得什么不满意，我们的兴趣都在文化事业的本身"。① 如沈志远原是西北联合大学教授，他放弃了两倍于生活书店待遇的教职，出任书店特约编译员，负责整理以及翻译世界名著，编著《中国学术丛书》。

生活书店从中华职业教育社独立出来后，采取的是合作社制，书店产业为全体社员所共有，实行民主集中制管理，其员工群体主要由社员、职员、雇员和练习生组成（对应于今天的工种分类称谓，大体类似于在编人员、聘用人员、临时工和实习生）。 全员所有的合作社制在民国出版界具有开创性。 在合作社制基础上，邹韬奋等人注重民主集中制管理，其内容主要涉及以下几方面：其一，领导的机构，一律由选举产生；其二，领导机构须定期对整个组织作工作汇报；其三，严格的纪律和少数服从多数原则；其四，下级机构和全体人员务必执行上级机构的决议和上级负责人的指示。 理事会、人事委员会、监察委员会为生活书店常设领导机构，原则上每年改选，因抗战等因素偶有微调。 具体而言，理事会拥有生活书店重要发展规划

① 生活书店.韬奋画传·经历·患难余生记 [Z].北京：生活书店，2013：193-194.

的最高决定权，人事委员会对人事问题拥有最高决定权。"在两个机构里，对于某一事的决定，须经过充分的讨论，须经过多数的通过，才算是决定，经过讨论和决议的手续之后，少数即须服从多数。 换句话说，集体的决定是任何个人所应服从，除非他提出辞职，不愿再参加本店的工作。"①邹韬奋将生活书店的民主集中制概括为"集体领导，个人负责"。"所谓集体领导，是指全体社员所选举出来的机构，如理事会、人事委员会等，负有领导的任务。 个人负责，是指各级职员在职权内所应负的执行的责任，尤其是较重要的负责人，如总经理、经理、各部主任、各区主任、各店经理。"②正因为有这样一系列管理制度上的设计，生活书店运营当中的许多问题，便较好地提出来供大家讨论、集体协商解决。"每天七小时工作制如何切实执行"，"分店经理职责提升"，"员工福利、津贴公平分配"，"反审查经验交流"等议题，都曾在《店务通讯》内刊上广泛讨论。

根据组织传播原理，团体中的人际交流应受到特别的重视，因为现代组织建立在这些团体的基础之上，高耸的等级体系往往由于命令链条过于庞大而导致反应迟缓和缺乏足够的创造性，从而无法保持竞争力；完全让个人孤立地工作，无法具有解决复杂问题时的多视角优势。③ 1935 年刚从美国"流亡"及考察归来之际，邹韬奋因离开具体编辑业务约两年，于是常用半天时间召集同人、员工个别谈话，以征询大家对领导机构的意见和工作的建议。 此后，邹韬奋规定每月举行一次全体同

①　北京印刷学院，韬奋纪念馆.《店务通讯》排印本（上）［Z］.上海：学林出版社，2007：792.

②　北京印刷学院，韬奋纪念馆.《店务通讯》排印本（下）［Z］.上海：学林出版社，2007：1129-1130.

③　埃里克·M.艾森伯格、小 H.L.古多尔.组织传播：平衡创造性和约束［M］.白春生，王秀丽，张璟，译.北京：北京广播学院出版社，2004：198.

人参加的茶话会，探讨业务、交流经验。 为了尽可能消除隔阂，加强各方意见的沟通，邹韬奋对于各级组织之间的交流、协商原则，同样做了说明、阐释。"意见的沟通，除在各种会议中及机关志中有相当的园地外，当然还不够，全体同人中任何人有意见还应具体提出，用口头或书面告诉负责人或店内的相当机构，如理事会、人委会或监察会，等等。 负责人或店内的机构即当加以虚心的（地）考虑。 如所提出的确是可以做应该做的事情，应该实行起来；如所提出的是属于疑问的问题，应该加以诚恳切实的解释；如所提出的是值得讨论的问题，应该提出来讨论。 要做到这一点，我们先须提倡有办法有疑问即须随时提出的作风与习惯。"①邹韬奋还多次强调就事论事的民主作风，特别反对当面说一套背后做一套的"失德"行为，致力于维护友好、和谐的工作氛围。

民主管理与民主的纪律相辅相成。 在邹韬奋看来，生活书店所有成员，一切须以团体的事业为前提，团体的信誉、财产、工作纪律乃至于对国家民族人类的贡献，都是大家所应共同爱护的。 一旦出现侵害集体事业的行为，"轻则努力纠正，重则只有根据民主的纪律的原则，经过合法机构的决议，加以比较严重的处分"。② 1939 年 4 月，生活书店总管理处历时一年多调查、取证后，发出了对广州分店部分负责人和员工陆凤祥、孟汉臣、苏锡麟、许三新犯规的处理意见。 原来他们盗用生活书店信誉和公款，擅自开办远东出版社，从事私营翻版活动，共翻印书籍十种以上。 这种行为违背了生活书店"社员不得在外经营与本社同样性质之业务"，"各职员不得有损害本店

---

① 北京印刷学院，韬奋纪念馆.《店务通讯》排印本（中）［Z］.上海：学林出版社，2007：859.

② 北京印刷学院，韬奋纪念馆.《店务通讯》排印本（上）［Z］.上海：学林出版社，2007：481.

名誉或营业情事"等相关章程条款。 最终，生活书店总管理处
对陆凤祥、苏锡麟、许三新做出了"停职处分"，"惟查孟汉臣
君任职上海素稔忠诚负责，帮同创办广州分店，扶病最后退
出，颇著功绩，特减轻予以最后警告之处分，并调总处工作，
以观后效"。① 从历时之长、区别对待等方面来看，生活书店
管理层对于广州分店的处理甚为谨慎，既要坚持章程、纪律的
不可违背，又得适当照顾到老员工的情感，给人以改过自新的
机会。 这相较于"假公济私"或不问青红皂白"一棍子"将人
直接开除等粗暴举动，不但更为慎重，同时也更为人性化。 对
陆凤祥等人的处理意见公布以后，邹韬奋一再申明，但凡有处
理失当的地方和反证，均欢迎进行申辩。 当然，对于一家拥有
数百人的出版机构，"害群之马"难免存在，生活书店重庆分店
后来也发生过员工因旷工、斗殴等行为而遭停职处分的事情。
管理层对此类事件基本都能及时、公正做出处罚，便于净化团
队，以儆效尤，警示同人。

　　邹韬奋在《生活》周刊（包括后来的生活书店）的民主管
理，不但保障了机构的正常运营，且几乎没有出现过商务印书
馆式的劳资矛盾。 如 1925 年，商务印书馆职工会发布《总罢
工宣言》，举行大罢工，要求提高经济待遇，编译所职员郑振
铎、茅盾等担任工会代表，与馆方代表张元济、王云五等谈
判。 商务印书馆总务处最终同意并公布了《加薪办法》，提高
同人待遇。 在生活书店，邹韬奋同时尽力给同人、员工营造一
个"家"的环境。 为了保证良好的起居条件，在上海时期，生
活书店员工的同人集体宿舍是洋房别墅，这在同行中殊为难
得。 生活书店办公室的座椅高低不齐，原来，考虑到不同员工
的身高比例，这些凳脚都经过了"改造"，加长或锯短，以便适

---

① 北京印刷学院，韬奋纪念馆.《店务通讯》排印本（上）[Z].上
海：学林出版社，2007：483-487.

合不同的人伏案办公，尽量避免员工出现弯腰、驼背、近视等健康问题。 随着事业的发展，邹韬奋还特别聘请内外科名医担任生活书店医务顾问，定期给员工安排体检，注射防疫针等，员工万一生病，费用都可报销。 在生活书店，平时上班工作时间为 7 小时，每个月的工资都是当月 15 日全额发放，而不像当时社会上流行的到月底再发，且每月如果请假三天以下也不扣工资，如果全勤就可以"升工"（即加三天工资，相当于现在公司普遍采用的全勤奖）。 1937 年 11 月，上海沦为"孤岛"前后，生活书店总店一度迁往汉口。 考虑到员工多为上海随店迁来，邹韬奋聘请厨师为大家做饭，以保证伙食质量。 因战事变化突然，员工十之八九的家眷未能及时随行。 邹韬奋建议员工准请一个月左右的事假回上海、江浙等地安顿家属，工资照发，还可预支一笔费用，以备急用，往来车船、食宿费用全部报销。 家属实在不便安顿的，带来武汉也可以，员工及其家属往来费用一并全部报销。

邹韬奋主持生活书店期间，有几位员工因病去世，邹韬奋或出席了他们的追悼会，或专门撰写悼文以资纪念，如《悼王永德先生》、《痛悼子桂同事》等。 孙梦旦是《生活》周刊最早的创业者之一，长年身兼发行、会计等职务，经常加班加点，工作至深夜，甚至带病工作。 1939 年 4 月 3 日，他因患肺病不治去世，年仅 29 岁，他在生活书店累计工作了 13 年，留下妻子和一对儿女。 在孙梦旦的追悼会上，邹韬奋"因为过分的悲痛酸鼻，好久说不出话来"。① 在对孙梦旦的敬业精神和责任心给予了赞赏的同时，邹韬奋对工作与休息应劳逸结合作了反思："我们必须抛弃只顾责任心不顾健康的恶劣传统，我们要不做夜工，工作时间要从七小时减到六小时以至五小时，使有充

① 北京印刷学院，韬奋纪念馆.《店务通讯》排印本（上）[Z].上海：学林出版社，2007：499.

分的业余时间来进行调剂工作的活动，同时增加健康的设备。我们团体日益发达，同人的福利随着增加，只要在店的经济力量可能的范围内，我们可以而且必须这样做。"①鉴于孙梦旦此次患病早逝，很大程度上是因公务所致，生活书店总管理处决定拨付治丧费两百元；同时按月支付给眷属六十七元五角的半薪，以其累计工作时长 13 年为限；遗孀如愿意在生活书店工作，在符合相关工种条件的前提下，将尽量优先安排妥当；将来小孩读书如学费不敷，生活书店将尽其所能酌情资助。 1938年 11 月起，生活书店为符合条件（试用或工作满六个月）的员工发放不同数量的眷属（限夫妇子女）住房补贴：凡薪金在五十元以下者，月给津贴八元；凡薪金五十元以上至一百元者，月给津贴六元；薪金一百元以上者无此津贴。②

为便于学习，生活书店出版的各种刊物，如《文艺阵地》、《理论与现实》、《世界知识》、《抗战》三日刊，每期一律赠送，人手一册。 在生活书店购买本版书，一律五折，外版书则照批发进价，六七折可购买。 同人之间，不时举行各种周末晚会、迎新会、歌唱会等，便于大家沟通感情。 读书会、技术讲习班的设立，同样有助于拓展员工知识面，增强业务技能。 生活书店重庆店曾由经验丰富的老同事担任技术班讲解员，每晚讲授、交流门市、发行、珠算、邮购、店务相关课程，每班以半月为期。 实业家卢作孚曾任民生公司总经理兼国民政府交通部次长等职，他曾受邀到生活书店讲演"办事经验"。

余英时认为中国的知识分子在"改变世界"、批判社会之余，同样注重"内在超越"，即重视个人的精神修养，以便保证

---

① 北京印刷学院，韬奋纪念馆.《店务通讯》排印本（上）[Z].上海：学林出版社，2007：500.

② 北京印刷学院，韬奋纪念馆.《店务通讯》排印本（上）[Z].上海：学林出版社，2007：247－248.

"道"的庄严和纯一。① 邹韬奋将生活书店的传统精神归纳为以下八项：坚定、虚心、公正、负责、刻苦、耐劳、服务精神、同志爱。② 如果说对于编辑出版事业的热爱和践行是邹韬奋的"道"之所在，那么，工作生活中严于律己，可谓他加强个人修养的道德自律。 在上班签到簿上，邹韬奋以身作则，每天签到。 签到簿由经理室相关负责人保管，过了上班时间，迟到者就需在经理室签到并注明迟到时刻和缘由。 邹韬奋公私分明，杂志社的稿笺只为公用，他的私人信函、稿件都自备稿纸、信封。 编辑部本来已订购了马克思列宁相关著作，他专程托人另买一套，以便放置家中，业余阅读。

邹韬奋对于新闻出版事业的执着与坚守，促使他完成了从一位自由撰稿人向职业出版人的转型。 美国新闻自由委员会1947年发布的报告《一个自由而负责的新闻界》认为：一种职业是一个组织起来开展某种公共服务的群体，它通常与服务对象有亲密的关系，向服务对象提出建议、指导和专业支持；任何新闻单位的业主或经理，总是负有不可推卸而巨大的个人责任，这是对良知和公共福祉的一种责任，正是良知使之成为一门职业。③ 邹韬奋在1937年时曾感言："时光过得真快，我这后生小子，不自觉地干了15年的编辑。 为着做了编辑，曾经亡命过；为着做了编辑，曾经坐过牢；为着做了编辑，始终不外是个穷光蛋，被靠我过活的家族埋怨得要命。 但是我至今

---

① 余英时.中国知识人之史的考察//士与中国文化 [M].上海：上海人民出版社，2013：613-618.

② 生活书店.韬奋画传·经历·患难余生记 [Z].北京：生活书店，2013：371.

③ 新闻自由委员会.一个自由而负责的新闻界 [R].展江，王征，王涛，译.北京：中国人民大学出版社，2004：48-49.

'乐此不疲'，自愿'老死此乡'。"①证诸邹韬奋的言行，这绝非浮夸之词，他数年如一日，孜孜以求践行自己的新闻理论、出版理念，由此与胡愈之、徐伯昕等人一道，推动着中国新闻出版业的现代化进程，其作为知识分子所特有的大众立场、现实关怀、批判锋芒、家国情怀，在其近20年的编辑出版生涯中陆续铺展开来。

---

① 邹韬奋，中国韬奋基金会韬奋著作编辑部.同道相知 // 韬奋全集（7）[Z].上海：上海人民出版社，1995：593.

第二章 /

国民性关怀及其话语谱系

邹韬奋对于国民性的关怀主要体现为以下主题，即对现实悲惨生活、国民劣根性的报道，带有鲜明的启蒙色彩，同时揭批官僚政治的腐败、无能，体现媒介监督功能，观照其话语谱系，反讽效果明显，这些议题成为现代新闻出版话语转型的缩影。

无论是梁启超的"新民"说，还是鲁迅"弃医从文"的抉择，他们都试图诉诸国民性改造。柏杨所谓"丑陋的中国人"，或者王小波眼中"沉默的大多数"，又为国民性贴上了新的标签，几近成为刻板印象。"国民性主要指国民共有的文化心理。一种文化在人们共同的心理中站住脚，就变得牢固且顽固了。心理往往是不自觉的，所以这也是一种'集体无意识'。"①美国学者艾历克斯·英格尔斯将国民性视为一个社会成年群体中具有众数特征的、相对稳定持久的人格特征和模式。②词源学意义上的"国民性"，最早来自日本明治维新时期的现代民族国家理论，是英文"national character"或"national characteristic"的日译，汉译时也有"民族性"、"国民品格"等类似语词。③基于百余年来对国民性批判多于肯定的思维和叙事惯性，因负面影响过于明显，人们论及国民性时，往往又将其归结为"劣根性"。邹韬奋对于国民性的关怀主要体现为以下主题，即对现实悲惨生活、国民劣根性的报道，带有鲜明的启蒙色彩，同时揭批官僚政治的腐败、无能，体现媒介监督功能，观照其话语谱系，反讽效果明显，这些议题成为现代新闻出版话语转型的缩影。

① 冯骥才.中国人丑陋吗？//柏杨.丑陋的中国人［M］.北京：人民文学出版社，2008：1-2.
② 艾历克斯·英格尔斯.国民性：心理—社会的视角［M］.王今一，译.北京：社会科学文献出版社，2012：14.
③ 刘禾.国民性话语质疑//摩罗，杨帆.人性的复苏：国民性批判的起源与反思［Z］.上海：复旦大学出版社，2011：137.

第一节　国民性关怀与大众启蒙

　　媒介是一面镜子，可以映射时代、社会的五光十色。 穷人等群体在享用媒介资源的分布时，往往处于弱势地位，以至难以"发声"，甚至产生"沉寂化"的效应。① 但健康的媒体系统以服务最大多数公众为诉求，没有人种、阶层或性别的歧视。② 报刊的报道取向和风格多取决于主编的个人关注点和经营理念。 邹韬奋素来强调以大众为服务对象，其对国民性的关注和报道，正是践行这一惯常主张。

一、民生凋敝及其救济

　　不少媒介伦理学家认为，大众媒介和新闻工作者应成为政治上无家可归者的代言人，为无权者代理正义是一个有社会责任感的新闻界最重要的特征。 新闻职业是否在为那些处于社会经济基础之外的团体代言，成了检验它是否履行了其职责的试金石。"这种媒介的社会责任观暗示，新闻工作者有责任既推进社区的进步，也推进社区中的个人的进步。 那些因经济、社会或文化的重大不同而处在社区外围的人也需要发言。"③邹韬奋生活的时代，战乱频仍，旱涝灾荒接二连三；无数不堪折腾的劳苦大众，挣扎在生命线上。 邹韬奋借助报刊平台，首先扮演

① 欧文·M.费斯.言论自由的反讽 [M].刘擎，殷莹，译.北京：新星出版社，2005：14.
② 罗伯特·麦克切斯尼.传播革命：紧要关头与媒体的未来 [M].高金萍，译.上海译文出版社，2009：74.
③ 菲利普·帕特森，李·威尔金斯.媒介伦理学：问题与案例 [M].李青藜，译.北京：中国人民大学出版社，2006：110.

了"百姓代言人"角色。 他主持报刊编辑出版业务，较多地立足大众，关怀现实。 如《生活》周刊 1930 年 10 月 12 日报道中，刊发了两张由读者从德国寄回来的照片，即国外对中国闹饥荒民等民生问题的写照。 照片之一为母女二人蹲在地上，望着眼前直挺在地上已死去的丈夫（父亲）、儿子（兄弟），欲哭无泪，满眼悲怆，而死者瘦得只剩下骨架了。 照片之二取自《明星》周刊，一个苦力背着快要饿死的母亲，两人衣衫褴褛，形容枯槁。

新闻业的核心任务是对事件的关注，"是一种聚焦于事件的话语表达，它更多地要求对外部世界所发生的意外和灾难事件做出回应，而不是关注于文化精英团体中那些流行的时髦言论"①。 作为一家知名出版机构的负责人，邹韬奋没有像他不太认可的"鸳鸯蝴蝶派"一样，囿于知识精英的自娱自乐，而是把目光投向社会现实，《生活》周刊有许多"灾难报道"。 四川江安灾民没有食物充饥，只好吃当地所出产的白泥（俗称仙米），"每日老少男女前往采掘的总在千余人以上，因人数过多，争掘山空，遂召（遭）山崩之祸，当场压死六人，此外，因争食仙米而胀死的也不在少数，哭声震天，长夜漫漫……"②在《生活》周刊上，邹韬奋不时刊出某企业、地方公务员招聘数名工作人员，结果应者云集、数以百千计的情形，这正是当时社会普遍存在失业现实的勾勒。 邹韬奋自己分出许多时间、精力，解答读者有关失业问题的咨询，回复寻求帮助的来函，但他往往"万分歉疚，无法以应，我们只有不惮烦地督促政府对

---

① 迈克尔·舒德森.为什么民主需要不可爱的新闻界［M］.贺文发，译.北京：华夏出版社，2010：116-117.

② 冷壁.谈谈四川的"大众生活"//《大众生活》影印本（第1-16卷）［Z］.上海：上海书店，1982：96.

于这个严重问题的深切注意"。① 在《一个狂人》的"小言论"中，邹韬奋描述了一位知识分子报国无门的困窘和愤慨：他的一位学有所成的老同学从西洋归国，先是找不到工作，继而在大学做了教授，却经常拿不到薪水，现实最终催逼这位友人"发狂"，于是"他到处大骂，说中国只有亡，人民只有做奴隶"，等等。邹韬奋对于友人的遭遇深表同情："这固然是狂人语，但是其中却含不少伤心泪！ ……我们一天做中国人，就要努力一天，所谓'尽心力而为之'。 想想孙中山先生第一次在檀香山讲民族主义时，听的只有三人，他竟继续奋斗，这种勇气如何！"②

从知识分子角度来看，上述报道体现了邹韬奋对公共事务的"介入"姿态。 面对公共议题，特别是当国家压制公开的反对和批评时，知识分子应"在事实上扮演公众利益和人民的代言人角色，反对当局和国家"。③ 失业等导致了经济上的剥夺，伤害到个体的安全感和自信心，进而有可能给社会的安定带来隐患。 民国时期中国普遍存在民生困苦、凋敝现象的现象，其根源虽与时代动荡、军阀混战、外敌入侵等因素相关，但当局治理失当难逃其责，所以邹韬奋寄希望于当局对失业等类似问题"深切关注"，期待能有效解决。 就传播效果而言，媒体对强化或疏离与读者之间的认同关系有重要影响，"总体上，媒体对负面事件有着突出的兴趣，从原理上讲，只有具有

---

① 韬奋.人力移防//《抗战》三日刊影印本（第10号）[Z].上海：上海书店，1984：2.

② 韬奋.一个狂人//《生活》周刊影印本（第2卷）[Z].北京：人民出版社，1980：405.

③ 托尼·朱特.我们失去的世界//重估价值：反思被遗忘的20世纪[M].林骧华，译.北京：商务印书馆，2013：12-13.

冲击力的事情才能让信息的消费者感兴趣并且成为忠实消费者"。① 邹韬奋对这类失业、灾荒、穷困等民生问题的关注，也可说是他与普罗大众之间强化认同关系的方式之一。

二、批判陈规陋俗与崇洋媚外

中国积贫积弱既久，许多陈规陋俗同样根深蒂固，如迷信，纳妾、奉"父母之命媒妁之言"的旧式婚姻，不顾生活压力、盲信"多子多福"，等等，不胜枚举。 在鲁迅的小说《孤独者》中，作者以葬仪为主线，穿插了乡村民间对于旧制积重难返的繁文缛节，邹韬奋对此深有感触。 他有一位苏州籍亲戚的父母去世了，因这位亲戚在外地谋生，于是把灵柩在外停留了好几年，待运回苏州安葬时，家眷因路远没有同去，这位亲戚于是花四百文雇了一位乡下老妇人在坟上大哭一顿。 邹韬奋问亲戚为什么请人来哭丧，这位亲戚自己也不明究竟，不过从俗而已：家人安葬时若没有女人哭一下，家族里的生人就要倒霉，风俗如此，只得相信。 邹韬奋"听听也不多说，只怪一般人做的事好像完全没有了脑子一样"②。 对于社会上大出丧时有人花钱请叫花子闹闹的习俗，邹韬奋给了"恶评"："我看见新式的出丧，只不过许多亲友静默步送，很足引人悲思，若聚了一大堆叫化子，锣鼓喧天，丝竹并奏，简直像'欢送会'与'庆祝早死'的气概！ 不但是极无谓的耗费，而且也是极讨厌的事情，极可笑的事情。 然而社会上的人，尤其是自命上等社

① 阿尔弗雷德·格罗塞.身份认同的困境［M］.王鲲，译.北京：社会科学文献出版社，2010：50－51.

② 邹韬奋.《从医学上观察日本人的现代生活（四）》编者附言//中国韬奋基金会韬奋著作编辑部.韬奋全集（1）［Z］.上海：上海人民出版社，1995：759.

会的人，还是沿着不改，真是令人不解。"①虽时过境迁，令人
感慨的是，邹韬奋所揭示的社会现象，在当今中国不少地方仍
然存在。

　　报刊报道"负面"消息，固然有利于揭示现实，但有时容易
给读者造成"麻醉"，导致麻木不仁的"功能障碍"或惰性，久
而久之便见怪不怪，"日渐增大的大众传播剂量，可能无意间使
人们的精力从积极的参与变为消极的认知"。② 如崇洋媚外的
风气，一百多年来依然故我。 以留学为例，20 世纪初，清政
府、民国迭代之际，官方或民间的留学之风盛行。 大浪淘沙
中，留学生质量良莠不齐，留学的动机各异，去东洋还是西洋
留学也有了差别，以至社会上有这样的说法：到东洋走一趟是
"镀镍"，到西洋去一趟是"镀金"。 在邹韬奋看来："镀金并
不足为病，不过要看本来质地怎么样。 如果本来质地很好，镀
些金只有好些。 如果本来是'朽木不可雕'的'朽木'，就是
把金镀上去，初看未尝不可骗骗人，但是终究要'拆穿西洋
镜'的！"③在社会上，无论"镀金"、"镀银"，只要是留学生
便往往成为"香饽饽"。 邹韬奋的一位友人在一家知名出版机
构工作有年，学贯中西，却一直没有加薪，做来做去只有一百
二十元。 反倒是不少"绣花枕头"式的留学生坐拥厚薪。 有
一次，邹韬奋这位友人负责编辑一位德国留学生的游记，因原
稿别字连篇，文法不通，但作者来路大，出版方不便拒绝，于
是交由他修订。 经过邹韬奋友人之手，原稿被修改了百分之六

① 韬奋.靠叫化子阔阔//《生活》周刊影印本（第 3 卷）［Z］.北京：
　　人民出版社，1980：43.
② 约翰·费斯克，等.关键概念——传播与文化研究辞典（第二版）
　　［M］.李彬，译注.北京：新华出版社，2004：177.
③ 韬奋.镀金//《生活》周刊影印本（第 3 卷）［Z］.北京：人民出版
　　社，1980：67.

七十的内容，修辞方面几乎重写，这位友人于是在署名时，以"校订者"身份，把自己的名字与作者并列。正式出版这本书时，邹韬奋友人的校订者之名却被勾去，"无非是因为校订者的牌子似乎不及那位写别字的朋友牌子'硬'"，邹韬奋随即感慨："社会上往往有同样的事情，叫留学生来做，给他一种特别好的待遇；叫国内大学毕业生来做，便给他一种差些的待遇；如叫连大学牌子都没有的人来做，又要给他一种更差些的待遇。他们并不以事为对象，却以资格为对象，这当然是很不公平的待遇。"①

崇洋媚外，不仅仅体现在国人喜欢用洋货而不用国货（有些国货不如洋货物美价廉也是原因之一），还表征为对国外制度、文明、风尚的盲目信仰，就连外国的学者，时常也被奉若无所不能的神明似的。1933年初，英国戏剧家、诺贝尔文学奖得主萧伯纳接受了由宋庆龄、鲁迅等发起的中国民权保障同盟总会邀请，乘其漫游世界时访华，并迅速在文艺界掀起了一股旋风。鲁迅、茅盾、郁达夫等人纷纷在报刊发文，推介萧伯纳。邹韬奋就萧伯纳访华事件，对外国名流在中国广受追捧的情况作了反思："我国对于外国的名人，向来有视为万能的观念，喜欢对他们做出过分的欢迎，无所不问的请教，从前杜威、罗素、克伯屈到中国来的时候，都忙得不少人屁滚尿流！相当的招待，原无不可，但必欲奉为天皇地皇，好像就要下跪叩头的神气，不但无补于敬意，反而徒滋窃笑。就他们个人所研究的专门范围，提出问题向他们讨论，固无不可，但必把他们看作无所不知似的，反而使人头痛。"②邹韬奋此番言词，可

① 邹韬奋.《吃尽资格的苦》答复//中国韬奋基金会韬奋著作编辑部.韬奋全集（4）[Z].上海：上海人民出版社，1995：104-105.
② 韬奋.漫笔//《生活》周刊影印本（第8卷）[Z].北京：人民出版社，1980：205-206.

谓对时人盲目崇拜的诛心之论，他的冷静与客观更显可贵。

三、"他者"镜像中的国人形象

国人虽容易崇洋媚外，在国际上的形象却一塌涂地。 法国启蒙思想家在其《论法的精神》一书中，把中华帝国视为专制政体的代表，从"停滞的帝国"到"黄祸"、"东亚病夫"论调，中国多年来似乎总是处于"僵化状态"。 美国基督教公理会来华传教士明恩溥曾在上海《字林西报》上发表了一组介绍中国人性格、风俗的观察文章，作者把好面子、漠视时间、相互猜忌、缺乏诚信等视为"中国特色"的气质，①不乏偏见。 这些系列文章最终集结为《中国人的气质》一书出版发行，对鲁迅后来开展国民性批判产生过较大影响。 1931年"九·一八事变"后，基于国民政府的不抵抗政策，逃官逃将多如牛马，以至西方报刊上有关于中国的漫画，"不是画着一个颠顶大汉匍匐呻吟于雄赳赳的日军阀枪刺之下，便是画着前面有一个拖着辫子的中国人拼命狂奔，后面一个日本兵拿着枪大踏步赶着"。② 1933年至1935年，邹韬奋在流亡期间游历了欧美多国，耳闻目睹了当时许多国人在海外的形象，其相关通讯作品先后在《生活》周刊、《新生》杂志上发表，后汇集为图书《萍踪寄语》出版。 这一时期，邹韬奋的流散写作，以中西双重视域互为镜像，更容易以"他者"身份在国外反观中国人。

不修边幅、邋遢成性是邹韬奋在欧美等国流亡时对中国人最直观的感受。 在国外街车上，邹韬奋所见的外国人，大多注重仪表，头发修得整齐，伦敦街头的乞丐，把衣服打理得干干

① 明恩溥.中国人的气质［M］.刘文飞，刘晓旸，译.北京：北京联合出版公司，2013.
② 邹韬奋.船上的民族意识//中国韬奋基金会韬奋著作编辑部.韬奋全集（5）［Z］.上海：上海人民出版社，1995：648.

净净，皮鞋刷得油亮。而邹韬奋在国外所见的中国人，大多胡子拉碴，蓬头垢面。中国人不修边幅、不拘小节，自然有人可以认为是名士做派，"在西洋人却认为这是龌龊的表现，野蛮的象征"，"我们因知道有着这样基本观念的差异，我们在国外游历的人，想到中国人在外的体面，总希望在国外的我们的同胞不要给人轻视，对于衣冠整洁，对嘴巴上和头顶上的几根东西多费些工夫铲除铲除"。① 据邹韬奋观察，当年在英国本土，有些房东如果知道租客是中国人，宁愿房子空着也不愿出租，足见其成见之深。

在欧洲，中国浙江青田人一度达到三四万人，仅巴黎一地就有近两千人。他们大多是为生活所迫远走他乡谋生的底层劳动者。因没有专业知识技能，只能当小贩，每日提箱奔跑叫卖，每天若能赚到一个法郎就很不错了。邹韬奋眼见这些小贩白天过着牛马不如的生活，每到晚上却经常以赌博为娱乐，大赌特赌，甚至会为了一角钱的口角之争大打出手，闹出人命。有些开赌场的老板抽头得了许多油水，渐渐富有起来，便开始包养女人玩。在荷兰，华侨中也以青田小贩居多。他们最初只能勉强卖些花生糖，用一支洋铁小箱装着挂在胸前兜售。与荷兰当地小贩穿白衣、戴白帽，装饰整洁不同，中国小贩大多衣衫褴褛，穷相毕露，其中抽鸦片的更是涕泪滂沱，面有菜色。荷兰人出于怜悯，有时购买花生糖顺便多给几个钱，这些小贩因此每天有二十元左右的收入。不想如此一来，在荷兰阿姆斯特丹、海牙等地，兜售花生糖的中国小贩如雨后春笋一下子达八九百人之多。"最尴尬的是他们都因为最初可以能引人哀怜而多给钱的，是由于那副穷相逼人，于是都用种种方法表现出穷相，衣服固然要穿得特别的破烂污浊，在冬季就穿着单衣

---

① 邹韬奋.真理 // 中国韬奋基金会韬奋著作编辑部.韬奋全集（6）[Z].上海：上海人民出版社，1995：364.

发抖，并有意把脸上弄脏，拖着鼻涕装死相！"①此外，因同行竞争加剧，有些中国小贩便扫街式地家家推销，上门强卖。不堪其扰的当地主妇为此向中国领事馆投诉，要求以后再也不要叫中国人来了。荷兰人一度以"拼大"（Pinda，花生果，花生米，花生糖）指称中国人，以示取笑。还有中国水手私藏假币去赌场赌博，赢了就拿钞票，输了就出假币，终被发觉并被判刑六个月。

国人在海外的劣根性表现远非个案。纽约本为繁华都市，邹韬奋经过实地观察后发现其中的唐人街却是"人间地狱"。纽约唐人街有五千人，约三分之一的人失业，街道上垃圾满地，闲人三五成群，无所事事。"你可以遇着有些人向你说着广东话，告诉你'楼上开摊'，那便是赌场派在马路上的'掮客'。我遇着一个在这里行医的中国西医某君，他说到他那里看病的侨胞有百分之九十五以上是花柳病。"②有的中国女子在唐人街，只得出卖身体谋生，沦为私娼，备受凌辱。

从特约通讯来稿的选取中，也可见邹韬奋对上述类似情况的批判情结。如《生活》周刊曾刊发徐玉文女士的日本通讯《变态的犯罪》。作者在文中描述了她在日本，看到马路上有穿中国衣服的小孩，伏在地上哭泣，以为是迷路回不了家的缘故，后来发现这一现象接二连三地出现，经调查才明白，这些小孩都受人指使，以假装无助为业，表现出极可怜的样子骗取财物。还有的人演出种种江湖技术，将不满十岁的儿童，弯腰吊打，涕泪交流，借此博得日本人的一两个铜元。"我当时见了很不舒服，为什么堂堂中华民国的国民，不以他种职业而活

① 邹韬奋.荷兰的商业首都//中国韬奋基金会韬奋著作编辑部.韬奋全集（5）[Z].上海：上海人民出版社，1995：816.
② 邹韬奋.萍踪忆语//中国韬奋基金会韬奋著作编辑部.韬奋全集（7）[Z].上海：上海人民出版社，1995：335-336.

命，要拿出这种恶劣的样子来，在众目昭彰的外国，显露丑态，被人家轻视呢！"①日方当局鉴于这些来自中国的沿街卖艺小孩可能会给日本儿童身心带来不良影响，于是下令以"变态的犯罪"名目，将儿童卖艺活动取缔了。在俄罗斯，有些中国妇女甚至在莫斯科等地的公园里"卖看小脚"，供外国人猎奇、取笑，进而收取看一次五角卢布的费用。②

国人形象差，加上中国国势凌弱，中国人经常成为外国人嘲笑甚至侮辱的对象。如欧洲许多地方演戏、拍电影时，但凡有抢劫、抽大烟等情节，往往招募中国人扮任群众演员，极尽挖苦之能事。不少国人为了为数不多的报酬，甘心出卖自己的形象。有论者指出，西方常通过类型化、漫画式形象策略丑化、嘲弄中国人，其文化功能是要在以西方中心的文明秩序中排斥中国人，彰显其自信心和优越感，其目的在于"在差异与等级秩序中确立西方中心的话语霸权，构成知识扩张与经济政治军事扩张的不均衡的、动态的交换关系"③。邹韬奋曾将读者来信刊于《生活》周刊，讲述他们各自在外国入境时遭受的不平等遭遇。如入境美国，但凡遇到中国人，一律严加盘问入境动机，严格审查护照、行李物品等，有时不得不被困在监牢一般的所谓休息室，形同拘禁，等待放行。同船抵达的日本人却可以不受此苦，反而仍够享受许多 VIP 式的优先服务甚至免检待遇。英属加拿大当局，则干脆直接拒绝华工入境。④

---

① 徐玉文.变态的犯罪//《生活》周刊影印本（第4卷）[Z].北京：人民出版社，1980：309.

② 文霄.到外国去出丑//《生活》周刊影印本（第4卷）[Z].北京：人民出版社，1980：230.

③ 周宁.天朝遥远：西方的中国形象研究（上下）[M].北京：北京大学出版社，2006：789.

④ 健英.留学日本时//《生活》周刊影印本（第6卷）[Z].北京：人民出版社，1980：1035-1036.

邹韬奋对于国人、民众劣根性及其不幸遭遇的关注，蕴藏着较深厚的悲悯情怀，他不仅解构国人形象，同时更希望借此拔除"萧艾"而培植"芝兰"，以重建国民生活、人格和国格的新气象。 安东尼奥·葛兰西在论述其"有机的知识分子"①的形成和内涵时认为，成为新知识分子的方式不再取决于侃侃而谈，那只是情感和激情外在和暂时的动力，要积极地参与实际生活而不仅仅是做一名雄辩者，更要作为建设者、组织者和坚持不懈的劝说者。② 从邹韬奋对国民性并非完全否定且重在肯定国人的优秀品质这一点来看，他称得上是一名"有机的知识分子"。 如 1930 年 2 月 16 日，邹韬奋在《生活》周刊上刊发了一封读者来信，信中提及上海租界内的华商电车公司，其职员十余年来全然没有洋商卖票人习惯性多收车费揩油等不端行为，廉洁奉公，堪称表率。 邹韬奋与复旦大学、暨南大学教授、戏剧家洪深的交往也可看出他对国人骨气的激赏。 洪深有一次在上海大光明戏院观看美国派拉蒙公司出品的影片《不怕死》，他对影片中把中国人描述为专干绑票、抢劫、贩卖烟土的形象等内容非常愤慨，随即发表演讲批评该片侮辱华人，不少观众响应要求退票。 而大光明戏院总经理高镜清指使其所雇佣

---

① 有论者指出，葛兰西所论知识分子的"有机性"主要涉及其与社会团体和大众的关系：一方面，每一个社会集团都会产生与其保持紧密联系的知识分子阶层，而在葛兰西看来，为确保获得争取文化霸权的胜利，无产阶级需要培养自己的有机知识分子，并且同化和征服传统知识分子；另一方面，即知识分子与大众的辩证关系，知识分子不仅仅教育和启蒙大众，其自身的发展，与群众运动是紧密相连的，人民群众进一步提高了他们的文化水平，同时也扩大了他们的影响力。（参见汪民安.文化研究关键词［Z］.南京：江苏人民出版社，2007：451-453。）

② 安东尼奥·葛兰西.狱中札记［M］.曹雷雨，姜丽，张跣，译.北京：中国社会科学出版社，2000：5.

的洋人经理，把洪深揪入经理室殴打，然后让洋巡捕拘到巡捕房关押了三个多小时才释放。洪深一不做二不休，向国民政府上海市党部呈文，提出当局应与美国政府交涉，禁止该片在华以及他国放映。迫于舆论压力，《不怕死》最终被国民政府禁止上映。邹韬奋一方面在刊物上谴责了大光明戏院相关负责人仗势欺打本国人的行为，一方面"对洪君此事乃不胜其佩仰，当日寻不着他，翌日一清早就跑到他家里去慰问，并面致我十二分的敬意"。① 邹韬奋的上述言行表明，他对于国人的负面性报道和展示，主要出于警醒需要和个人关切，其归宿仍在于重构正面形象。事实上，中国近现代知识分子对于国民性的关注，并非都持批判与否定态度，辜鸿铭在论述中国人的精神时，就特别指出，真正中国式的人性，有着从容、冷静、练达的特点，富有同情心和智慧。②

四、从现实关怀到大众启蒙

"五四"前后的新文化运动，陈独秀、胡适等大批知识分子唤醒民众并推进着中国的"文艺复兴"，民主、科学等启蒙式话语别开生面，渐成风向标。"知识分子代表的不是塑像般的偶像，而是一项个人的行业，一种能量，一股顽强的力量，以语言和社会中明确、献身的声音针对诸多议题加以讨论，所有这些到头来都与启蒙和解放或自由有关。"③就进步思想的最一般意义而言，启蒙的根本目标是要使人们摆脱恐惧，树立自主；

① 韬奋.大光明中大不光明//《生活》周刊影印本（第5卷）[Z].北京：人民出版社，1980：193.
② 辜鸿铭.中国人的精神[M].李晨曦，译.南京：译林出版社，2012：2-3.
③ 爱德华·W.萨义德.知识分子论[M].单德兴，译.陆建德，校.北京：生活·读书·新知三联书店，2013：65.

启蒙的纲领是要唤醒世界，去除神话，并用知识代替幻想。① 邹韬奋赓续着胡适、陈独秀等人的启蒙传统，他对现代科技进步、发明创造等颇有关注，先后多次撰文介绍爱迪生、诺贝尔等进行科研的故事；见诸《生活》周刊等报刊，对美国飞行员林德白驾机首度穿越大西洋这一划时代壮举作了连续报道。 反观中国，邹韬奋感到："我国人最大毛病是一种不生不死的知足心理。"②按邹韬奋的分析，这种心理之由来，大概是由于传统思想的遗毒，如老庄主清静无为，以为自然都比人好。 现代人类需要征服自然，而中国传统思想往往劝人听天由命、随遇而安、得过且过。 久而久之，大家固步自封，科学难以发达，别人却日新月异，"我们尽可能数十年数百年乃至数千年的老古董，都可以一直保存下去，忍受下去，所谓'多一事不如少一事'，所谓'知足不辱'，甚至'反而不校'，'唾面自干'，什么都可以一味的（地）知足忍受就是了！ 这是与现代需要现代精神根本不相容的，我们非铲除它不可"③。 在文中，邹韬奋还对以"看八字"来算命、判断是否合婚等陋习作了批判，而以阳历取代"天干地支"、"五行推运"的农历，有助于扫除这些弊病。

对于中西科技理性的差异，学者资中筠曾从哲学层面进行过解读：西方的哲学重理性、逻辑，通向自然科学，造成以后科学和生产力的大发展，中国的哲学通向道德伦理和政治，从"修身齐家"到"治国平天下"，传统的读书人都致力于政治文

---

① 马克斯·霍克海默，西奥多·阿道尔诺.启蒙辩证法：哲学断片 [M].渠敬东，曹卫东，译.上海：上海人民出版社，2006：1.
② 编者.《阳历之外的新历》按语//《生活》周刊影印本（第5卷）[Z].北京：人民出版社，1980：187-190.
③ 编者.《阳历之外的新历》按语//《生活》周刊影印本（第5卷）[Z].北京：人民出版社，1980：187-190.

化，正因为如此，人际关系之道和政治文化十分发达，而自然科学、市场经济和工业化难以发展。① 但一旦有国人在科学技术和器物、文化创新上有所突破，如研发出较实用的打字机等产品，邹韬奋往往不厌其烦在报刊上进行推介。 商务印书馆总经理王云五曾研发出"四角号码检字法"，1928 年的《生活》周刊为此连发两篇报道，详细介绍其人其法，"尤其希望国人多从发明的事业上努力，增加国际的荣誉"。② 对于健身强体、旅行、举办运动会、美容等现代生活方式，邹韬奋同样在所主持的报刊上不断宣扬，不时配以大幅照片或出版画册补充说明，启蒙意味浓厚。

除了器物层面的倡导外，启蒙精神更以理性和自由为内核，民族社会层面则关乎民主、正义。"任何一个民族从不文明、野蛮、愚昧、专政、盲从的社会到文明、民主、自由、人权受到普遍尊重的社会，都必须经过'启蒙'阶段，不能逾越和绕过。"③如国人大多只知有家族，对于自己的利益精打细算，但往往不知有国家民族，对于国事普遍麻木。 1928 年 8 月，邹韬奋以笔名"灵觉"在《生活》周刊上撰文，分析了不平等条约对于中国的主权、关税、领土等方面的侵害，仅赔款一项，累计就超过二十万万两，这是造成中国政府和百姓穷困的原因之一。 更可怕的是："中国人受各个帝国主义者不平等条约所重重束缚，居然数十年醉生梦死的（地）糊里糊涂的（地）过去。最先看透这件事，大胆提出的还是孙中山先生，他初提出的时

---

① 资中筠.知识分子对道统的承载与失落——建设新文化任重而道远士人风骨//士人风骨［Z］.桂林：广西师范大学出版社，2011：2.

② 心水.发明四角检字法的王云五先生（下）//《生活》周刊影印本（第3卷）［Z］.北京：人民出版社，1980：309-311.

③ 陈乐民.启蒙在中国//启蒙与中国社会转型［Z］.北京：社会科学文献出版社，2011：181-182.

候，有许多中外人士都笑他'迂阔'，孙先生始终奋斗的干去！大声疾呼，唤醒国人"，①临终前不忘嘱托同志要尽快落实召开国民议会，废除相关不平等条约。邹韬奋在文末再次提醒——国民还要努力，尤其要人人明白所谓不平等条约的内容实在处处致我们的死命，这是中国国民要拼个死活的目标：要抵御外侮，同时还要积极整饬内政，从事建设准备实力。不难看出，邹韬奋对孙中山建构民族国家理论思想资源的阐发，暗含他改造国民性、希冀国人推动中国向现代国家转型的旨趣。

第二节　揭批官僚政治与媒介监督

如果说对于社会现实以及国民劣根性，邹韬奋更多的是基于一种关怀情愫和启蒙意识，那么，对于民国时期的官僚政治，其批判锋芒以及由此承载的媒介监督功能更为显著。知识分子在体制性的主流社会面前，往往以对立的批判者角色存在。知识分子的公共性主要在于批判性，知识分子的公共角色大致是一个批判角色，"批判不是别的，它是一种关系，是知识分子和国家特意构成的一种紧张关系"②。他们是时代和社会的"牛虻"、"解毒剂"。诚然，辩证地看，知识分子有意为之的批判姿态，有时可能只是个人追逐名利与地位、收获鲜花与掌声、满足自我虚荣与安全感的权宜之计和终南捷径，美国学

---

① 灵觉.不平等条约到底说些什么？//《生活》周刊影印本（第3卷）[Z].北京：人民出版社，1980：443-445.

② 邵建.代序：一个需要不断阐释的对象——知识分子//知识分子与人文[M].北京：中国社会出版社，2009：18-19.

者熊彼特、埃里克·霍弗对此曾有洞见①。 两者到底如何分殊，与知识分子个人的道德情操、职业修养以及特定的历史情境等密切关联。

一、揭露政府官员贪腐奢靡

《生活》周刊初期的内容偏重于个人修养和职业指导、职业教育的范围，1931 年前后"渐渐转变为主持正义的舆论机关，对于黑暗势力不免要迎面痛击；虽则我们自始就不注重于个人，只重于严厉评论已公开的事实，但是事实是人做出来的，而且往往是有势力的人做出来的；因严厉评论事实而开罪和事实有关的个人，这是难于避免的"②。

民国时期，报刊人士批评当局或揭露党政军要人贪腐等不端行为，往往面临许多不确定风险，有时因言贾祸，遭受牢狱之灾乃至生命迫害。《京报》创办者邵飘萍、《社会日报》主笔林白水均因此为导火索分别遭到军阀张作霖、张宗昌杀害。1928 年 3 月，"世界报系"创始人成舍我在南京创办了《民生报》（每日发行，四开四版），该报后因揭露汪精卫亲信、行政院政务处处长彭学沛在"国民党行政院新建大楼"项目中存在腐败（主要表现为建筑商给彭学沛修了一幢私人别墅，承建方则偷工减料，屡次追加预算）而被勒令停刊。 成舍我本人被关押了 40 天后与当局达成和解，条件是《民生报》永远停刊，今后不得在南京出版的报刊等印刷品上发表有关统治当局的言论。

---

① 具体可参阅熊彼特著《资本主义、社会主义与民主》一书中"知识分子的社会学"相关章节以及埃里克·霍弗所著《狂热分子：群众运动圣经》中的论述。

② 生活书店.韬奋画传·经历·患难余生记［Z］.北京：生活书店，2013：192-193.

尽管批判当局、相关人士有潜在危险，邹韬奋与成舍我等报人类似，常常仗义执言。他对国民政府官僚政治的揭批和媒介运作，在"王伯群娶妻事件"连续报道中较典型。1931年6月，上海大夏大学校长王伯群与本校毕业生保志宁结婚。王伯群年近知天命，时任国民党中央执行委员、交通部长等职，他原有一妻二妾，如今娶了比自己小26岁的"校花"。社会上对这段关乎教化的"师生恋"本有微词，加上各种传闻，如"婚礼盛于蒋（介石）宋（美龄）"，此外，为了博得美人欢心，王伯群在上海愚园路310号建造了"金屋"，"耗费50万"，雕梁画栋，亭台花园、小桥流水，极尽奢华之能事。消息传出，有人讥讽王伯群"位尊多金"、"万元纳妾"，一时满城风雨。

针对此事，邹韬奋"作切实之调查"后在刊物上广而告之：王伯群虽有"一妻二妾"，但"王氏夫人已经去世，曾有两妾，第一妾已'编遣'，第二妾在与保论婚时亦在设法'编遣'中，此段姻缘系由王氏与保女士家长直接接洽，保家似甚愿意，如成事实，确为正式夫人，妾则绝无其事。保女士已于上学期毕业离校。此事既系正式婚姻，并由两方家庭主持，本人亦已会过面，在法律上及手续上均无问题，本刊认为系个人的问题，故置之不论"①。新闻机构需要满足公众的信任，借此提升自身的美誉度和公信力，"新闻报道难免遗漏一些信息，但是当至关重要和高度相关的信息被遗漏时，人们会质疑其意图欺骗"②。"王保婚姻事件"中，邹韬奋所展开的已有报道，仅仅涉及社会传闻以及单方调查，对如何"作切实之调查"没有详述，为此，有读者来信批评邹韬奋和《生活》周刊为何不主持

① 记者.每周新闻//《生活》周刊影印本（第6卷）[Z].北京：人民出版社，1980：577-578.

② 马克·L.纳普.谎言与欺骗：人类社会永不落幕的演出 [M].郑芳芳，译.北京：机械工业出版社，2011：274.

公道："记者先生：你对于王保的事情，我觉得很不对的，站在国民的地位来说，娶一妻要用几十万元，是什么道理？　并且王是当今的大官，就这一点也够可以批评了，你为什么不说呢？"①

争论本身并不是坏事，只要能被控制在得体的范围内，并能在变得令人厌烦之前及时结束就行；逗引公众有时可以激发更有趣、更有益的讨论，有些栏目编辑通过这种方式获得了最好的素材，有的社论是故意用来挑起争论的，这样，读者来信栏就有东西可登了；但在发动一场争论之前，主编应该考虑清楚，确定这场争论能走多远和朝哪个方向发展。②　署名"王伯群"的来函《余等婚事》为《生活》周刊增加了新的报道素材。但据邹韬奋所言的"多个消息源"验证，《余等婚事》其实出自保志宁女士手笔，不过签上了"王伯群"之名而已。《生活》周刊还刊出了部分原件内容，立此存照。　如果单从写作、论理角度来看，《余等婚事》倒不失为一篇好的新闻素材。　文章开篇即致客套："贵刊对于余等婚事因'传说离奇曾作切实之调查'，足见办事精细，与一般以耳代目者迥不相同，欣佩曷极。惟贵刊于极端尊重事实之证据中，仍不免于世俗之见，竟撷拾'闻王保嫁妆费十万元'之浮言，斯则不无遗憾。"③随即，"王伯群"在信中对其婚事作了辩护："伯群素尚俭约，虽备员中央数载，自顾实无此'多金'，且买卖式之婚姻，略具新知，均所反对，伯群虽愚，尚能认识，至保氏世系望族，志宁亦卒业大

①　梁展如.很不对的 // 《生活》周刊影印本（第6卷）[Z].北京：人民出版社，1980：643.

②　利昂·纳尔逊·弗林特.报纸的良知——新闻事业的原则和问题案例讲义[M].萧严，李青藜，译.展江，校.北京：中国人民大学出版社，2005：134.

③　王伯群.余等婚事 // 《生活》周刊影印本（第6卷）[Z].北京：人民出版社，1980：644.

学，知识阶级，人格具在，断断不为此也。"①王伯群来函此举，与他本人对于新闻记者作用的理解和体会有一定关系。1930 年 5 月 6 日，他在答复国史馆筹备大纲草案意见书时，在国史馆职位设置上就曾建议增设"特约纂修"及"采访"二职，前者"以备各科专家之不能专任者"；后者缘起为："纂修国史，除根据各种公文命令、会议记录等件而外，凡政府官吏之平日言行，对外人之交涉会议，以及各种集会中有关大节之遗闻佚事等，皆应设采访专员，随时加以搜集记录。尤其各种会议及对外交涉，凡普通新闻记者所不能参加者，皆宜有史馆采访参加其间，俾便能得更翔实之史料，以入国史。"②

现代媒体强调专业主义，恪守"新闻客观性"，记者被看成"中立的观察者"，个人判断不应该影响报道。作为信息的主要提供者，政府官员对新闻的形成有很大的影响，但如果记者尽量寻求可采信的"平衡"点，就可限制官员作为信源带来的影响。③如在王保婚姻事件中，随着事态的发酵，仍有读者特意写信给《生活》周刊，要求调查并揭露王伯群的"丑行"。为保持立论公正，邹韬奋为事件相关方都提供了发表空间，而没有刻意规避。为了弄清真相，邹韬奋一面刊登读者来信，一面深入展开调查。有消息称，王伯群所建"金屋"由辛丰记营造厂造就，后者正承建南京交通部办公楼及大夏大学教学楼建设工程。为了讨好交通部长王伯群，造价约 50 万元的别墅，最终只收取王伯群约 20 万元费用即交付使用，有变相贿赂之

① 王伯群.余等婚事//《生活》周刊影印本（第 6 卷）[Z].北京：人民出版社，1980：644.

② 参见《王伯群对国史馆筹备大纲草案意见书及有关文书》，中国第二历史档案馆，全宗号：三十四，案卷号：3。

③ 约翰·埃尔德里奇.获取信息：新闻、真相和权力[M].张威，邓天颖，译.北京：新华出版社，2004：398－400.

嫌。有论者曾指出，王伯群得知邹韬奋的行动后，害怕丑闻曝光，于是派人携带 10 万元前往，企图以此封住《生活》周刊之口。邹韬奋不为利益所惑，强调《生活》是自力更生的刊物，经费虽有困难，但不受任何方面的津贴。来人并不死心，接着提出把这笔现金折合股本，作为投资基金。对此，邹韬奋以不符合公司章程为由再度拒绝，并严正相告：王部长既然这样慷慨，不如替他捐助给仁济堂（当时上海的水灾救济机关），救救几百万嗷嗷待哺的灾民吧。来人只得悻悻而退。①

　　1931 年 8 月出版的《生活》周刊中，邹韬奋在答复《对王保应作进一步的批评》的读者来信中，再次重申了他自己对于"王保"婚姻以及各种传闻的态度："我向来以为评论已经根据事实，倘我得到可以评论值得评论的事实，我便评论；倘我得不到可以评论值得评论的事实，我便不评论，决不因为怕挨骂而摇动这个标准。我自问对于王保的婚事，始终没有违背这个标准。"②这一期周刊上，邹韬奋配有"记者"亲往王伯群"金屋"实地拍摄的照片 5 幅，从照片中可看出四层别墅楼及花园的规模。在"中立报道"与"积极介入"态度之间，编辑记者通常喜欢扮演中立、提供大量信息的角色，公正、客观的报道往往是职业核心价值所在。"强有力的政治允诺（以及积极介入）并不能轻易地与中立调和，许多新闻组织制定了指导方针，以限制某些强烈的个人主张对报道产生影响。既然盲目地倒向一边会缩减受众的范围，因而对'客观性'的偏好，其实

①　陈象恭.忆韬奋先生 // 邹嘉骊.忆韬奋 [Z].上海：学林出版社，1985：230 - 231.

②　编者.《对王保应作进一步的批评》附言 // 《生活》周刊影印本（第6 卷）[Z].北京：人民出版社，1980：740 - 741.

也就是源自媒介组织的自身利益与媒介的商业逻辑。"①邹韬奋不厌其烦地对"王保婚姻事件"展开报道，不排除其吸引受众眼球的潜在市场需要，但当证据确凿定论时，他随即结合其他调查资料发表言论，挞伐王伯群："在民穷财尽的中国，一人的衣食住行四种需要中之一种而且一处，已达四五十万圆，而王君信里犹说'伯群素尚俭约，虽备员中央数载，自顾实无此多金'，我们不知'多金'果作何解？'俭约'又作何解？……在做贼心虚而自己丧尽人格者，诚有以为只需出几个臭钱，便可无人不入其彀中，以为天下都是要钱不要脸的没有骨气的人，但是钱的效用亦有时而穷。"②这种批判立场，彰显出媒介"第四权力"以及环境监测的特性和功能，评论员则自觉担当社会"瞭望者"职责。

曝光作为惩罚和维护社会秩序的一种手段，为媒介人士时常使用，这并非表示说报刊是一种超越法律的复仇和惩治制度，可以审理并做出"你有罪"这样的判决，"报纸不是这样的私家法庭，它应该每天履行自己的责任，在向读者讲述他们有权知道的事情的同时，偶然会让有些人不愿意为人所知的行为曝光，从而使这些人受到惩罚"。③当时社会流传着这样的言论：迫于舆论压力，不久，有国民政府监察委员提出弹劾案，至1931年年底，王伯群被迫辞职，只是凭借何应钦这座靠山（王伯群的胞妹王文湘为国民政府军政部长何应钦的妻子），他

① 丹尼斯·麦奎尔.麦奎尔大众传播理论［M］.崔保国，李琨，译.北京：清华大学出版社，2010：228-229.

② 编者.《对王保应作进一步的批评》附言//《生活》周刊影印本（第6卷）［Z］.北京：人民出版社，1980：740-741.

③ 利昂·纳尔逊·弗林特.报纸的良知——新闻事业的原则和问题案例讲义［M］.萧严，李青藜，译.展江，校.北京：中国人民大学出版社，2005：181.

才得以保留国府委员、国民党中央执行委员头衔。时人戏称王伯群是"娶了一个美女，造了一幢豪宅，丢了一个官职"。王伯群所建"金屋"，后来也被汪精卫等人占有，由"王公馆"变成了"汪公馆"。不过，据担任过华东师范大学档案馆馆长的学者汤涛后来考证，王伯群辞去交通部长职务，与涉嫌贪腐无关，而是出于国民政府改组需要。国民政府当年改组时规定：五院院长、副院长及所属各部部长、委员会委员长不得兼任国府委员。为此，顾维钧、宋子文、王伯群等都因已当选国府委员，辞职后均不再履新。汤涛还特别提出，王伯群早年毕业于日本中央大学政治经济学专业，擅长经商和理财，后在矿业、房产、火油、银行等行业和领域均有投资，曾与贵州实业家华之鸿等成立群益社，担任理事长，创办裕黔公司，等等。王伯群作为大夏大学的主要发起创办者，在 1932 年的 38 万捐款总额中，他一人就出资 17 万，并从杜月笙、何应钦、卢作孚等人那里开展募捐，"王对大夏厥功至伟，其有必要靠介绍大夏一幢教学楼的业务而接受贿赂吗？似乎也不符合常理"。① 应该说，这类基于档案文献的最新研究成果，对于客观、辩证看待《生活》周刊涉及王伯群的相关报道，有其补正价值。

二、为整顿吏治建言献策

同比而言，国民政府中下层官员玩忽职守、横征暴敛等情形较为普遍。随着媒介自身在设置政治议程中日益居于中心地位，商业化推动了媒介与政治性公共机构之间权力平衡的变移，这个趋向的一个重要体现是政治丑闻播报频率的增加，其驱动因素还包括新闻工作者试图建立专业威信，保持言论自由

---

① 汤涛.人生事　总堪伤——上海名媛保志宁回忆录［Z］.上海：上海书店出版社，2018：3-5，251.

以及争夺受众的欲望，①邹韬奋深谙此道。 如他报道某些官吏敛财甚至冒天下之大不韪，借助抗战征兵工作敛财或舞弊。 虽然蒋介石等三令五申严查征兵徇私舞弊，但在许多地方，劳民伤财之事时有发生。 一方面，当局对征兵教育宣传工作做得不够，多以行政命令层层下指标，进行强征、"拉夫"，但凡青壮年男子，不问出处、职业，见人就拉。 另一方面，有钱好办事，民众只要交钱给当局就可免除兵役，但往往被"敲竹杠"，动辄索价高达数百上千元不等。 此外，征兵催生了另一笔生意，有些钻营之辈以数十至百元价格，自愿卖作壮丁，以代替某些男子的兵役。 但他们往往卖一次又逃到别处再卖，如是再三，以骗取代替兵役的佣金。② 在邹韬奋看来，要解决征兵难的问题，须做好社会动员，激发民众保家卫国的热情，同时要落实优待士兵家属的办法，使服兵役的家庭没有后顾之忧。 而对于敲诈勒索、鱼肉百姓的官吏，唯希望当局能彻查严惩。

对于新闻出版业而言，讲述真相的全部观念已不仅是拥有优良道德品质的问题，而且是要求学习如何识别真相，以及如何在传播时将歪曲程度降到最小的问题。③ 1941 年 6 月 5 日，陪都重庆爆发了"六五隧道大惨案"。 当天，为躲避日军轰炸，数以千计的重庆民众躲进了较场口隧道中。 由于日军展开疲劳轰炸，持续时间长达五六个小时，隧道中的民众最终因缺氧窒息，造成 2000 余人身亡。 邹韬奋在谴责日军暴行的同

① 丹尼尔·C.哈林，保罗·曼奇尼.比较媒介体制——媒介与政治的三种模式［M］.陈娟，展江，译.北京：中国人民大学出版社，2012：275-276.

② 邹韬奋.怨毒丛生的征兵舞弊//中国韬奋基金会韬奋著作编辑部.韬奋全集（8）［Z］.上海：上海人民出版社，1995：390-391.

③ 菲利普·帕特森，李·威尔金斯.媒介伦理学：问题与案例［M］.李青藜，译.北京：中国人民大学出版社，2006：19-20.

时，对惨剧发生的其他真相作了理性反思：防空洞通风设备太
劣，空气窒塞，同时，管理防空洞的防护团团员玩忽职守，甚
至把洞门紧闭，历时过久，民众因惊慌拥向洞口，空气更为阻
塞，以致最终酿成悲剧。"尤其不可恕的是这种惨剧，并非首
次，在去夏已有三四百人闷死同一隧道内，蒋委员长曾亲到该
处视察，手令负责机关迅速改善通风设备，竟因官僚政治的腐
化积习，时过一年，还是一切照旧，高级官吏不负责任，下级
喽罗卤（鲁）莽横行，演成更酷烈的惨剧。"①"六五隧道大惨
案"为"二战"期间间接死于轰炸人数之最，这一天后来成为
重庆市"防空警报试鸣日"。

"中国万税"算得上民国战乱年代许多地方的纪实。 1933
年，邹韬奋在《生活》周刊选发了有关苛捐杂税的通讯稿。 如
广东潮州、汕头、梅州各县，"筵席税"、"粪溺捐"、"花轿
捐"、"妇女出阁捐"、"屠捐"、"打种捐"、"猪苗捐"……其名
目之多令人难以思议。 收税的多为当地土豪劣绅，他们勾结警
察局等机构，使用暴力，鱼肉百姓。 以"花轿捐"为例，"抽
捐办法，以对女家估量财富为标准，若花轿之外，有吹打鼓乐
者，则索至百数十圆（元）不等，贫家嫁女，至少亦须缴纳八圆
或至少三四圆不等。 捐局不但派有稽查，且与轿夫馆串通，每
遇民众有女出阁之时，轿夫受雇，即暗行通知捐局，女家若不
往报，中途必遭留难，使新娘赶不及入门之吉辰，罚款轿夫可
分得四分之扣佣"②。 民众被逼无奈，于是步行出嫁，以期避
免勒索。 但捐局又制定新规，以嫁妆计抽税额，单副嫁妆缴捐
八圆，双副嫁妆十二圆，无论坐轿或新娘步行，都得缴纳。

---

① 韬奋.隧道惨剧的教训 //《大众生活》影印本（香港版）[Z].上
  海：上海书店，1981：122-123.
② 宣德.无奇不有的苛捐 //《生活》周刊影印本（第8卷）[Z].北
  京：人民出版社，1980：264-265.

有些地方基层政府组织，存在尸位素餐甚至"吃空饷"等情况。邹韬奋曾选刊了一封读者来信，作者是四川省某区某公署的一位"中级"公务员，据其见闻，基层各级职员在抗战时期的日常工作呈现出诸多病态。许多人工作时间愿去不去、养尊处优、坐以待薪，下班之后或忙于吃喝嫖赌、逢迎奔走，"办公时间虽然规定的是午前八至十二，午后二至四点钟，但上午到十点钟，下午到三点钟，到的职员还是寥若星辰，终是没有到齐过，缺席成了少数上级职员的必修课"。①对于这位"中级"职员所描述的"病症"，邹韬奋开出的药方是尽量克服困难，改造环境，实在不行，则可考虑另谋高就，免得徒生烦恼或被同化。另据邹韬奋调查，有些地方组织叠床架屋、政出多门现象严重。国民参政会川康视察团有友人告知邹韬奋相关情况：县长上面有二十几个上司机关给他们下命令，以致疲于应对。究其原因，邹韬奋将其主要归结为制度因素，"虽有贤才，无所施展"。②

法国社会学家布尔迪厄依据其"场域"分类，把文化生产场视为权力场中被统治的部分。换言之，作为文化生产场主体的知识分子，其实是统治阶级中被统治的一部分，他们由于占有文化资本而被授予某种特权，但相对于那些拥有政治和经济权力的人来何所又是被统治者，为统治者提供象征性服务；只有那些获得了自主性的知识分子，采用运用其独特的文化资本对政治场做出干预，从而赢得了反对统治者的角色，如左拉、

---

①　邹韬奋.《抗战时期中的病态》按语 // 中国韬奋基金会韬奋著作编辑部.韬奋全集（9）[Z].上海：上海人民出版社，1995：147 - 148.

②　邹韬奋.《县政府腐败的症结》编者附言 // 中国韬奋基金会韬奋著作编辑部.韬奋全集（9）[Z].上海：上海人民出版社，1995：310 - 311.

萨特式的人物。① 在反对当局的言论上，邹韬奋充分运用了他的"文化资本"，针砭时弊，承担起他反对、讽刺统治者的角色职责。 如1941年第二届国民参政会继续建议政府：申令各级官吏，不得借口军事，非法侵害人民生命财产及一切自由，并准人民依法告诉于主管机关，以资救济。 相关决议虽然由国民参政会送请国民政府转令全国遵照，但一如既往，"'决议'而不'决行'，'通令'而不'遵照'，这是中国政治上的整个的象征，实有彻底改革的必要"。②

三、文人论政传统的回响

"文人论政是近现代中国报刊的特征，一方面延续儒家自由主义的传统，以天下为己任，以言论报国；一方面代表转型现代自由知识分子积极参与社会。 他们莫不希望建立现代的'道统'，促进和监督权力中心的'政统'，以追求国家的现代化为目标。"③1929年12月，时任中国公学校长的胡适在《人权宣言》一书序言中豪迈地写道：上帝我们尚且可以批评，何况国民党与孙中山？ 但当他批判当局侵犯人权、专制统治等言论见诸报刊时（如《我们什么时候才可有宪法？ ——对于〈建国大纲〉的疑问》、《知难，行亦不易——孙中山先生的"行易知难说"述评》），国民政府上海当局认为"中公校长胡适反动有据，市党部决议请中央拿办"，因其"侮辱本党总理，并诋毁

---

① 布尔迪厄，等.文化资本与社会炼金术：布尔迪厄访谈录［Z］.包亚明，译.上海：上海人民出版社，1997：85-86.

② 邹韬奋.参政会又一次保障人民自由//中国韬奋基金会韬奋著作编辑部.韬奋全集（10）［Z］.上海：上海人民出版社，1995：147-148.

③ 李金铨.（序言）文人论政：知识分子与报刊//文人论政：知识分子与报刊［C］.桂林：广西师范大学出版社，2008：20.

本党主义，背叛国民政府，阴谋煽惑民众"。① 邹韬奋揭批国民政府当局官僚政治，体现出文人论政的传统角色。 最初，邹韬奋所反对的，并非整个国民党，也非反对领导抗战的政府和领袖，只是揭露其中黑暗的一面，告诫世人，引以为戒，以期推动政治改革，带有改良主义色彩。"我对国民党中的'吃教分子'所表现的违法背理的作风，曾加以毫不客气的揭露，正是重视国民党，正是希望国民党改善与进步，因为我深信国民党的改善与进步，对于中国政治的改善与进步，有着很大的影响。"②

随着大众媒介的发展，其与政治之间的界限日益消弭，大众传播媒介内爆为政治领域：媒介就是政治，政治就是媒介。③对于贪污腐败，邹韬奋认为应加强制度监管，以达到政治清明。 1938 年 3 月 18 日，湖南新化县税务局赋税主任车衡，因在任职期间贪污税款 6100 余元，经省府主席张治中批准在长沙枪决。 张治中在公告中表示：惩治贪污的目的不在以严刑峻法对人，而在于树立善良风气及法令威严，若有人以身试法，绝不姑息。 邹韬奋对此类现象发表言论呼应："铲除贪污是政治清明的基本条件之一，尤其是国家集中一切力量于抗战救亡的时候，在政治中蔓延为患的贪污是要用严厉的手段铲除的，不过我们希望监察制度要格外严密，勿使贪官污吏有'有幸有不幸'的慨叹，并且要大小官吏一律办理，'苍蝇''老虎'一律地

① 胡适，梁实秋，罗隆基.人权论集［Z］.北京：中国长安出版社，2013：191-192.
② 邹韬奋.关于态度和主张的补充说明//中国韬奋基金会韬奋著作编辑部.韬奋全集（10）［Z］.上海：上海人民出版社，1995：378.
③ 尼克·史蒂文森.认识媒介文化——社会理论与大众传播［M］.王文斌，译.北京：商务印书馆，2001：194.

要'打倒'！"①知识分子的批判立场及其对应言论，潜藏着巨大的否定性力量，"过度的批判精神有时的确对社会有一种销蚀作用"，如果将"批判"作为知识分子的主要标准，"不仅有一种太特殊的精英意味，还有一种太片面的极端意味"。②对于处于社会激荡转型时期的中国来说，知识分子的建设性批判比否定性批判更具价值。当知识分子并不局限于批判现实时，他们会采取技术批判、道德批判、意识形态或历史批判来应对困难，其中，技术批判主要表现为设身处地地为统治者或管理者着想，通过建言献策，以减轻他们揭示出的罪恶。③为当局"开药方"，以利国民，正是邹韬奋论政的题中之义。如1937年7月全面抗日战争爆发后，邹韬奋听说仅上海一地的富翁，不到一个月时间把资金转存香港的总额就达七千万元之多，此前存入外国银行的更多。对于那些不肯输财救国难的富人，如何限制和惩罚他们，邹韬奋引土耳其民族解放领导人凯末尔为镜鉴：战争时期凡将存款存到外国银行的人，都一律永久开除国籍，子子孙孙再也不得为土耳其人。"政府倘毅然采用这样的办法，就是移存大宗款项于外国者，无论在何时移存的，仍可责令中国的银行调查报告，实行这样的惩罚，或限以相对的短时期，如有在这时期内幡然悔悟，'自动'输财，当然仍可予以自新之路。"④邹韬奋此议只是战时财政的应急办法之一，其出发点旨在各尽所能、救亡图存，虽不免偏激，但自有一定合

---

① 邹韬奋.枪决污吏//中国韬奋基金会韬奋著作编辑部.韬奋全集（8）[Z].上海：上海人民出版社，1995：497-498.

② 何怀宏.独立知识分子[M].重庆：重庆出版社，2013：22.

③ 雷蒙·阿隆.知识分子的鸦片[M].吕一民，顾杭，译.南京：译林出版社，2012：200.

④ 邹韬奋.怎样使有财者输财//中国韬奋基金会韬奋著作编辑部.韬奋全集（7）[Z].上海：上海人民出版社，1995：594-596.

理性。

在国家遭受外敌入侵的时代，面对民族存亡等现实问题，邹韬奋试图以言论报国，对整顿吏治等政治生态进行针砭，彰显了知识分子"以天下为己任"的担当，但其实际政治作用则不能高估。报刊的监督职责实际催生一种社会制衡力量，对于抑制违法和侵权是有效的，但社会监督并不能直接解决任何问题，它的力量在于传播的广泛和公开，公开本身会带来或鼓舞或压力的巨大精神力量。[①]

第三节　反讽话语谱系分析

理性、合理论证的批判言论，有如解剖刀，可以医治社会顽疾。邹韬奋对中国语言文字及其传播功能有一定关注。他所处的时代，经胡适、陈独秀等人倡议，中国汉字正经历白话文运动，钱玄同等人倡导的汉字简体化、拉丁化改革方案一度受到当局重视，如国民政府于 1935 年公布了《第一批简体字表》，共计 324 个汉字。邹韬奋认为在注重汉字形式大众化的同时，同样应强化文字在意识上的大众化研究，他指出中国有许多文字反映着封建社会的意识，如天子死亡为"崩"，"诸侯死亡"为"薨"，大夫死亡为"卒"，君子死亡为"终"，只有小人死亡才为"死"，中国古代的"示悉"也不如"来信收到了"通用。[②]语言文字不但是编辑出版传播活动的基本单元、载体，因其承载着信息和意义，一般来说，通俗、简洁的话语更

①　陈力丹.精神交往论：马克思恩格斯的传播观［M］.北京：中国人民大学出版社，2008：312.

②　中国文字大众化∥《大众生活》影印本（第 1－16 卷）［Z］.上海：上海书店，1982：66.

便于信息的传播和思想的接受。同时，蕴含于语言中的情感内涵往往多元而丰富，可作不同解读。有论者在梳理邹韬奋自传式写作特点时曾论及：其《经历》回顾早年求学、交友、初涉人世等断片，文风温文尔雅；及至《抗战以来》，文风转为辛辣犀利，抨击国民政府腐败、压制新闻出版自由等；遗著《患难余生记》，追忆白手起家创办的生活书店等文化事业被当局摧残殆尽，充满了悲愤之情。① 文如其人，对邹韬奋反讽式话语的解析，同样有助于探究他对国民性的关怀，对社会时弊的针砭，其方式仍是借助书报刊媒介激扬文字、安身立命。

一、践行大众话语写作

在胡愈之看来，韬奋的写作，有时拖泥带水，半文半白，翻来覆去，甚至带有一点低级趣味，"他只想要使大家一般都看的懂，读的懂，就不应当避免半文半白与叠床架屋。而且为引起文化水准较低的大众的阅读兴味，低级趣味的手法，不但不必避免，而且甚至是必要的"。② 胡愈之还将邹韬奋与鲁迅进行比较："鲁迅的写作方法，采取高级形象化，而韬奋则采取低级形象化，对于落后的大众，低级的形象化自然比高级的形象化更容易接受，所以就作品的永久价值来说，韬奋断不能和鲁迅比较，但就宣传教育的作用来说，韬奋对于同时代的影响，却比鲁迅还要来的普遍。"③胡愈之此论切中肯綮，多年来，邹韬

① 张国功.新闻出版人的存史意识——从邹韬奋的自传性写作说起 // 温情与敬意：一个出版人的编余零墨［M］.南昌：百花洲文艺出版社，2010：105 - 106.
② 胡愈之.韬奋与大众文化 // 邹嘉骊.忆韬奋［Z］.上海：学林出版社，1985：154.
③ 胡愈之.韬奋与大众文化 // 邹嘉骊.忆韬奋［Z］.上海：学林出版社，1985：154.

奋所主编的刊物风靡海内外，而鲁迅去世后他人整理出版的《鲁迅全集》一度滞销，这从某种程度上反映出，从当时的传播效果来看，邹韬奋的影响大于鲁迅。但单独就反讽艺术而论，鲁迅对阿Q、祥林嫂等文学人物形象的塑造，其艺术价值显然比邹韬奋的新闻式记人、叙事写作高出许多。诚然，因文体差异，新闻式写作与文学创作本身诉求、对象不同，这也造成了两者文本的不同特点。

而在针砭时弊、国民性批判等主题的杂文式写作方面，邹韬奋的修辞艺术与鲁迅可谓旗鼓相当，只是在个人情感倾向性上，鲁迅的批判色彩更为鲜明，态度更为坚决，邹韬奋则显得温和一些。如中国历来有祭祀祖先的习俗，邹韬奋对此并不反对，只是对其形式，觉得非常有改良的必要，点蜡烛、供奉饭食，诸如此类，都可改革，"至于烧纸钱，烧锡箔，都是极端骗人的事。我们平常铜角子铜洋钿不能通用，要用真银或真金造的，就说有所为阴间，就说阴间要用钱，我们又怎样晓得几张纸钱一烧就成了钱，锡箔一烧就成了金银？简直大骗其祖宗，以自欺欺人罢了"！[1] 2012 年，商务印书馆编辑整理出版的《小言论》一书如此评论道："环顾海内杂文作家，就论述范围之博而言，无人能望韬奋先生的项背。杂文如沦为时事小评论，前途堪虞。他的小中见大的写作手法，虽不是什么独创，但鞭辟入里，没有深厚的学养，丰富的人生阅历，是做不到的。"[2]

[1] 邹韬奋.《一位美国人嫁与一位中国人的自述》译余闲谈 // 中国韬奋基金会韬奋著作编辑部.韬奋全集（12）[Z].上海：上海人民出版社，1995：529-530.

[2] 王春瑜.序 // 小言论[Z].北京：商务印书馆，2012：2.

二、"反讽"手法及其"陌生化"效果

"有效传播的秘诀是有能力控制语言的抽象程度，使读者或听众能明白意思，并且能在这个层次的范围内对抽象的程度作一些微调，使比较抽象的内容建立在具体概念的基础上，使读者或听众能比较容易地从简单熟悉的形象过渡到抽象的命题或概括的结论，并在必要时又能够返回到比较具体的形象上去。"①相对于这一"简单化"编码模式，如何使得语言文字既直白又不至于落入俗套，"反讽"手法往往能产生"陌生化"效果。 如在邹韬奋眼里，国人的聪明才智并不逊于外国人，在国外学习工程技术的人也不在少数，但回国之后，他们大多要么成了尸位素餐的官僚，徒然消磨志气，要么成为照本宣科的教授，虚度光阴，闲暇时忙于酒食征逐或扑克嬉戏，能凭借真才实学成事的少，刻苦钻研发明创造贡献社会的人更少。 这与国外普遍重科研又重实践的情形迥异。"我们希望这班老爷们和教授们都能闻风兴起，不要把从外国得回来的街头文凭作敲门砖，把门敲开了，便把砖抛到不知去向！"②讽诫意味浓烈。

抗战前后，邹韬奋对当局的批判姿态渐趋激烈。 由抗战不力而对当局政治展开抨击，这是邹韬奋论政的另一脉络。 在战乱频仍的时代，一个国家的战斗精神往往是靠必胜的信念来维系的，如果所面对的敌人很危险、顽固、邪恶，那么这个国家的士气就极有可能动摇和崩溃，对于一个丧失了信心的国家来说，它的仇恨情绪也许会被转移到恨自己国家的统治阶级，而

---

① 威尔伯·施拉姆，威廉·波特.传播学概论［M］.何道宽，译.第二版.北京：中国人民大学出版社，2010：92.
② 韬奋.木炭代汽油的发明//《生活》周刊影印本（第8卷）［Z］.北京：人民出版社，1980：2.

不是那些技术层面上的敌人。① 国民政府时期，面对日本等得寸进尺的侵略行为，当局一度隐忍、委曲求全，以求暂时的"和平"，为备战赢得时机。 在此时局下，当局吏治有时便成为邹韬奋等人有关"抗战不力"等民怨的一道"出气孔"。 如1931 年 2 月，依照孙中山的五权宪法理论，国民政府正式成立监察院，行使弹劾权、纠举权及审计权，为中华民国中央政府最高监察机关，于右任出任院长。 但时隔近半年，当局所谓执行惩戒的机关即"官吏惩戒委员会"迟迟未能设立。 邹韬奋在《哀检察院》一文中，对此作了讽喻："仅有弹劾而无惩戒，监察院岂不成为'呐喊院'？ 实际效果云云，徒觉可哀而已！"②时隔一年之后，"官吏惩戒委员会"依然是空中楼阁。 于右任院长只好代表全体监委，转呈国民党中央政治会议督促国民政府早日成立惩戒机关，以便行使职权，惩治贪腐。 邹韬奋对于右任等监委有志健全组织、革新吏治的言行给予了肯定，同时对监察院可能最终只沦为装点门面的机构也作了提醒："在监院全体监委诸公不愿坐享清福而还要在'依法'、'妄为'、'逍遥'等等上面斤斤较量，这是责任心的表现，我们应表示相当的同情和敬意，不过这是有关全盘政治的问题，不仅是添设一二机关的问题，政治能有轨道可循，各方都能尊重法律，然后设立惩戒机关，才能执行它的职权，监察院有了这样能够执行职权的惩戒机关，才能获得实际的效果，否则仍如于老所谓'只有枪弹有效'，那末（么）'监察院'固免不了要成为'公

---

① 哈罗德·D.拉斯韦尔.世界大战中的宣传技巧［M］.张洁，田青，译.北京：中国人民大学出版社，2003：92.

② 韬奋.哀监察院//《生活》周刊影印本（第 6 卷）［Z］.北京：人民出版社，1980：581.

骚院',就是'惩戒机关'也何尝不可成为'公骚机关'呢!"①

贪腐历来是政府普遍面对的吏治难题,国民政府虽然先后出台或制定了《中华民国刑法》、《惩治贪官污吏条例草案》、《党员背誓罪条例》等法律法规,但贪腐顽疾依然故我。邹韬奋耳闻目睹之余,在刊物上进行了讽谏:"我们国民常痛心疾首于贪官污吏之触目皆是,倘能有机会看见有几颗卫生丸(意为'子弹')一试功效,或铁窗里有几位权贵点缀点缀,为民众稍稍除害,当然不胜欢迎,但'雷厉'是否能'风行',倒是一个问题,倘不过像苏州人所谓'躲在门背后盘辫子',法制委员会诸公还是白转念头,徒然糟蹋纸墨罢了!"②邹韬奋对于上述"吃卫生丸"式的语义"双关"手法熟稔,如批判"吃空饷"现象时,他借用了冯玉祥的言论进行嘲讽:"国家将亡,应卧薪尝胆,但他们正在卧着拿薪水。"③因此,阅读邹韬奋这类批判、反讽式文章,令人莞尔之余,也往往生发出一种时局艰难、民生可叹的情绪。双关语的乐趣不仅仅在于以语言关系作为社会关系的缩影,更在于它反转了正常的强弱关系。从受众角度考虑,双关语召唤"生产者式"的阅读,人们在寻求并解决双关语的语义的过程中获得快感,当他们从相互撞击的话语中取得适合于自己的语境时,将获得更大的快感。④

语言的建构能力超越了某一特定的词和短语,它也包括这些词和短语是如何被组成报道或叙事的,若想新闻对读者有意

① 韬奋.监察委员的公骚//《生活》周刊影印本(第7卷)[Z].北京:人民出版社,1980:805.

② 韬奋.加重惩治贪污刑罚//《生活》周刊影印本(第7卷)[Z].北京:人民出版社,1980:357.

③ 韬奋.加重惩治贪污刑罚//《生活》周刊影印本(第7卷)[Z].北京:人民出版社,1980:953.

④ 约翰·费斯克.理解大众文化[M].王晓珏,宋伟杰,译.北京:中央编译出版社,2006:115.

义，新闻工作就必须具有提供参考框架的主动过程，借助语言，故事讲述者需要有一个叙事将故事连接起来，以此来决定什么是有关的并值得注意的事实或事件，以便引起受众的兴趣。框架技巧是一种暗示，可吸引而不是迫使读者接受根植于新闻报道中的"优先解读"①。邹韬奋曾多次在《生活》周刊"头版头条"位置发表社论、时评，批评当局官员。如1929年7月，国民政府驻旧金山副领事高英的妻子廖承苏乘日本船高丽丸赴美，她随行私带了2229罐鸦片膏，分装十一箱。因行李过多，日本船员心生疑惑进而探知她所携为烟土，于是向船主告发，最后遭美国海关查获。事后证实，高英此前已知其妻贩运鸦片之事，行李箱上都贴有领事馆字条。这一中国外事人员涉嫌贩毒的丑闻，美国人大事渲染、纷纷报道；日本人也赶印了《高英事件》小册子，公开售卖，借以羞辱中国。最终，高英被国民政府判处有期徒刑7年，处罚金6666元，褫夺公权7年；廖承苏被判处徒刑4年，罚金5000元。宣判时，有人发现高英面露"惨淡之色"，其妻则"态度自若，并嫣然一笑"，邹韬奋对此有感而发："她那样镇定的工夫，倒也不很容易，如把这样大无畏的精神用于拼命为国争光的外交事件上，也许可以干一番轰轰烈烈引人肃然起敬的事业，可惜用于带着一大堆鸦片膏，于是乎糟糕！"②在行文中，邹韬奋还将廖承苏称为高英的"贤内助"，欲抑先扬，反讽之中，也有几分"哀其不幸，恨其不争"的喟叹。

---

① 罗伯特·哈克特，赵月枝.维系民主？西方政治与新闻客观性[M].沈荟，周雨，译.北京：清华大学出版社，2005：92.
② 韬奋.中外注目之嫣然一笑//《生活》周刊影印本（第5卷）[Z].北京：人民出版社，1980：17.

三、话语与权力关系

英国学者诺曼·费尔克拉夫从三个层次来界定话语：其一，文本层面，话语以语言形式得到体现；其次，话语实践层面，主要牵涉文本生产分配和消费过程；第三为社会实践层面，对话语的分析过程都是社会性的，需要关联话语从中得以产生特殊的经济、政治和制度背景和权力关系。[①] 邹韬奋对当局、社会现实进行冷嘲热讽和揭露，很大程度上受时局影响，以致"穷年忧黎元，叹息肠内热"；在解构当局权威的同时，他自己逐渐成为"意见领袖"式的人物。

国家多难，内忧外患，邹韬奋批评主政者不励精图治、对症下药，反倒求诸佛法、问道神仙。 如湖北省政府主席夏寿康及各省委发起大做佛事、祈祷升平；湖南省政府主席唐生智亲往城隍庙祈祷甘霖；曾任国民政府中央宣传部长、考试院院长、中山大学校长等职的戴季陶，也在北平雍和宫建金光明道场，祈息灾弭乱，转移劫运，并号召民众捐款。 邹韬奋对类似情形屡次着墨诮讽，言辞激愤："'水灾''日寇'乃至'生灵涂炭'，是否靠念经拜忏所得消弭，在如今科学昌明的时代，虽三岁童子，可以回答，而身居党国要人以至号称在野名流竟欲藉道场以谋侵蚀国帑，记者以为诚欲'转移劫运，造福国家'，宜先将此辈明正典刑……"[②]1933 年 5 月，戴季陶主持导演了一出抄写孙中山遗教、筑塔宝藏的闹剧。 此前，戴季陶邀请中山大学相关师生七十多人，合抄孙中山遗教，然后用铜盒装好，外镶石匣，以备永久存放于孙中山陵寝旁的宝塔中。 不想安放

---

① 诺曼·费尔克拉夫.话语与社会变迁 [M].殷晓蓉，译.北京：华夏出版社，2003：66-68.

② 韬奋.死路一条！//《生活》周刊影印本（第 7 卷）[Z].北京：人民出版社，1980：445.

仪式中，绳断、匣裂，戴季陶等只得"择吉安置"。在电讯上看到这则消息后，邹韬奋撰文评论，他先对戴季陶有事没事只寄希望于念佛作了揶揄，进而就事论事进行了嘲讽："有人提倡念经可救国难，可免内乱，将来也许有人要把中山先生的遗教当经念着，或更用来大做其道场，那中国就更有希望了！"①这种正话反说式的表达，把戴季陶"不务正业"的形象简笔勾勒出来。邹韬奋能展开这类话语批判，正是其对于社会事务自我赋权的体现。

"知识分子的代表，他们向社会宣扬的理念或观念，并不意味主要为了强化自我或颂扬地位，亦非有意服侍有权势的官僚机构和慷慨的雇主。知识分子的代表是在行动本身，依赖的是一种意识，一种怀疑、投注、不断献身于理性探究和道德判断的意识，而这使得个人记录在案并无所遁形。知道如何善用语言，知道何时以语言介入，是知识分子行动的两个必要特色。"②比如，在侵华过程中，日本方面曾在东北、山西等地推动罂粟种植，流毒一时。作为应对策略，国民政府于1935年4月发布禁烟通令，要求两年禁毒（主要是吗啡、海洛因、可卡因等），六年禁烟（鸦片烟膏）。"总的来说，国民政府在1935年到1939年间，为制止鸦片流毒进行了一定努力，除日本占领区外，全国大部分省区都完成了禁绝罂粟种植的任务。"③鸦片对于国人的戕害自不待言，罂粟种植虽一度控制，但毒品流传和吸毒、抽大烟积习一时难以禁绝。邹韬奋多次在《生活》周

---

① 韬奋.择吉安置遗教//《生活》周刊影印本（第8卷）[Z].北京：人民出版社，1980：377-378.

② 爱德华·W.萨义德.知识分子论[M].单德兴，译.北京：生活·读书·新知三联书店，2013：23.

③ 王宏斌.鸦片：日本侵华多政策五十年（1895-1945）[M].上海：上海社会科学院出版社，2016：85.

刊上刊发特约通讯作者的文稿或读者来信，对此进行反讽，强化了道德批判力度。邹韬奋好友杜重远在重庆街头看到许多"吻春雅室"、"刘记谈心处"、"新漂川土"，很是不解，细问之下，才知道都是公开吸食鸦片的地方。据当地人反馈，重庆60余万人口中，有三分之一的人都抽大烟。面黄肌瘦的轿夫每天赚几个血汗钱，多半用作阿芙蓉癖上。"更滑稽者在此等营业门前亦书有种种抗日标语，记得有一家门首书'卧心尝胆'，'誓死抗日'两语，彼以'薪'字误'心'，大可寻味！盖鸦片之苦不亚于胆，彼卧心尝之，将往阴间抗日！故有'誓死'字样！"①在汉口，"后花楼一带，尤其烟肆林立，瘾君子往来出入，如山阴道上，户限为穿。最可叹的，每家烟肆，必有一丘八保护，当局维持烟业，也具见其重视之至意了"②。在云南则可在报上看见种种特异的名称，有所谓"滇药"、"特货"、"西路货"、"东路货"、"山货"等货物市况，公开刊登，不知底细的人看了可能莫名其妙，但上述其实说的都是鸦片交易行情。③

不可否认，编辑记者等"媒体代表"，有可能沦为哈耶克所谓"倒卖观念的职业好手"，"他们在有了些道听途说的科学知识以后，便自封为现代思想的代表，自封为在知识和道德上比那些仍然看重传统价值者高人一等的人，肩负着向公众提供新观念责任的人，他们为了使自己的货色看上去很新鲜，必须对一切相沿成习的事情大加嘲讽"，这些人往往认为其主要价值

---

① 杜重远.别后（上）//《生活》周刊影印本（第7卷）[Z].北京：人民出版社，1980：51-52.
② 学范.意外见闻//《生活》周刊影印本（第7卷）[Z].北京：人民出版社，1980：63.
③ 远鸿.公开贸易//《生活》周刊影印本（第7卷）[Z].北京：人民出版社，1980：324.

在于，赋予自己的立场以"新颖"或"新事物"而不是真理。[①]
但从邹韬奋身上，无论关切时局、剖析国民性还是批判吏治、
建言献策，一方面这是他出任《生活》周刊、《大众生活》主编
的本职要求，更体现出他作为一名知识分子的家国情怀和责任
担当。"知识分子立足于社会变革，本质是激进的，在不满于现
状这一点来说，与政治家正相一致。但是，政治家是少有责备
民众的，出于动员和利用的需要，相反不乏称颂之辞；而知识
分子没有切身利益的需要，所以常常不顾利害，多有指摘，看
起来大有'反人民'的倾向。"[②]任何对国家、劳苦大众怀有关
切感的人，都很难只谈"风月"而不顾"苍生"，他们更期待能
通过自己的言行，引导大众和舆论，发出自己的声音，甚至掌
握话语权，这在邹韬奋抗日救亡的报道中体现得尤为突出。

---

① 弗里德利希·冯·哈耶克.致命的自负：社会主义的谬误［M］.冯
克利，等，译.北京：中国社会科学出版社，2009：59-60.
② 林贤治.国民性批判问题的札记∥纸上的声音［Z］.桂林：漓江出版
社，2015：19.

第三章 /

抗日救亡时局中的媒介议程

在宣扬抗日救亡、民族复兴的历史使命中，邹韬奋依托《生活》周刊、《大众生活》、《抗战》三日刊、生活书店等平台，揭批日军暴行，反抗投降主义，呼吁全民团结一致，共同抵御外侮、争取民族独立，其媒介议程设置特点颇具一格，且代表了民国知识分子救亡努力的普遍心声，他本人的思想表征为"救亡压倒启蒙"的潮流。

日军侵华不但改变了中国历史的走向，作为应激反应之一，中国新闻出版业的抗战吁求随之兴起，诸多书报刊的编辑出版皆以积极抗战、救亡图存为主题，汇涓成海，形成了带有鲜明时代印记的"战时文化"。在宣扬抗日救亡、民族复兴的历史使命中，邹韬奋依托《生活》周刊、《大众生活》、《抗战》三日刊、生活书店等平台，揭批日军暴行，反抗投降主义，呼吁全民团结一致，共同抵御外侮、争取民族独立，其媒介议程设置特点颇具一格，且代表了民国知识分子救亡努力的普遍心声，他本人的思想表征为"救亡压倒启蒙"潮流。媒介的议程设置主要负责向受众提供话题，通过新闻、时事报道与评论写作，将公众的注意力聚焦于一系列获得解释与经过选择的问题，其结果往往是某些话题在超越媒介的公共领域得到广泛讨论，其他的话语则被忽略。至于哪些观点、问题等被选择出来，它们如何排序或被赋予合法性与重要性，这一过程涉及媒介在解释社会现实中的角色及其作为意识形态权力的中介角色。① 邹韬奋在抗日救亡时局下的媒介议程设置，主要围绕"揭露侵略者暴行"，"汉奸批判"，"抗日必胜、建国必成"等议题展开，如果说这些议题仅仅是一系列波心圆的话，那么其圆心则为中国现代民族主义思潮的翻涌。"抗战文化"的勃兴由此成为中国现代出版内容转型的时代呼唤。

---

①　约翰·费斯克，等.关键概念——传播与文化研究辞典［M］.李彬，译注.第二版.北京：新华出版社，2004：7.

第一节　日军暴行与汉奸批判

邹韬奋主持《生活》周刊之初，对日本虽有所关注，但报道中专门涉及日本的文稿有限，且偏重于知识介绍性内容。 如1927年，美国飞行员林德白（即林德伯格）驾机不间断飞行30多个小时，实现了人类首次从纽约飞渡大西洋到巴黎的创举。邹韬奋在报道中介绍林德白事迹时，以豆腐块补白的形式，提到了日本也想在航空领域寻求突破，"并云飞渡时要用日本自造的飞机。 我也希望我国也要起劲起劲，不要事事落人后"。①及至1931年"九·一八事变"爆发，特别是1937年"七七事变"之后，关于日军暴行和汉奸批判的内容与日俱增，成为其报道框架的核心。

一、报道日本侵华企图与计划

大众传媒在设置公众议程中，很大程度上取决于事件是否较为重要，以及是突发型还是逐渐缓慢发展型的题目。 在一个较为重要的突发新闻事件中，新闻事件的重要性立即显现出来，新闻事件几乎立即攀升到了议程设置的顶端。 通常公众没有其他传播渠道（类似个人经历）可以利用去了解这些新闻事件，这样大众传媒就迅速地把新闻事件放到公众议程的前列。对于突发性问题，当传媒有优先获取信息时，传媒对政策决定者的影响可能比预期的要大；反之，当政策精英控制信息源

---

① 记者.日本也想出出风头//《生活》周刊影印本（第2卷）[Z].北京：人民出版社，1980：270.

时，他们可能被期待着去设置传媒议程。① 无论"九·一八事变"，还是 1928 年"济南惨案"，或者随后爆发的"七七事变"、"南京大屠杀"，这些后来成为重大历史的事变带有突发性，其对于时局和历史的影响极为深远。 但总体来看，日军侵华乃至吞并整个中国的野心带有渐变色彩。 邹韬奋不遗余力地报道日本方面为侵华所做的长期准备和历程，客观上有利于加深中国人对于抗日战争的认识。

中国人在日本人心中的形象如何？ 邹韬奋在《读〈旅顺实战记〉》一文中，"忍痛"引用了该书作者樱井忠温（参加 1904 年至 1905 年日俄战争时任日本步兵中尉）对中国人的蔑视描写："彼等初则甚畏日本人，恐怖万状，瞠目呆立，不敢接近，甚至战震而逃匿者亦有之……后来皆箪食壶浆以迎我皇军矣。 虽然，彼等皆系抱金钱主义之狗奴，具有一种由祖先传来之吝啬根性，所谓要钱不要命之怪性质是也。 苟怀中能贮入一万金，虽令其屈于粪壶中亦无不可……"②从中可见，早在 20 世纪初，在日本军人眼里，中国人已沦为一无是处的"亡国奴"，可随意谩骂、侮辱，唯利是图。 中华民国成立近 20 年后，日本报刊上依然称中国为带有侮辱性的"支那"一词，而非"中华民国"或"中国"字眼。③

为准备侵华，日本当局蓄谋多年训练国民，培植军事力量。 自 20 世纪初爆发日俄战争后，日本当局意识到"非有强壮的兵力不能立国"，因此对于军事训练特别重视，"七八岁的

---

① 奥格尔斯，等.大众传播学：影响研究范式［M］.常昌富，关世杰，等，译.北京：中国社会科学出版社，2000：91-94.
② 韬奋.读《旅顺实战记》//《生活》周刊影印本（第 5 卷）［Z］.北京：人民出版社，1980：316-317.
③ 羽仙.日本报界与中国//《生活》周刊影印本（第 5 卷）［Z］.北京：人民出版社，1980：857.

小学生就一律穿了军人式的制服，背上负着军荷式的书包，在形式上觉得端庄一律，在精神上则以养成艰苦奋勇为目的。 中学校的兵式操异常注重，宛如军队的训练"。① 入伍至少要求中学毕业，身体不强健的人难以入选，兵士上课如学生，操练如作战，日夜不停，风雨无阻。

日本人觊觎中国领土（特别是东北）既久，处心积虑，连小学生最爱吃的黄金馒头点心（一种夹杂豆沙的鸡蛋糕），日本商人也将其改名为"黄金满洲"，自幼就将"吞并满洲"的念头灌入小学生头脑里。② 在日本有些学校，教育对象、内容以及目的，往往都针对中国。 如东京的商业学校中，以府立第一商业学校最为著名。"此校有一最大特点，即为注意中国问题，其所施教育，完全以中国为对象。 其学科中以汉文为第二外国语，特请中国人为教师，每周有六个小时之多。 各学科教材，都侧重其所谓'支那与满蒙问题'，教室中高悬满蒙地图，历史则为对华贸易史，地理则满蒙物产志，自然科学则以满蒙之动植矿为中心。"③此外，学校每年组织"支那视察团"，派往中国辽宁、吉林、山东、上海、杭州、南京等地，进行实地考察，规定参考用书 40 多种，精密地图 20 多幅，考察后都得提交详细的考察报告。 日军对中国山川地理掌握之细致，仅从以下案例即可得到实证。 有日本守备队在今辽宁省盖平县近郊演习秋操，走到一个村庄，士兵都口渴了，日本军官于是拿出军用地图，派出三位士兵按图索骥向不同方向寻找水源。 不到十分钟，有

① 徐玉文.战争//《生活》周刊影印本（第 5 卷）[Z].北京：人民出版社，1980：54.

② 铁草.不能掩盖的事实//《生活》周刊影印本（第 6 卷）[Z].北京：人民出版社，1980：1066.

③ 仰弇.以中国为对象的日本商业教育//《生活》周刊影印本（第 6 卷）[Z].北京：人民出版社，1980：538-539.

两名日兵都汲水而归；另一名士兵空手而归，说找不到地图所标记的水井位置。日本军官不信，派人现场查证，一问当地居民才知这口水井因水太浑浊一个月前刚被填塞了。① 在日本国内，大多数国民兢兢业业，不论农事或工业，均有组织、有计划，京城小贩，各司其职，恭恭敬敬，态度和蔼，"无丝毫凌乱怠慢之情形"，"日人到处无标语、口号，只有埋头工作"。②

随着时日的推移，邹韬奋更感觉企图侵略、霸占中国的日本，已在替中国"料理后事"了。"在民国十七年（1928 年），他们只想中国一旦有事，他们如何进兵济南，现在（1931 年）更进一步，竟想中国一旦有事，他们如何进兵到江苏的北部，故在江苏北部以上的军用地图，以及何处驻军，何处屯粮，都已安排妥帖，仅候时期一到下刀就是了！"③

二、揭露日军侵华暴行

在现代国家中，人民对战争的抵触情绪是如此强烈，以至于每一场战争都必须以抵御危险而残忍的侵略者为借口，公众憎恨的目标必须清晰而明确，"战争的起因不能归结为处理国际事务的整个世界体系，也不能归结为整个统治阶级的愚蠢或恶意，而只能是因为敌人的贪婪，如果想要鼓动人民的仇恨，宣传家必须确保所有发出的信息都是在确立敌人应为战争负完全

---

① 铁草.不能掩盖的事实 // 《生活》周刊影印本（第 6 卷）[Z].北京：人民出版社，1980：1066.
② 仰舟.自入日境 // 《生活》周刊影印本（第 6 卷）[Z].北京：人民出版社，1980：538－539.
③ 韬奋.料理后事 // 《生活》周刊影印本（第 6 卷）[Z].北京：人民出版社，1980：425.

责任"。① 1928 年 5 月 3 日，日军在济南借保护侨胞为名，与正在进行北伐的国民革命军发生冲突，最终引发致数千中国军民遭杀害的"济南惨案"，遇难者中包括中方外交人员蔡公时等。"日军竟入交涉公署，将山东特派交涉员蔡公时割去耳鼻，与在署职员十余人一同枪杀，大焚外长办公处，尤复不断射击……此种暴行，不特蹂躏中国主权，并为人道所不容。"②噩耗传来，邹韬奋向好友毕云程倾诉了自己的悲愤之情，同时约请对方撰文，阐述当前国人的应对之策。因当时中国无论形式上或实质上均未统一，国民革命军正忙于北伐。毕云程在文中分析了当前形势后明确指出，日本吞并整个中国的野心昭然若揭，徒然悲愤无用，"全国人民从今日起，必须要下一个决心，于中国统一后，用十年苦工夫，积极为对日宣战的准备。日本的逼迫我国，我们中国要有翻身的日子，非和他打一仗不可"③。在随后的《生活》周刊上，邹韬奋不时在报道文稿中穿插补白、刊出了"团结努力，誓雪国耻"，"济案惨痛，同胞勿忘"之类的简明警示标语。

1931 年"九·一八事变"爆发后，由于中国军队执行"不抵抗政策"，日军先是侵占了沈阳城，随后迅速向周边其他地区推进，虽陆续遭遇一些阻击，但短短四个多月，还是侵占了三倍于日本国土面积的东北。受此影响，中国 3000 多万民众沦为亡国奴。强敌入境、国难当头，国民政府抛出的是"攘外必先安内"基本国策，蒋介石等大造舆论，鼓吹并试图先"解决

---

① 哈罗德·D. 拉斯韦尔.世界大战中的宣传技巧［M］.张洁，田青，译.展江，校.北京：中国人民大学出版社，2003：49.

② 晓湘.一周鸟瞰//《生活》周刊影印本（第 3 卷）［Z］.北京：人民出版社，1980：290 - 291.

③ 毕云程.济南惨剧后我们应该怎样？//《生活》周刊影印本（第 3 卷）［Z］.北京：人民出版社，1980：294 - 295.

中共问题"再行抗日。　一个国家内部的注意结构是国家整合程度的重要指数，当统治阶级害怕大众时，统治者和普通百姓心里的现实画面是不一样的。　换言之，"真相"不是人人共享的画面时，统治者就寄望于内部的冲突，而不是外部环境的和谐调整，于是他们就控制传播的渠道，希望以特定的方式组织全社会的注意力，借以确保只有他们认为有利于巩固自己权势的回应才能够发出来。① 但邹韬奋一再痛斥日军暴行，同时号召国人奋起抗争，这与当局所期待的报道口径判若霄壤，也为《生活》周刊等报刊后来遭到查封埋下了隐患。"据哈尔滨电讯所述，十九日长春傅营长阵亡，全家老幼十七口均遇害，五岁的一个儿子也被破腹惨死。　此为何种惨象！　此种兽性兽行，今日施于东北者，他日即可施之于中国全部。　故全国同胞对此国难，人人应视为与己身切肤之痛，以决死的精神，团结起来作积极的挣扎与苦斗。"②在邹韬奋的报道中，时常可以发现中国沦陷区民众同样饱受侵略者残害的情形。　如有东北乡村妇女进城，被日军盘问时她脱口而出自己是"中国人"，结果招致日军痛打耳光。　惊吓之余，乡女连忙改口说是"日本人"，不料被日本兵打得更厉害——在他们看来，中国人怎么配为日本人！　这位乡女只好改口说自己"不是人"，日军闻言哄堂大笑，才饶她一命。③ 1932年"一·二八事变"爆发后，日本海军陆战队先是侵占了上海闸北，随即肆意杀戮中国民众。　对华人进行检查的日本人，除了持手枪、刀斧、铁棍等的海军陆战

① 哈罗德·拉斯韦尔.社会传播的结构与功能［M］.何道宽，译.北京：中国传媒大学出版社，2013：58.

② 韬奋.应彻底明了国难的真相∥《生活》周刊影印本（第6卷）［Z］.北京：人民出版社，1980：853.

③ 韬奋.又一王道乐土的消息∥《生活》周刊影印本（第8卷）［Z］.北京：人民出版社，1980：37-38.

队兵士、后备军、浪人外，其至有手持藤鞭的日本小孩。他们掌握着华人的生杀权。"尤其难堪的是昂藏五尺的中国大人，受着倭中倭的手执藤鞭的日本孩子的威风怒斥，亦只得唯唯诺诺，俯首帖耳，否则藤鞭立挥，苦头先吃，附近枪刺追临，性命一条即行奉送！听说研究生物学的周建人君（鲁迅的兄弟）即因不胜侮辱，拒绝搜查，被日本浪人打伤。"①此外，因此役首先抗击日军的国民政府第十九路军将士中有许多广东人，日本人在搜检华人时，如果听其说话为广东口音，不问情由，先刺杀再说。华人如果被从身上搜下剪刀之类的器物，也立刻遭刺杀。

上述报道中，邹韬奋通过揭露日军的暴行，有意无意间体现出培植"中国民众仇恨日本人"的情结，以同仇敌忾。"共同的仇恨可以凝聚最异质的成分，如果大家有一个共同仇恨的对象，哪怕是敌人之间，也会产生一种亲近感，因而减弱抵抗的决心。"②只是，这种诉求需要一个被当局和民众接受的过程，另外，如国共合作、共同抗日，也需要双方假以时日才能达成共识，其代价最直观的表现则是中国民众继续屡遭侵凌乃至杀戮。即便是非沦陷区，中国将士同样常常被日方羞辱。有时前方执勤、维持秩序的士兵得上级命令，骂不还口，打不还手，因此无端被日军打耳光等。在济南，日方由天津港走私而来的人造丝织品、烟纸、白糖等日货与日俱增，有乘客拿出摄像机想记录下这些非法活动，不料被押运和接货的日本浪人发觉，不但摄像机被抢夺，人也遭殴打。中方路警本想只是上前排解，一同被打。"一部分浪人这样在车站上耀武扬威，同时还

---

① 韬奋.漫笔∥《生活》周刊影印本（第7卷）[Z].北京：人民出版社，1980：100.

② 埃里克·霍弗.狂热分子：群众运动圣经[M].梁永安，译.桂林：广西师范大学出版社，2011：120-121.

有一部分浪人跑到缉私处把该处的职员三个也拉出来殴打。 后来日领事馆派人到站观战，浪人反诬被打！ 但是私货是安然运到了，中国的乘客和路警是白白地被打了！"①中方唯有饮泣吞声。 1937 年 12 月 13 日，日军侵入南京后，再次犯下屠城罪恶，至少 30 万军民先后遭杀戮。 南京城破之际，下关沿江一带，数万名中国士兵与难民夹杂在一起，希望渡江逃生。 因船只此前被军方调到对岸，他们只好借助木板、木盆、长凳等漂浮物，冒险渡江。 日军发现后，开着汽艇向人群来回疯狂扫射，血流成河。 得知南京失守的消息，已避走南昌行辕的蒋介石后来在日记中颇为沉痛地写道："倭寇在京之残杀与奸淫未已，彼固陷人深潭，进退维谷，而我同胞之痛苦极矣"；"敌军残杀我南京附近之壮丁殆尽，痛极！""见寇军残杀我平民同胞之照相，痛愤乃至瞑眩……""雪耻，敌寇残暴凶横，实古今无例，若不消灭，何以维持人道！"②

三、汉奸批判

自 "九·一八事变" 爆发以来后，邹韬奋在其报道框架中，与揭露日军的暴行并行的是对汉奸的批判，涉及对象既包括炮制 "冀东防共自治政府" 的殷汝耕，投日反共的叛将、"冀北边区保安司令" 石友三等人，也有其他投日、降日或被日本人利用的当事人。 对汉奸的态度，邹韬奋大致基于以下原则："除对敌之外，我们应同时用手枪炸药对付卖国汉奸，送其狗命，双方并进，为效必大。"③在主持《生活日报》编务时，邹

---

① 邹韬奋.层出不穷的怪剧//中国韬奋基金会韬奋著作编辑部.韬奋全集（6）［Z］.上海：上海人民出版社，1995：389－390.
② 马振犊.抗战中的蒋介石［M］.北京：九州出版社，2013：73.
③ 韬奋.击昂悲壮的东北义勇军//《生活》周刊影印本（第 7 卷）［Z］.北京：人民出版社，1980：50.

韬奋一面宣告其所主持报刊的无党无派性（无意拥护哪一派，打倒哪一派），一面主张全国各党各派在国难这样严重的时候，大家应该抛开旧仇宿怨，一致团结起来救国，"它所要赤诚拥护的是中华民族，它所要打倒的是做着全国公敌的汉奸"。①

　　论及汪精卫的相关报道，较集中体现了邹韬奋对于汉奸批判的立场。1938 年 10 月 28 日，第一届国民参政会第二次会议在重庆举行。时值广州失陷、武汉大撤退的危急时刻，国民政府行政院长、国民参政会议长、国民党副总裁汪精卫，不合时宜地发表谈话宣称中国应与日本"和平"，为期投靠日本制造舆论，在当局整个抗日部署中发出了一些"噪音"。这番言论最初颇有蛊惑性。任何组织中，确立了地位的领导人都有着极大的天然优势，他们被认为享有更好的信息资源，更容易受到注意，说话的声调更容易令人信服，但他们也拥有极大的力量限制人们接近事实真相。② 当年参政会期间，"南洋华侨筹赈祖国难民总会"主席陈嘉庚以"国民参政员"的身份从新加坡发回电报提案，其大意为：官吏谈和平者以汉奸论罪。该提案很快达到须有 12 位参议员联合署名的要求，于是付予大会讨论。汪精卫因担任此次国民参政会议议长，据邹韬奋记述，他按议程朗诵陈嘉庚的电报提案时，"面色突变苍白，在倾听激烈辩论时，神气非常的不安，其所受刺激深矣"，当提案通过时，文字修订为"敌未出国土前言和即汉奸"，虽只有十余字，邹韬奋却认为"几万字的提案所不及其分毫，是古今中外最伟大的一个

---

① 生活书店.韬奋画传·经历·患难余生记［Z］.北京：生活书店，2013：279.

② 沃尔特·李普曼.公众舆论［M］.阎克文，江红，译.上海：上海人民出版社：2006：181.

提案"。① 1938 年 12 月 29 日，汪精卫发表致蒋介石的电报声明（即"艳电"），表示支持对日妥协政策，至此，汪精卫及其集团正式宣告投日。 1939 年第一届国民参政会第四次会议上，邹韬奋又与沈钧儒等人士联名提出《严加肃清汪派卖国活动及汉奸言论案》。 同年 6 月，国民政府发布通缉令："汪兆铭违背国策，罔顾大义，于全国一致抗战之际，潜离职守，妄主和议，并响应敌方谬论，希冀煽惑人心，阻扰大计，经中央加以惩戒，犹复不自醒悟，倒行逆施，竟于上月秘密赴沪，不惜自附于汉奸之列，与敌往还，图谋不轨。 似此通敌祸国之所为，显系触犯称之汉奸条例第二条之规定。 比来海内外民众同深愤慨，先后呈请统计严惩者，不下千余起之多。 政府如尚曲予宽容，其何以伸张国法，慰我军民，应即由全国军政各机关一体严缉务获，依法惩办，以肃纲纪。"②

1940 年，在日本支那派遣军的扶持下，汪伪国民政府于南京成立，汪精卫担任该政权的"国民政府代主席"及"行政院院长"，周佛海、李士群为汪伪集团主要成员。 在此前后，邹韬奋发表了多篇文章，声讨汪精卫投敌叛国的言行，甚至直接以"汪逆"称之，相关篇目如《汪精卫的自掘坟墓》、《汪精卫通敌卖国》、《全国舆论对汪逆的愤慨》、《国府下令通缉汪逆精卫》、《愈演愈丑的汪逆精卫》、《汪逆机关报被炸》等。 1941 年 6 月，邹韬奋在《大众生活》发文《汪逆在东京□□》（送检时被有关部门要求删除"叩头"两字），描述了汪精卫的形象："汪逆带着一群小傀儡往东京向日本皇帝叩头，并向他们的大小主子东条（英机）、松冈（洋右）、近卫（文麿）等致敬，不仅

---

① 邹韬奋.抗战以来 // 中国韬奋基金会韬奋著作编辑部.韬奋全集（10）［Z］.上海：上海人民出版社，1995：218.

② 参见《行政院关于通缉汪精卫等汉奸的训令》，中国第二历史档案馆，全宗号：五，案卷号：64（1）。

如此，还到日本已死的人如故首相犬养毅、梅田、富井等等的墓地哀祭一番，婢膝奴颜，淋漓尽致，真令人肉麻，看了掩鼻。"①

外敌当前之际，"主战"还是"主和"，往往成为舆论焦点。与邹韬奋言论有所差异的，是对于某些人物在特定历史情境中的抉择，后世学人更多地容易抱以"理解之同情"。如余英时在论述汪精卫晚年所作诗词的"愁苦"等特点时，从其内心活动入手，参照与汪精卫有密切交往的周佛海、陈克文等人的日记资料，多所旁证，认为由于确实相信"战必亡国"，因此汪精卫力主求和，不惜自毁生平，以一定程度的委屈与妥协为代价。"汪之一意求和是建立在一个绝对性预设之上，即当时中国科技远落在日本之后，全面战争一定导致亡国的结局。因此他认为越早谋得和平越好，若到完全溃败的境地，那便只有听征服者的宰割了。"②余英时还梳理出，抗战军兴后，"对日主和"大有人在，其中不乏陈寅恪、胡适、翁文灏等时贤。当然，他们一时的"主和"主张，并非完全退却，更多的是寄希望于偏安以后，"徐图恢复"。然而，随着时局的变幻，"抗战到底、团结御侮"终成现代中国的最强音。

面对临兵城下、国土日益沦丧的现实，邹韬奋一贯坚持抗战言论，他还总结了"汉奸理论"的三个基本特点：其一，以"和平"这类好听的名词蛊惑人心；其二，夸大困难加强悲观的心理，企图由此诱人走上妥协投降的道路；其三，跟着日本侵略者高喊"防共"，千方百计破坏中国的团结、挑拨离间，增

① 韬奋.隧道惨剧的教训//《大众生活》影印本（香港版）[Z].上海：上海书店，1981：146.
② 余英时.重版汪精卫《双照楼诗词稿》序//余英时文集（第11卷）：论学会友[Z].桂林：广西师大出版社，2014.

加内部摩擦，分散抗战力量。[①] 邹韬奋认为奸细问题，各国在战时都普遍存在，不能因汉奸之多，就牵涉到民族性上去，更主要是针对汉奸的不同类型及其出现原因，区别对待，对症下药。 有时候一些普通民众因生活所迫，本意不想当汉奸，也不得不为侵略者"效劳"，或被直接、间接利用，对这类人就应加强教育。 如邹韬奋曾讲述过在汉口飞机场附近捉到一个为敌人发信号的穷苦老太太，她被捕后供述得到某人给她的一元报酬，但并不知道信号是什么意思。 警察局责问她当了汉奸，对方听了莫名其妙，因为她根本就不知道什么是汉奸。 这类例子虽较极端，但一定程度上反映出抗战宣传教育工作的不深入，"所以我们主张肃奸的工作，除了有严厉制裁的法律，还要使它成为普遍地深入于民众间的一种运动，这当然要先有广大的有组织的民众运动，然后才能使肃奸工作成为这个运动中的一部分"。[②]

对于汉奸言行举止的嘲讽，同样能看出邹韬奋汉奸批判的立场，对殷汝耕及其组织成立伪政权的报道即是佐证。 1935年11月25日，以殷汝耕为首的伪冀东防共自治委员会在通州宣告成立。 殷汝耕早年毕业于东京早稻田大学经济系，娶日本女子为妻，有"日本通"之称。 他曾以上海市政府参事身份，参与了《淞沪停战协议》谈判工作，后被国民党亲日派、新政学系首领之一黄郛派到北平政务整理委员会，专门办理对日交涉事宜，参与了《塘沽协议》的谈判。《塘沽协议》签订后，殷汝耕先后兼任国民政府冀东"蓟密区"和"滦榆区"行政公署专员，逐渐掌握了冀东地区的军政大权，客观上为其与日本人

---

① 邹韬奋.读吴稚晖先生对汪逆进一解//中国韬奋基金会韬奋著作编辑部.韬奋全集（9）［Z］.上海：上海人民出版社，1995：94-95.

② 邹韬奋.民运与肃奸//中国韬奋基金会韬奋著作编辑部.韬奋全集（8）［Z］.上海：上海人民出版社，1995：209-211.

"合作"提供了条件。邹韬奋根据路透通州电讯，在编写的报道中，对殷汝耕集团作了如此刻画：汉奸殷汝耕在通州一个破旧的小孔庙内举行他所谓的"冀东自治政府"的"主席"就职"典礼"，既未悬旗，也未鸣炮。因为这"新政府"还没有旗，所以无旗可悬；而其所有的最大军械只是所谓"保安队"的一支来复枪，所以也无炮可鸣。坐在一个狭小的房间里，纸糊的窗，放着一个小小的旧陋的煤炉，九个人寂坐其中，正式就职。① 上述细节和纪实性记录，生动地把殷汝耕等汉奸虚张声势、狐假虎威的形象展露无遗，其实正是对其合法性地位的解构和揶揄。

第二节 抗战宣传与鼓动

坚定的立场、占统治地位的思想以及重复是开展宣传工作的三大利器，"群体被这些语言所吸引，因为这些语言唤醒了清晰的血与火的形象，唤醒了胜利与失败所带来的振奋与痛苦的回忆，点燃了爱与恨的强烈情感"，重复使说服更有分量，把确信的观点转化成让人摆脱不掉的思想，它"通过不可改变的语言、形象和立场竖起了一堵坚实的'壁垒'，抵挡了任何相反的信仰或观点的侵袭"。② 虽然更多时候是国家机器在采用声势浩大的宣传手段，但鉴于邹韬奋所办刊物以及生活书店的书刊出版有较大影响，其抗战宣传功能仍很突出。

---

① 邹韬奋."记录"：一幕无耻的傀儡活剧//中国韬奋基金会韬奋著作编辑部.韬奋全集（6）[Z].上海：上海人民出版社，1995：299.
② 塞奇·莫斯科维奇.群氓的时代[M].许列民，薛丹云，李继红，译.南京：江苏人民出版社，2006：195-201.

一、坚信抗战必胜

自日本侵华以来，邹韬奋在对日态度上历来主张坚决抵抗，并相信日本必败、中国必胜，这一信念通过《生活》周刊、《抗战》三日刊等报刊，不断地向读者传递。邹韬奋基于中日实力分析，曾做出乐观估计：中国地大物博，日本一时吞并不了，地占不了，人杀不尽，只须我们能坚持，至死不屈，三五个月后日本就不得不屈服，"国人不必自馁，应有牺牲的决心和奋斗的计划，全国团结一致，努力向前，义无反顾，与暴日抵抗到底，切勿与此时因循苟且，贸然画押于卖国卖身契！"①

面对突如其来的战乱，邹韬奋改变了出版节奏。1931年"九·一八事变"后，邹韬奋除个人作品外，在《生活》周刊新增了许多涉及日军侵华乃至世界局势变化的文章、画报。当年10月，邹韬奋刊出启事，紧急征文，为"抗日救国最重要关切"计，设置主题为"最有效的抵制日货具体办法"或者"最有效的全国国民军事训练具体办法"，字数三五千字不等，采用的稿件每篇稿酬"一百圆现金"，②稿酬优厚。1932年日军入侵上海，挑起"一·二八事变"，邹韬奋撰写了《上海血战日记》等文章，记述十九路军蒋光鼐、蔡廷锴等将士托妻寄子、誓死报国的坚志，为中国民众抗战鼓气。

当宣传家把挑起战争的罪恶赋予某个敌对国家的时候，他的任务才刚刚开始，在对敌人进行突然打击的特别行动中，一个国家需要团结和胜利，而宣传家的任务就是要放大并重复国

---

① 韬奋.应有牺牲的决心和奋斗的计划 //《生活》周刊影印本（第6卷）[Z].北京：人民出版社，1980：974.
② 本刊紧急征文启事 //《生活》周刊影印本（第6卷）[Z].北京：人民出版社，1980：971.

家的这一号召。① 为此，邹韬奋有意识地采取《号外》、《增刊》等举措，及时更新战况。"本社为随时报告紧急消息及发表重要言论计，除原有星期六应行出版之本刊仍照常发行外，每日遇有紧急新闻，即发行紧急号外（每日一二次），遇有紧急问题，即发行紧急临时增刊。"②1932 年 2 月 5 日当天，《生活》周刊连发三期《紧急临时增刊》，分析抗战局势和前景。"时势虽极危急，我们只有向前奋斗，至死不懈，不必恐慌，亦无所用其悲观。 我们要深切明白只须我们能奋斗，能奋斗至死不懈，我们最后的胜利实在我们手中，任何强暴不能加以丝毫的改变。 我们应利用这种空前的思维，唤醒我们垂死的民族灵魂，携手迈进，前仆后继，拯救我们的国族，复兴我们的国族。"③

军事上的直接胜利，无疑有助于鼓舞战胜方的士气和民气，身为中华民族一分子的自尊与自信由此得以寄托。 从民族主义角度看，民族是一种想象的政治共同体，尽管在每个民族内部可能存在普遍的不平等与剥削，民族总是被设想为一种深刻的、平等的同志爱，这种友爱关系足以去使人们去屠杀或从容赴死。④ 邹韬奋刊发的诸多报道和言论中，突出了中国将士英勇杀敌、浴血奋战、视死如归的事迹，与日军溃逃、求饶的狼狈形象作了对比，客观上重塑、强化了中华民族的自信心。喜峰口为长城要冲之一，位于今河北省唐山市迁西县北部境

---

① 哈罗德·D.拉斯韦尔.世界大战中的宣传技巧［M］.张洁，田青，译.展江，校.北京：中国人民大学出版社，2003：55.

② 本刊特别启事∥《生活》周刊影印本（第 7 卷）［Z］.北京：人民出版社，1980：95.

③ 韬奋.痛告全市同胞∥《生活》周刊影印本（第 7 卷）［Z］.北京：人民出版社，1980：93.

④ 本尼迪克特·安德森.想象的共同体：民族主义的起源与散布［M］.吴叡人，译.上海：上海人民出版社，2011：6-7.

内，距离北京不到 300 公里。 1933 年年初，第二十九军军长宋哲元率部接防长城沿线，抗击日军。 3 月，在第二十九军第一〇九旅旅长赵登禹、第一一三旅旅长佟泽光等将领直接指挥下，中国军队浴血沙场，痛击日军，取得"喜峰口大捷"，"大刀队"威名远扬。 当月 25 日出版的《生活》周刊对此作了报道："本周最热闹之新闻为宋哲元部在喜峰口奋勇杀敌。 宋部作战决用'两打两不打'秘诀，即'夜里打、短兵打'，'白天不打、远距离不打'。 自 9 日起至 19 日止，共激战 10 日，闻此役敌见我军以大刀进砍，至于不可避免时，则掩耳闭目，低声叫爹不已，如我军冲入其战壕内，敌多将枪横置于头上，闭目求饶，并谓作战者不是我云。"①这种将日军狼狈不堪求饶的描述，从观感上容易激发中国民众抗敌的信心。

1938 年，中日徐州会战爆发，在鲁南，中方取得了歼敌过万的台儿庄大捷，日军号称精锐的板垣征四郎第五师团、矶谷廉介第十师团遭受重创。 这是自日本明治维新以来，日军在战场上最大的一场败仗。 中方由第五战区司令长官李宗仁负责指挥，蒋介石亲临台儿庄前线鼓舞士气，以孙连仲、汤恩伯等部军团为作战主力。 中国大获全胜的消息传来，各地民众奔走相告，载歌载舞，欧美舆论界对中国刮目相看，"我国鲁南胜利之后，欧美舆论对我国一致赞扬，其尤著者如美国《华盛顿星报》谓'中国军在山东方面的胜利，已打胜日本四十年来军事胜利的纪录，为欧战后军事上又一伟绩!'《华盛顿日报》谓'华军在台儿庄作战的胜利，较日军在华作战诸次胜利尤为伟大，一般对日军作战不失败的信念，现已动摇。'对中国人民最乏同情心的伦敦《泰晤士报》也不得不承认，'目前中国战事形

---

① 记者．一周要闻//《生活》周刊影印本（第 8 卷）［Z］.北京：人民出版社，1980：255.

式，决非有利于日本'。"①

中国将士得胜之时，邹韬奋对抗战成果以及未来的目标，保持了较清醒的认识，体现出他作为一名新闻出版从业者的职业理性。"我国的抗战有今日的好转，都是那些英勇的战士和惨死的同胞的血泪造成的，我们应于万众胜欢之下，忍泪痛念许多为国牺牲的同胞，更加紧努力，争取更大的胜利，不要辜负了无数为国死难的先烈。"②邹韬奋同时提醒，要争取抗战取得更大的胜利，一方面用全国集体的力量从事积极的工作，一方面要扫除苟安心理、内斗恶习等障碍物。做出简洁有力的断言，是让某种观念进入群众头脑最可靠的方式之一，如果一个断言得到了有效的重复，在这种重复中再也不存在异议，此时就会形成所谓的流行意见，强大的"传染"过程由此启动，各种观念、感情、情绪和信念，在群众中都具有病菌一样强大的传染力。③更重要的影响是，邹韬奋作为新闻出版界"意见领袖"式的人物，其团结御侮、抗战必胜的相关言论，更能说服中国读者民众。如在中方取得台儿庄大捷一个月后，随即到来的中日武汉大会战前，中国空军成功实施了一次对日本本土的"空袭"。1938年5月19日，由国民政府军事委员会航空委员会副参谋长徐焕升带队，驾驶两架"马丁"号重型轰炸机，从汉口机场起飞，经浙江丽水机场加油后，在夜幕中直飞日本。凌晨三点左右，徐焕升等飞抵日本九州岛门司上空，日方毫无防备，灯火管制也未实行。由于携带炸弹太重，又不想伤

---

① 韬奋. 鲁南胜利与欧美舆论 // 《抗战》三日刊影印本（第 63 号）[Z].上海：上海书店，1984：4.

② 韬奋. 胜利声中加紧努力 // 《抗战》三日刊影印本（第 61 号）[Z].上海：上海书店，1984：1.

③ 古斯塔夫·勒庞. 乌合之众：大众心理研究 [M].冯克利，译.桂林：广西师范大学出版社，2011：141-145.

及无辜，中方此次空袭日本，投放的是"精神炸弹"——揭发日本军国主义发动侵华战争真相及其罪行的传单。 数百万份传单先后洒向了大阪、长崎、东京、神户等处。 这是中日全面爆发战争以来，日本本土第一次受到攻袭。 徐焕升等安然返航，受到各界代表热烈欢迎，蒋介石、宋美龄夫妇接见、嘉奖了他们。 对于中国将士这次出其不意的远征，邹韬奋通过报道表达了他的敬意和礼赞，愈加坚信"抗战必胜"。

二、开展抗战募捐

议程设置的社会作用可以体现为监测环境、传承文化和达成共识等，关于时代的主要议题，大众媒介往往能创造更大的共识，并且在媒介议程与公众议程之间形成议程融合。[①] 邹韬奋在刊物上号召民众募捐共同抗日，即可谓媒介议程与公众议程融合的体现。"当马占山在黑龙江树起抗日旗帜之时，先生（邹韬奋）即号召读者捐款援助，登高一呼，群起响应，不到几天竟达十五万元之多，轰动全国！"[②]捐款民众中有一位"粤东女子"，把自己继承的遗产都献出来了，亲自交给邹韬奋收转，其数额达两万五千元。 这在当时算得上是一笔巨款，也可见邹韬奋及其刊物在读者心中的信誉。 上海的全国总商会曾同时发起捐款，刚开始时他们在报刊上刊登筹款账目明细，但因数量远比不上生活周刊社，后来就不再登报了。 1932年"一·二八"抗战时，邹韬奋同样号召捐款援助十九路军外，杂志社员工为军队代发感谢信，同人参加战时后方服务，设立"生活伤兵医院"等，以此支援中国抗战。

①　马克斯韦尔·麦库姆斯.议程设置：大众媒介与舆论 [M].郭镇之，徐培喜，译.北京：北京大学出版社，2008：177-179.
②　张仲实.一个优秀的中国人——邹韬奋先生的生平、其思想及事业 // 邹嘉骊.忆韬奋 [Z].上海：学林出版社，1985：78.

1936 年 11 月，绥远抗战打响，交战双方中，中方主力为晋绥军，双方长官为阎锡山和傅作义。邹韬奋与杂志社同人一道，实行"一日贡献"，即捐献一天的工资用来慰劳前线将士，同时再次发出一致抗敌捐款号召，希望全国民众一致踊跃捐款捐物，充前方军实，杂志社可代收捐赠转交，一律出具收据并在报刊上公布捐款情况。《生活星期刊》配合抗战形势，在其"短评"栏目中同时刊发了《好母亲》一文，讲述了阎锡山母亲劝儿子毁家纾难的故事，为抗战做榜样："国难严重，今全国人民捐款援助绥远，你是晋绥长官，尤应作一个头儿，把你父亲遗给你的财产八十七万元，一起捐出来救国。"①

为保证募捐工作的持续性，邹韬奋先后撰写或选刊了诸多倡议文章，如《救护伤兵的医药征募运动》、《援助绥远前线将士》等，广而告之。1938 年 9 月，邹韬奋与范长江、王炳南等人士，带着金鸡纳霜等药品和《世界知识》、《救中国》等各类抗战读物赴前线劳军，深入抗战宣传前沿阵地。1938 年 11 月 27 日，生活书店重庆店开展"义卖献金"活动，当天全部收入贡献政府，共得国币 443.96 元。1939 年六七月间，生活书店响应"征集慰劳信五十万封"倡议（该倡议由国民政府军委会政治部、中央社会部、中宣部、重庆市党部和全国慰劳总会联合发起）。短短一两个月，通过开展竞赛等方式，完成了征集慰劳信十三万两千多封，远远超出生活书店此前所拟十万封的目标。

三、反对投降主义

名流、学者的抗战言论及其可能带来的影响，邹韬奋多有关注并给予评论，以便引导读者、大众树立切合实际的抗战

---

① 方直. 好母亲 //《生活星期刊》影印本（第 25 号）［Z］. 1936 -
11 - 22（2）.

观，这在他与胡适的交往中较为典型。

邹韬奋与胡适文字之交较早。 1926 年 12 月，邹韬奋接办《生活》刚一两个月，他就在刊物上（《名著一脔》子栏目）刊发了胡适《为什么》一文，探讨新生活方式。 1927 年 6 月，邹韬奋又在刊物上转载、摘编了《大陆报》报道，题为《胡适之先生最近回国后的言论》。 邹韬奋还选刊了胡适《我们对于西洋近代文明的态度》等相关文章。 特别值得一提的是，邹韬奋于 1927 年 11 月 16 日拜访了胡适，并写下了《访问胡适之先生记》的访谈录。 在文中，邹韬奋把从预约到胡适家庭生活、求学生涯等多方面作了描述。 访谈期间，邹韬奋向胡适介绍了《生活》周刊的宗旨是少发空论，多叙述有趣味有价值的事实，这与胡适"多研究些问题，少谈些主义"的观点类似。 提到对于《生活》周刊的意见和建议时，胡适表示："《生活》周刊，我每期都看的。 选材很精，办得非常之好"，"我向来对于出版物是不肯轻易恭维的，这是实在的话。 ……我并听得许多人都称赏《生活》周刊"。[①] 与这篇报道同时刊出的是胡适近影照一张，以及胡适手抄唐代诗人王梵志的"白话诗"："梵志翻着袜，人皆道是错。 乍可刺你眼，不可隐我脚。"不难看出，这一时期，邹韬奋与胡适之间的关系颇为融洽。

但随着日军侵华步伐的加剧，邹韬奋与胡适在对待日本的态度上分歧较大：前者一直坚持积极抗战、团结御侮；后者基于中日实力差距悬殊、国内矛盾重重，对日态度大致经历了"九·一八事变"以来外交交涉为主到"七七事变"后以正面抵抗为主的转变过程。 邹韬奋对涉及胡适的报道态度随之调整。 1933 年 3 月，有读者给邹韬奋来函，提及当年《新月》杂志第一期刊有胡适与梁漱溟关于"我们走哪条路"的讨论。 在

[①]　编者. 访问胡适之先生记 // 《生活》周刊影印本（第 3 卷）［Z］. 北京：人民出版社，1980：43－47.

论述中，胡适指出贫穷、疾病、愚昧、贪污、扰乱这"五大恶魔"是真正革命的对象，梁漱溟则指出帝国主义才是一切症结所在，双方各抒己见。邹韬奋在该信的附言中评论："胡先生的话是倒因为果，模糊大众所认清的明确对象"，"梁先生的话比较的近于事实"，"我们相信果有以大众为中心的革命政府建立起来，驱除帝国主义和它的走狗军阀以及它们的种种附属品，并非不可能的"。① 这时，邹韬奋与胡适对时局的判断已有分歧。

同年 6 月，胡适赴美演讲并参加在加拿大召开的太平洋国际学会第五次大会，途经上海答记者问时，胡适对时局发表了看法。 其时，中日之间已签署《上海停战协定》(亦称《淞沪停战协定》)，并刚刚签署了《塘沽停战协定》。 胡适宣称："余对上海停战与华北停战，均属赞成，须知华北停战后，最低限度，可减少吾国人之损失……"②他强调这样便于日本国内的文治派及和平派抬头，抵制军部势力，同时与世界和平运动接触。 邹韬奋批驳了胡适言论，认为日本的一贯政策是通过征服"满蒙"进而吞并整个中国，并且"我们所不解的，是从沈阳到热河的奉送，都是在不抵抗中'求和平'，日本的文治派及和平派何以不抬起头来？ 世界的和平运动何以又不和日本相接触"。③ 邹韬奋在文中不无讽刺意味地写道："胡先生向来也是我所佩服的一位学者，虽则我还够不上说那'肉麻主义'的所谓：'我的朋友胡适之。'但是听到他近来对国事发表的伟论，

---

① 编者.《梁漱溟与胡适之》编者附言//《生活》周刊影印本（第 8 卷）[Z].北京：人民出版社，1980：252-254.

② 邹韬奋.听到胡博士的高谈//中国韬奋基金会韬奋著作编辑部.韬奋全集（5）[Z].上海：上海人民出版社，1995：599.

③ 邹韬奋.听到胡博士的高谈//中国韬奋基金会韬奋著作编辑部.韬奋全集（5）[Z].上海：上海人民出版社，1995：599-560.

实无法'佩服',只觉得汗毛战班!"①胡适曾在其口述自传中谈及,他在十几岁时已经深受老子和墨子的影响,老子主张虚静无为之为,墨子主张"兼爱"、"非攻"。 在胡适看来,尤其是《非攻上》"实在是最合乎逻辑的反战名著,反对那些人类理智上最矛盾,最无理性,最违反逻辑的好战的人性",有论者据此分析,这是胡适作为极端和平主义者的思想根源,"对于抗日战争初期的胡适来说,可以认为实际上能应用的这个情况只有《非攻》上篇的哲学方法"。② 但随着日军侵略的加剧,胡适对日主和谈的态度逐渐转入主守、主战方向,先后在《大公报》等报刊发表《用统一的力量守卫祖国》、《敬告宋哲元先生》等系列文章,对自己过去的言论判断失误表示歉意,并为抵御外敌入侵、勿当汉奸鼓与呼。 此时,邹韬奋认为,胡适作为"新文化运动的急先锋"、"国内代表实验主义思潮的著名学者",敢于"再三当众认错","这种勇于改过的精神,不仅表现了实验主义的精神,而且是我们青年人所应奉为模范的"。③ 1936年,胡适再度出席太平洋国际学会大会时,他对日本企图侵占整个中国的野心加以揭露。 邹韬奋及时作了有所保留的肯定:"这一次胡先生的为国贤劳,不胜欣慰,希望他继续为祖国的解放努力"。④

虽然最初胡适主张对日妥协,这更多的是他作为一位知名学者,基于个人认知对时局走向所做的基本判断。 他"以为妥

---

① 邹韬奋.听到胡博士的高谈//中国韬奋基金会韬奋著作编辑部.韬奋全集(5)[Z].上海:上海人民出版社,1995:599.

② 胡慧君.抗日战争时期的胡适[M].杭州:浙江大学出版社,2013:28-39.

③ 邹韬奋.听到胡博士的高谈//中国韬奋基金会韬奋著作编辑部.韬奋全集(5)[Z].上海:上海人民出版社,1995:699-700.

④ 侵略与和平[N].生活星期刊(第1卷第14号),1936-9-6(2).

协可以争取时间，避免因过早地应战而导致惨败不可收拾"，
"日本灭亡中国的野心，蒋介石政权的脆弱使其无力担负起议和
的责任，国际上又无支持和平的保障，这便是促使胡适产生
'和比战难百倍'的见解的主要客观原因"。① 邹韬奋与胡适
尽管在对待外敌入侵态度上一度有所差异，但两人对于民族独
立、保家卫国的认同仍一致，暗含民族复兴与国家富强的基本
祈愿。

前方将士守土有责，临阵逃脱，势必激起公愤，邹韬奋对
此类事件同样颇为留意。 如"山东王"韩复榘主政当地多年，
1937 年"七七事变"爆发后，蠢蠢欲动的日军随即沿津浦线长
驱直入，兵临鲁境。 日方同时展开游说工作，企图拉拢韩复榘
进行合作，实现山东自治或保持"中立"，均遭到韩复榘断然拒
绝。 韩复榘当时被国民政府任命为第五战区副司令长官兼第三
集团军总司令。 战事之初，韩复榘对入侵日军作了顽强抵抗，
但随着抗战形势严峻，特别是蒋介石与韩复榘之间所谓中央军
与地方军各自为保存实力等利益冲突逐渐激化，最终，韩复榘
从黄河沿线到济南、泰安一路溃逃。 当年年底，山东大部沦
陷。 邹韬奋据前线友人的线索，披露了韩复榘不战而退时，其
部贪婪昏聩的情状："难民南渡黄河，每人被勒索五块钱"，"尤
其可怪的是日本军队利用这个机会，假装难民，也每人缴去五
块钱，也照样地被允许渡河，等到敌兵过河的人数略多，方才
发觉，已仓皇失措了"。② 1938 年 1 月，蒋介石利用在开封召
开高级将领军事会议之机，将韩复榘以"不遵命令，擅自撤
退"罪名诱捕，随即将其在武昌处决。

---

① 耿云志.七七事变后胡适对日态度的改变//重新发现胡适 [M].
　　北京：外语教学与研究出版社，人民出版社，2011：339.
② 邹韬奋.记华北前线归客的话//中国韬奋基金会韬奋著作编辑部.
　　韬奋全集（8）[Z].上海：上海人民出版社，1995：16.

四、强化自主抗战认识

1941 年 1 月，邹韬奋为《新华日报》创刊三周年写了纪念文章《领导与反映》，其中提到报纸媒介作为舆论机关的作用："舆论机关的重要任务一方面在领导社会，一方面在能反映社会大众的公意，这方面是要融合贯通、打成一片的。一个报纸对社会能引起领导的作用，绝对不是由于它要怎样便怎样，必须由于它能够灵敏地意识到社会大众的真正的要求，代表着社会大众的真正的利益，在这个立场上，教育大众，指导大众。这样的报纸才是进步的报纸，只有进步的报纸能引起领导的作用。"[①]对于抗日救亡、民族解放的基本认识和舆论引导，邹韬奋作了较多报道。

邹韬奋认为，抗战是一项长期和需要众人参与的事业。抗日救亡、民族解放事业的实现，非一朝一夕所能完全达到，其中可能有各种艰难困苦，需要经受磨炼；其次，民族解放的工作要靠大众来参加共同奋斗，不应寄希望于英雄主义，以为由一两人或少数人举手投足即可成功，所以更要推动多数人参入民族解放阵营；第三，进行救国工作，并非要求大家放弃目前已有的职业，而在完全理想的环境中救亡图存，救国工作是由各种各样工作配合而成的，各人应就各人的力量和境地，从现实出发努力去干就好。[②]

抗战期间，邹韬奋对于日方不时放出的"和平"、"和谈"烟幕，一再强调"日本帝国主义亡我之心"不死，因此对所谓"和谈"不应有幻想；即便对美国等世界反法西斯阵营的盟

---

① 邹韬奋.领导与反映//中国韬奋基金会韬奋著作编辑部.韬奋全集（10）[Z].上海：上海人民出版社，1995：8-9.

② 邹韬奋.苦闷与认识//中国韬奋基金会韬奋著作编辑部.韬奋全集（6）[Z].上海：上海人民出版社，1995：693-694.

友，也不要报太多奢望，团结御侮，夺取抗战胜利，关键还是靠国民自己的力量和决心。 由于国际形势的风云变幻，美日苏中等国之间及相互关系随之波动。 1941 年年初，日军南下向太平洋、东南亚进攻的动向日益明朗。 邹韬奋对于由此可能带来的中美关系给出了相对客观的分析和引导。 邹韬奋认为日军趁着欧战危急之际，试图趁火打劫，插足太平洋地区，势必影响英美利益。 这有助于加强美国等对中国的援助，以便中国拖住日本的泥腿。 同时，日本不得不分兵，这对于中国抗战也是有利条件。 针对社会上有些人一厢情愿盼望着美日战争早日到来的现象，邹韬奋"泼了冷水"："我们必须明白即令美日战争实现，仅仅此事本身对于中国抗战的最后胜利也不能有决定的作用，有决定作用的还是在我们自己能加强国力，能以自己的力量，根据自己民族解放的独立的立场，争取得到最后的胜利，达到民族自由解放的目的。"①1941 年 6 月，希特勒撕毁《苏德互不侵犯条约》，对苏联发动侵略战争，国际舞台再掀狂澜。 苏德战争的爆发，自然牵动远东局势。 因为随着苏德战争的爆发，日美矛盾一时可以得到缓和，日方有可能放弃向太平洋地区南进，而选择北上反苏，邹韬奋再次提醒道，"就日本帝国主义的策略而言，无论南进威胁英美，或北进强调反苏，都以达到侵华野心为其中心的。 ……我们更应该提高对于国际变化的警觉，重视我们独立自主抗战政策的重要"②。

邹韬奋在自己主编的报刊上，同时介绍了日本方面许多战时宣传技巧的文章，以供中国方面参考。 日本当局启动战争机器侵华，在误导国内外舆论方面，大肆宣传。 为了蒙蔽侵占中

① 邹韬奋.领导与反映//中国韬奋基金会韬奋著作编辑部.韬奋全集 (10) [Z].上海：上海人民出版社，1995：24-26.
② 德军进攻苏联//《大众生活》影印本（香港版）[Z].上海：上海书店，1981：167.

国东北的野心，日本军方曾派飞机散发传单给本国民众，进行"国防宣传"。这类传单标题写着：《为国防，我的同胞，醒吧！》，正文内容主要有："鸣唤我们的特殊权益！（一）关东州租借地；（二）中立地带；（三）南满洲铁道；（四）南满洲铁道附属地；（五）安奉铁道；（六）吉洮铁道；（七）其他铁道利权；（八）驻兵权；（九）战死者之坟墓及忠魂碑的保护；（十）在南满洲及东部内蒙古的特别利权商租权；（十一）矿山权；（十二）鸭绿江森林伐采权；（十三）在间岛的鲜人杂居权。"①日本当局还警告本国国民，如果削减军费，国防思想减退，将致国威失坠，"满蒙权益"返还，增加战争危险性。日本东京邦文社1931年出版过一本名为《打倒日本：中国的排日教育》的书，短短几个月翻印了40余版。该书为曾任满铁株式会社地方部长的保保隆一所编，搜集的是中方有关国耻的记述材料（如中国历史教科书中的课文）等，共计三百多篇（其中两百多篇以附录形式存目）。在相关材料后面，该书附带编者评注。如关于中国东北领土，有评注就写道："开发荒芜的边境，是世界人类共同之义务；中国放掷不顾之满蒙自然宝库，为之开发，使中国数十百万生民，授之以职业，示之以文化，中国对日本之感谢乃属当然"；此外还扬言"满洲为塞外之地，东夷、北狄所盘据（踞），而非中国领土，事实昭然"。②该书罔顾事实，混淆视听，为日本当局企图侵占中国东北领土张目。这类报道可视为邹韬奋"师夷长技以制夷"策略的实践，以更好地警醒国人注意日本当局的野心，从"他者"角度为中国抗战提供了参照。国民政府当局后来为作好抗战宣传工作，

---

① 君一.日本的国防宣传//《生活》周刊影印本（第6卷）[Z].北京：人民出版社，1980：877.

② 成之.日人编的《打倒日本》//《生活》周刊影印本（第6卷）[Z].北京：人民出版社，1980：1161.

采取了相应措施，如制定发布《抗战时期宣传名词正误表》，明确指出"支那"谬误名称的正确名称为"中华民国或中国"，其他如"新京"应称为"长春"，"皇军"应称为"敌军或寇军"，"东亚协同体"、"东亚新秩序"、"建设新东亚"如必须用时应加"所谓"二字于上并加双引号，[1]等等。1945年8月日本投降后，以《每日新闻》、《朝日新闻》为代表的日本新闻界针对第二次世界大战时期报社被军部等势力利用，不得不屈服合作沦为附庸进行虚假报道等言行，纷纷发表声明，表示要对此前讴歌和煽动战争、误导国民承担责任。[2] 这也从一个侧面反映出日本在侵华期间，其新闻出版界对于暴力的屈服状态，而邹韬奋揭批日本同行罔顾事实的报道和出版活动，不但是出于保家卫国，同时是他作为新闻从业者、出版人对于新闻出版职业理想和独立精神的坚守。

第三节　民族主义价值认同及建国理想

中国作为重"华夷之辨"的老大帝国，现代"民族—国家"观念的兴起距今不过一百多年，无论梁启超首提"中华民族"概念，还是孙中山倡导"五族共和"，均是其早期形态。中国的民族具有群体意义的觉醒始于中日甲午海战之后的"公车上书"，这是不少历史学者的"略同之见"。"公车上书"不仅是书生议论，而且是声气披于朝野的社会行动，他们是民族危机刺

---

① 参见《中央图书杂志审查委员会向教育部呈送〈抗战时期宣传名词正误表〉案》；中国第二历史档案馆；全宗号：五；案卷号：495；目录号：2。

② 前坂俊之.太平洋战争与日本新闻 [M].晏英，译.北京：新星出版社，2015.

激下的集群，其共识更多地来自对民族前途的思考，并把抵御外侮与改革内政合为一体。① 袁伟时在反驳白鲁恂教授所作《中国民族主义与现代化》一文时指出：以著名的"公车上书"为起点，救亡运动发展成为文化上的启蒙、各领域的改革融为一体的维新变法运动。按其内容和规模，这是名副其实的现代中国第一次民族觉醒，也是 19 世纪唯一的震动全国的民族主义大潮。② 邹韬奋力主抗战言论，一方面为积极抗战产生了舆论引导效果，一方面为中国现代"民族—国家"的崛起提供了思想资源，在"抗战救亡"的相关议程设置中，他推动了抗战出版文化的建构。

一、宣扬文化抗战

虽然上不了前线，但可以在后方进行"文化抗战"，这是邹韬奋抗战理念的内容之一。抗战时期，有一次因疏忽，生活书店员工把本该随客运班机由武汉转运重庆的印刷用纸发给了货运部，以致纸张不能及时调配，邹韬奋对此大为光火，责怪同事没有责任感。在邹韬奋看来，越是抗战时期，读者越急切地想知道时局的变化，但他们要得到一本刊物并不容易，并且自己办刊八九年，从来没脱期过。

当集体认同建立在文化成分（如种姓、族群、宗家教派、民族等）基础之上时，认同感最为强烈，其他类型的集体认同（如阶级、地域等）只作为利益集团发挥作用，在达到了各自

---

① 陈旭麓.近代中国社会的新陈代谢［M］.北京：中国人民大学出版社，2012：153-157.

② 袁伟时.近代中国民族主义与现代化"对抗"论献疑//中国现代思想散论［M］.上海：上海三联书店，2008：227-229.

的目的之后非常容易消弭，文化共同体则要稳定得多。① 1932
年1月28日，日军突袭上海闸北，"一·二八"事变爆发。 在
日军的蓄意轰炸和破坏中，商务印书馆遭受重大损失：总管理
处、编译所、印刷厂、仓库、东方图书馆付之一炬，日军采取
"欲灭其国先去其史"策略，试图摧毁中国的文化出版重镇。
受此影响，《小说月报》等纷纷停办。《小说月报》前主编郑振
铎后来与邹韬奋、胡愈之谈起在生活书店出版新杂志事宜以及
出版大型文库计划，均得到邹韬奋支持和帮助，《文学》月刊和
《世界文库》图书即是成果体现，从中可见邹韬奋重建文化共
同体的努力。

　　同时，邹韬奋加班加点，密切关注战况，增发《号外》，以
至半夜三更，还有人打电话到生活周刊社询问前线消息，"我常
想中国要作持久战，国民动员是最重要的一件事，而此所谓动
员，一部分固然是动员直接参加前线的战事；还有大部分却是
要动员来参加大规模的有整个计划的迅速而紧张的国防经济建
设，与此经济建设相辅而行，兼程并进的，是动员大量文化工
作者参加大规模的、有整个计划的迅速而紧张的文化工作"②。
抗战全面爆发后，生活书店"凡遇与抗战有裨益的文化事业，
虽在印刷纸张及运输极艰难的情况下，无不全力奔赴。 本店虽
自愧贡献微薄，但尚可告无罪于国家民族"③。 相似的历史记
忆、文化传统，更有助于维系民族成员之间共同生存经验的尊
严，一旦形成这种认识，"这就使民族主义成为一种天生具有竞

---

① 安东尼·史密斯.民族主义：理论意识形态、历史［M］.叶江，
　　译.上海：上海人民出版社，2006：20‐21.
② 邹韬奋.文化工作与国民动员//中国韬奋基金会韬奋著作编辑部.
　　韬奋全集（8）［Z］.上海：上海人民出版社，1995：140‐141.
③ 北京印刷学院，韬奋纪念馆.《店务通讯》排印本（下）［Z］.上
　　海：学林出版社，2007：1291.

争性的意识"。① 截至 1940 年 4 月，生活书店特地为前方将士编辑印行的《全民抗战》战地版总数已达五十万册，为普通民众编辑出版的战时读物累计达百万册，其他各类抗战宣传小册子达三百万册。在邹韬奋感召下，生活书店工作人员甘冒生命危险，穿越日军封锁线，历经艰辛把这些"精神食粮"送达前线，有些员工为此遭日本轰炸机轰炸而付出了生命。

二、呼吁全民抗战

基于邹韬奋一贯"服务大众"的立场，他所宣扬的"抗战文化"建设，还强调发动群众，以便形成联合战线一致对外。"我们有四万五千万的伟大的民众力量，这是事实，但是如果不尽量运用，那也只是一个空的数量，仍然不会发生实际的效用"，"中国如真要作持久战，如真要获得最后的胜利，必须尽量运用自己的优点——现在还潜伏着的而未被积极开展的伟大的民众力量"。②

近代战争已经明确指出，国家愈来愈需要仰赖一般公民的支持。这种仰赖的程度堪称史无前例，无论该国采用的是募兵还是征兵制，国民的从军意愿，都是政府在作人力规划时最重要的考虑因素之一。一般国民的政治态度，特别是劳工大众对政治情势的反应，攸关国家利益。在劳工及社会主义运动崛起之后，情况更是如此。"很显然，政治民主化的两大成效：一是选举权（男性）范围日益扩大，另一则是公民动员对近代国家

---

① 里亚·格林菲尔德.中文本前言//民族主义：走向现代的五条道路 [M].王春华，等，译.刘北成，校.上海：上海三联书店，2010：1-5.

② 邹韬奋.中国当尽量运用自己的优点//中国韬奋基金会韬奋著作编辑部.韬奋全集（8）[Z].上海：上海人民出版社，1995：139-140.

的影响日益明显，都有助于将'民族'问题，也就是一般人民对'民族'的归属感和效忠问题，变成最首要的政治议题。"① 如在介绍沦陷区中国民众抗击日军的报道中，邹韬奋赞赏河北游击队和群众在平原修筑沟渠，以阻碍日军机械化部队推进的行动。"此外还有一点要注意的，那便是鼓励青年参加正规军的训练，例如政府的军官学校招生，无论是陆军或空军，我们应该从种种方面鼓励青年投考，使新兴的军事力量充满着活泼奋发的青年的新鲜的血液。"②在《抗战》三日刊、《大众生活》等报刊上，邹韬奋选发了许多有关青训营的报道，分析问题，总结经验，提供对策，起到了一定的引导作用。

此外，邹韬奋早年海外踪迹所至，见海外侨胞因祖国积贫积弱屡遭欺凌，欧美多国、印尼等地，"排华"事件时有耳闻目睹。但当国家遭受外敌人侵时，华侨中许多人有钱出钱，有力出力，支持国家抵御外侮，体现出民族意识觉醒的力量。"民族主义鼓励人们几近排他地认同于民族自我利益。符合民族自我利益的事物被认为是善良的，而违反民族自我利益的事物则必须予以抗拒。民族国家内的个体的个人利益，绝不可抵触民族的自我利益；为了国家好，每一个人都必须压抑住任何厌恶的个人利益。此外，'我们'的民族自我利益往往比'他们'的民族自我利益更公正、更令人起敬。"③如由陈嘉庚发起的南洋华侨筹赈总会，自成立后一两年里，即"募得国货币二万万余

---

① 埃里克·霍布斯鲍姆.民族与民族主义［M］.李金梅，译.上海：上海人民出版社，2000：100.

② 邹韬奋.答案一束//中国韬奋基金会韬奋著作编辑部.韬奋全集（8）［Z］.上海：上海人民出版社，1995：4.

③ 利昂·P.巴拉达特.意识形态起源和影响［M］.张慧芝，张露璐，译.北京：世界图书出版公司，2010：48-65.

元"。① 此外，"民族主义诉诸我们的部落的本能、情感和偏见，诉诸我们试图摆脱个人责任之压力的欲望，试图用集体或群体的责任来取代它"②。 如美国华侨"航空救国"，选拔年轻的侨胞进行飞行培训，以便归国抗日。 加拿大华侨义勇军中组建了航空敢死队。 在法国巴黎的侨胞，则到驻法日本大使馆门前游行示威，散发传单，高喊"打倒日本帝国主义"的口号。邹韬奋在前方劳军时，遇到过来自东印度群岛的华侨救护队，包括 30 多名医生和 50 多名救护人员，他们归国时携带了大量药品。

三、知识分子的救亡努力

邹韬奋有时直接以"暴日"指称日本，将其视为"民族敌人"，他在言论中，屡屡涉及日军暴行，并试图以此激起中国民众的爱国心，一起挽救民族危亡。 此外，其他同时代知识分子在邹韬奋主持的刊物上发表了大量文章，如《抗战颂》（郭沫若，《抗战》三日刊第 1 号），《群众动员的基本问题》（潘汉年，《抗战》三日刊第 10 号），《全国动员告国民书》（李公朴，《抗战》三日刊第 19 号），等等，体现出近代知识分子群体救亡的努力。 1937 年 10 月 16 日，商务印书馆元老张元济致函邹韬奋，就美国、英国、日本、法国、意大利、荷兰、比利时、葡萄牙、中国《九国公约》成员国开会调解中日冲突事宜发表看法，认为"欧美诸国决不能以实力抑制日本，加以英国袒日之癖，世界厌战之心理，其所谓调解者，必将迁就日本还我虚名，予彼实利，只求日本接受（和解），我有何法可以抗拒？

---

① 邹韬奋.热烈欢迎南侨回国慰劳团 // 中国韬奋基金会韬奋著作编辑部.韬奋全集（9）[Z].上海：上海人民出版社，1995：382.

② 卡尔·波普尔.开放社会及其敌人（第二卷）[M].郑一明，等，译.北京：中国社会科学出版社，1999：95.

此事唯有苏俄可以从中牵掣"①。 张元济随即建议："先生言满
天下，拟请发为言论，登高一呼，响应必众，就令言不见从，而
苏俄受我国民众之信仰，于大局亦有裨益。"②另如冯友兰、闻
一多等西南联大知识分子群体，要么投笔从戎、视死如归，要
么以学术报国，寻求民族自信资源，或者搜集编撰中日战争史
料，为抗战提供参考。 其校歌写道"千秋耻，终当雪，中兴
业，须人杰"，"待驱除仇寇复神京，还燕碣"。③ 中国的知识
分子要求抵御外敌、谋求民族独立的诉求已然成为普遍共识。

　　人类应致力于维护全球和平与安宁，对于有识之士来说，
这是不证自明的普世价值。 根据西方学术界的一般理解，所谓
知识分子，他们除了献身于专业工作以外，同时还必须深切地
关怀着国家、社会以至世界上一切有关公共利害之事，而且这
种关怀又必须超越个人或其所在团体的私利之上，这是一种近
乎宗教信仰和承当的精神。④ 1937 年 12 月（即"七七事变"5
个月后），杜威、爱因斯坦、罗素、罗曼·罗兰联名发表了对于
日本侵略中国的态度："鉴于东方文化的横遭摧残，我们为了维
持人道、和平与民主，提议各国人民组织志愿的抵制日货运
动，拒绝出卖及运送军火往日本，停止一切足以帮助日本侵略
政策的对日合作，同时以一切可能的方法帮助中国进行救济，
增强自卫，直至日本撤退他在华的一切武力及放弃他的征服的

① 张菊生先生的来信 // 《抗战》三日刊影印本（第 20 号）［Z］.上
　　海：上海书店，1984：2.
② 张菊生先生的来信 // 《抗战》三日刊影印本（第 20 号）［Z］.上
　　海：上海书店，1984：2.
③ 闻黎明.抗日战争与中国知识分子：西南联合大学的抗战轨迹
　　［M］.北京：社会科学文献出版社，2009：1.
④ 余英时.引言——士在中国文化史上的地位 // 士与中国文化
　　［M］.上海：上海人民出版社，2013：2.

政策而后已。"①这与邹韬奋的抗日主张及其宣传不谋而合。此外，邹韬奋在所主持的报刊上编写、刊发了《从发展过程中看战争性质》、《世界反侵略运动》等文章、报道，谴责德意日法西斯势力的侵略暴行，多次重申世界反法西斯运动的正义性，并相信着争取中华民族的独立自由，国人反对日本侵略的努力，"间接也是有裨于世界的真正和平"②。在此意义上，邹韬奋与爱因斯坦等知识分子一道，通过媒介宣传，关怀人类命运和未来走向，彰显了现代知识分子应有的基本素养和责任所在。"九·一八事变"以来，特别是"一·二八事变"以后，邹韬奋的相关言论集中于抗日救国，个中缘由，"这是认为民族自救乃目前的要图，决无意于提倡狭隘的国家主义"，"作者相信在现阶段的我国革命，须考量国中的特殊情形，应暂以中国民族为本位，但相信革命的最后目标，是世界各民族平等自由的结合，而决不是狭隘的民族主义"。③

四、建国理想憧憬

鸦片战争以来，中国外危、内乱纷呈，各种思潮激荡的背后，潜流着民族主义的同一脉动。外抗强权、内除军阀，建构民族国家，这构成了近代中国民族主义"反抗与建设"并存的两个面相。④ 因邹韬奋所处时代为外敌入侵的战时状态，其建

---

① 杜威等主张抵制日货宣言 // 《抗战》三日刊影印本（第33号）[Z].上海：上海书店，1984：8.

② 邹韬奋.中国的立场 // 中国韬奋基金会韬奋著作编辑部.韬奋全集（7）[Z].上海：上海人民出版社，1995：28.

③ 邹韬奋.小言论《第2集》// 中国韬奋基金会韬奋著作编辑部.韬奋全集（5）[Z].上海：上海人民出版社，1995：19-20.

④ 罗志田.原序 // 乱世潜流：民族主义与民国政治 [M].北京：中国人民大学出版社，2013：1.

国理想核心可归结为"抗战建国",他坚信"抗战必胜,建国必成"。 1941年6月,邹韬奋在香港《时代批判》杂志发表文章,"所谓抗战,具体地说,是要驱除日本帝国主义于中国国土之外;所谓建国,具体地说,是要建立一个民治民有民享的共和国"①。 在《如何卫护国家中心》一文中,邹韬奋又写道,实现言论自由、加强民主法治,"争取抗战的最后胜利,建立自由独立而强盛的中国"②。 邹韬奋注重全面抗战,建国方面立足"全民建国":"我们所要建的现代的中国,不是资产阶级专政的国家如德意,也不是无产阶级专政的国家如苏联,而是由全国各阶层公共参加共同努力的中华民国。"③

　　抗战时期,邹韬奋的建国理想带有集体主义乌托邦性质。知识分子先天地带有幻想的性质、乌托邦性质,这是一种试图超越世俗世界的精神憧憬和未来期许。 乌托邦理想的存在,对知识分子来说,乃是一种权衡、批判和改造现实的实践,以及对从事改造本身的准绳。④ 1932年,商务印书馆《东方杂志》发起"新年梦想"大征文活动,畅想未来的中国或个人将是怎样的景象。 邹韬奋应邀写下了他所期待的共劳共享、没有剥削压迫的"中国梦":"在这个梦里,除只看见共劳共享的快乐的平等景象外,没有帝国主义者,没有军阀,没有官僚,没有资本家,没有男盗,没有女娼,当然更没有乞丐,连现在众所认为好东西的慈善机关及储蓄银行等等都不需要,因为用不着受

---

① 邹韬奋.党派与人权//中国韬奋基金会韬奋著作编辑部.韬奋全集 (10)[Z].上海:上海人民出版社,1995:89.

② 如何卫护国家中心//《大众生活》影印本:香港版[Z].上海:上海书店,1981:49.

③ 邹韬奋.党派与人权//中国韬奋基金会韬奋著作编辑部.韬奋全集 (10)[Z].上海:上海人民出版社,1995:89.

④ 林贤治.午夜的幽光:关于知识分子的札记[Z].桂林:广西师范大学出版社,2005:19.

人哀怜与施与，也用不着储蓄以备后患。"①上述言论虽然是邹韬奋个人愿景的抒发，但见诸报刊，即有可能成为宣传抗日救亡、共同建设美好家园的思想资源之一，特别是鉴于他在新闻出版界已有相当影响，更容易引发读者、受众共鸣，进而团结为牢固的集体。正所谓"群众运动最强大的吸引力之一，是它可以成为个人希望的替代品。在一个深受'进步'观念浸染的社会，这种吸引力特别强烈。这是因为进步的观念会把'明天'放大，这样，那些看不见自己前景的人的失意感就会更加深刻"②，由此便具有了激发他们联合起来共同改变不满意现状的可能。

邹韬奋式的媒介知识分子，其乌托邦愿景指的不仅仅是对未来社会的一种想象力，更是运用媒介来理解现实的一种洞察力。这种洞察力虽"属于光明和启蒙运动的姻亲"，但精神上的呼吸空间容易被官僚机构所削弱、侵蚀③。在邹韬奋编辑出版生涯的后期，因他批评政府、宣扬抗战等言行为国民政府当局者忌，他的言论自由、出版自由空间被极度压缩，屡遭停刊、封店乃至生命威胁。随着对当局的日益失望，邹韬奋逐渐把乌托邦式的建国理想寄托在了中国共产党人身上。

---

① 邹韬奋.梦想的中国//中国韬奋基金会韬奋著作编辑部.韬奋全集（5）[Z].上海：上海人民出版社，1995：3.
② 埃里克·霍弗.狂热分子：群众运动圣经[M].梁永安，译.桂林：广西师范大学出版社，2011：36.
③ 拉塞尔·雅各比.乌托邦之死[M].姚建彬，译.北京：新星出版社，2007：158-159.

第四章 /

出版自由与民主政治思想演进

邹韬奋及其在编辑出版实践中的纠结、抗争，正是许多民国知识分子在寻求言论自由、倡议民主政治之途走过的心路历程。 对于国民政府和中国共产党的态度转变和最终抉择，不但展现了邹韬奋个人不同时期的政治倾向，也反映出民国知识分子群体价值认同的分野，这是现代出版主体政治思想转型的核心所在。

社会控制至少拥有三种形式，除了自发和无形的市场调节、基于情感基础的合作互助外，主要便是带有统治性质的政治环境秩序，即理论上的广义国家。① 国家代表着公共强制权力，以法的形式规范社会秩序，且有军队、法庭等暴力机构组成，维持着对社会的长期统治和治理。 20世纪20年代中后期，国民政府通过北伐等军事政治行动（特别是"东北易帜"后），中国实现了名义（形式）上的统一。 随着合法性地位的不断强化，国民政府当局借助"反共"、"抗战"之名，对此前一度相对宽松的新闻出版管制采取一系列从严政策。 直至中华人民共和国成立前，国民政府治理下的新闻出版领域，充满了规制与反规制的权力关系争斗，审查与拒检运动此起彼伏。 这一时期，邹韬奋及其在编辑出版实践中的纠结、抗争，正是许多民国知识分子在寻求言论自由、倡议民主政治之途走过的心路历程。 对于国民政府和中国共产党的态度转变和最终抉择，不但展现了邹韬奋个人不同时期的政治倾向，也反映出民国知识分子群体价值认同的分野，这是现代出版主体政治思想转型的核心所在。

第一节　国民政府书报刊审查

20世纪30年代起，中日矛盾冲突激化，沈阳、上海等重地

---

① 奥特弗利德·赫费. 全球化时代的民主［M］. 庞学铨，李张林，译. 上海：上海译文出版社，2007：81.

局部战争不断。"九·一八事变"之后，邹韬奋所主持的《生活》周刊、《大众生活》等，因报道民族家国事件，以抗日救亡、批评政府为主，受到大众欢迎，却为当局者忌。

一、查禁《生活》周刊、《大众生活》

检查、封禁是国民政府治理新闻出版业的常规行动，主要对某些初始讯息进行全部或部分的封锁、管制与操纵，根据某种往往并不明言的标准与价值对信息进行控制与选择。"一般来说，检查是以某种必要的安全名义提出的，它被视为一种保护'国家利益'的方式，或是为了那些易受伤害群体的道德与社会福祉。另一种解释则认为，检查不可避免地与权力与作者相联系。有能力实施检查，就意味直接进行操纵与控制。"① 1932年春，蒋介石派胡宗南为代表到上海，约邹韬奋晤谈。双方就《生活》周刊的立场态度和抗日问题相互辩论四个钟头，胡宗南试图拉拢邹韬奋拥护当局。邹韬奋则坦然相告，只拥护抗日政府，只要政府公开抗日，便一定拥护；在政府没有公开抗日之前，便没有办法拥护。蒋介石本人曾出面，直接对《生活》周刊主办机构即中华职业教育社负责人黄炎培施压，要求后者责令邹韬奋改变《生活》周刊的政治立场。两难之际，邹韬奋决定独立把刊物办下去，主要方式是将《生活》周刊改组为生活合作出版社，开展自主经营。这一提议获得中华职业教育社方面同意。双方订立契约，商定如果《生活》周刊盈利，其中五分之一所得支援中华职业教育社兴办教育事业，对外则公开声明与中华职业教育社脱离隶属关系。《生活》周刊虽然独立了，但树大容易招风。在胡愈之建议下，1932年7月，邹韬奋等"生活"同人在原来《生活》周刊"书报代办部"基础上，

---

① 约翰·费斯克，等.关键概念——传播与文化研究辞典（第二版）[M].李彬，译注.北京：新华出版社，2004：34.

又创办了生活出版合作社（对外简称"生活书店"），拓展其图书杂志出版、发行业务。 如此一来，一旦《生活》周刊被封禁，依然可以开展新的出版活动，进退有据。

但在江西、湖北、河南和安徽等地，地方政府已陆续受命查禁《生活》周刊，邹韬奋等找到"国民党四大元老"之一的蔡元培进行斡旋，后者两次致电当局解释，都未能实现"解禁"。黄炎培随后找到黄郛代为疏通。 黄郛早年在日本留学时便与蒋介石相识，其后历任国民政府外交部长、教育部长、上海市市长等要职。"某先生拿出一厚本合订起来的《生活》周刊，那上面把批评政府的地方都用红笔画了出来，他认为批评政府就是反对政府，所以绝对没有商量之余地。"①此中的"某先生"，正是蒋介石本人。 尽管邹韬奋自认为对于政府只是在政策上批评的态度，并没有反政府，但当局对于《生活》周刊已存有顾虑，刻意要进行"处理"了。

邹韬奋的中国民权保障同盟成员身份，为其遭当局顾忌增加了新的压力。 1933 年 1 月，邹韬奋参加了宋庆龄、蔡元培、鲁迅等发起的中国民权保障同盟，并当选为执行委员，他们时常有聚会，宣言抗日救国、保障民权等主张。 6 月，中国民权保障同盟总干事杨杏佛驾车外出，被当局特务枪杀于上海。 消息传来，鲁迅写下《悼杨铨》诗篇："岂有豪情似旧时，花开花落两由之。 何期泪洒江南雨，又为斯民哭健儿。"考虑到时局变幻莫测，友人们纷纷建议邹韬奋暂避风声，因为他反对当局的言论较多，很有可能同样遭到暗杀危险。 一个月后，邹韬奋开始了他第一次流亡生涯，游历欧美多国，为期约两年。 邹韬奋自我流放并未改变生活书店被查封的命运。 1933年 12 月，国民党政府以"言论反动，毁谤党国"的罪名下令封

---

① 生活书店.韬奋画传·经历·患难余生记［Z］.北京：生活书店，2013：304.

闭《生活》周刊。《生活》周刊被封的直接导火索为：1933 年底，十九路军将领陈铭枢、蒋光鼐、蔡廷锴等将士在福州发动了"福建事变"，成立了抗日反蒋的中华共和国人民革命政府。为此，《生活》周刊刊发了一篇实际由胡愈之主笔、题名为《民众自己起来吧》的评论。 文章开篇即写道："在沉闷到万分的时局中，霹雳一声，福建创立了一个崭新的政权，这无论如何，是一件令人兴奋的事情。"① 这正好给当局查封之举提供了口实。

《生活》周刊被查封、遭关张前后，国民政府当局对文化系统的管控已趋严，深文周纳的事情时有发生，受波及的远非邹韬奋与生活周刊社。 同年，《申报》就因发表一篇署名为"彬"的时评《剿匪乎？ 造谣乎？》，一度被封锁发行。 良友图书公司因出版的《良友》画报，"一角丛书"、"良友文学丛书"等系列书报刊中包括不少左翼作家如丁玲、周扬、夏衍等的作品而遭"警告"，门市部橱窗玻璃被打砸，时任上海市教育局局长的潘公展还写信给公司经理伍联德，指名要求把具体承担上述出版物编辑出版业务的赵家璧等解雇。② 1933 年年初，江苏省主席顾祝同未经法院审理，不顾上海新闻记者公会以及国民政府监察院院长于右任等人反对，非法枪杀《江声日报》经理兼主笔刘煜生，其罪名为"共党报纸"，"蓄意煽起阶级斗争，鼓动红色恐怖"等。③ 消息传出，舆论哗然，上海各报 239 名记者联名发表宣言，《生活》周刊等报刊纷纷发表评论，抨击当局肆意摧残言论。 在各界努力下，国民政府监察院对顾祝同发起弹

---

① 民众自己起来罢！ //《生活》周刊影印本（第 6 卷）［Z］. 北京：人民出版社，1980：957.

② 赵家璧. 编辑忆旧［M］. 北京：中华书局，2008：41.

③ 傅国涌. 笔底波澜：百年中国言论简史［M］. 北京：中华书局，2013：218－220.

劾，蒋介石被迫将顾祝同调离江苏，国民政府先后于当年 8 月
和 9 月 1 日发出《保障正当舆论》、《切实保障新闻从业人员》
通令。 杭州新闻记者公会随即向全国新闻界发出通电，倡议把
"9 月 1 日"定为记者节。

　　邹韬奋出国之前已预料到《生活》周刊有可能被查封。 最
后一期《生活》周刊发表了他早在一年多前就准备好的《与读
者诸君告别》一文，①他在《生活》周刊连载了 23 期的海外通
讯《萍踪寄语》，到此不得不停止。 虽然刊物被封，充满悲情
色彩，但《生活》周刊同人对未来仍报以十足信心："我们相
信，本刊和读者诸君告别，只是一时的告别，而不是永久的告
别；只是文字上的告别，而不是精神上意识上的告别。 本刊和
国内外数十万读者，正如韬奋先生所说，'已成为精神上的至
友，声应气求，肝胆相照'，统治者的利剑，可以断绝民众文字
上的联系，而不能断绝精神意识上的联系。 人类的全部历史记
载着，民众利益，永远战胜了一切。 一切对于民众呻吟呼喊的
压抑，都是徒劳的。 我们可以断定本刊和读者必有再度相见之
一日，此时的分别，自然只有增加本刊读者的勇气、决心与希

---

①　邹韬奋在文中写道："记者所始终认为绝对不容侵犯的是本刊在言
　　论上的独立精神，也就是所谓报格。 倘须屈服于干涉言论的附带
　　条件，无论出于何种方式，记者为自己的人格计，为本刊报格计，
　　都抱有宁为玉碎，不为瓦全的决心。 记者原不愿和我所敬爱的读
　　者遽尔诀别，故如能在不丧及人格及报格的范围内保全本刊的生
　　命，固所大愿，但经三个月的挣扎，知道事实上如不愿抛弃人格报
　　格便毫无保全本刊的可能，如此保全本刊实等于自杀政策，决非记
　　者所愿为，也不是热心赞助本刊的读者诸君所希望于记者的行为，
　　故毅然决然听任本刊之横遭封闭，义无反顾，不欲苟全。" [韬
　　奋 . 与读者诸君告别 // 《生活》周刊影印本（第 6 卷）[Z] . 北
　　京：人民出版社，1980：1018 .]

望，而不会给与（予）悲观与沮丧。"①

《生活》周刊被查禁后，经与胡愈之等人商议，决定创办新的刊物，以继承、光大《生活》周刊精神，并提议由杜重远出任主编。1934 年 2 月，新刊诞生。刊名原拟采用《新生活》，但因当局的"新生活运动"名声不佳，很可能引起读者误解，于是最终定名《新生》，意寓《生活》周刊"新的生命"。《新生》周刊出版了一年多，到 1935 年因刊载署名"易水"（即艾寒松）写作的《闲话皇帝》一文，引发"《新生》事件"，杂志被封。②"媒体生产是与权力关系交织在一起的，用以再生产大权在握的社会诸力量的利益，它要么促进控制，要么赋予个人以

----

① 同人.最后的几句话//《生活》周刊影印本（第 6 卷）[Z].北京：人民出版社，1980：1017.

② 该文在论述日本天皇时，因有言论把天皇描述为"傀儡"、"古董"。文章一经发表，上海的日文报纸以头条新闻宣称《新生》周刊"侮辱天皇"，"妨碍邦交"，有日本浪人举行示威游行，打碎了北四川路上多家中国商店的大橱窗玻璃。此前，国民政府当局在南京、上海、北平、天津等重要城市设立了"新闻检查所"，教育部、内政部、中央宣传委员会分别公布了《审查儿童文学课外读物标准》、《内政部编审委员会章程》、《宣传品审查标准》等规章。1934 年，国民政府当局成立"中央宣传委员会图书杂志审查委员会"，通过《图书杂志审查办法》，要求在中华民国境内出版的图书杂志须经审查后才能决定是否出版，试图以此举"齐一国民思想"。《闲话皇帝》一文虽经当局审查，但最终放行。日方借此大做文章，认为《闲话皇帝》出笼，代表了中国政府的某种意图。日方咄咄逼人之际，国民党当局不顾国人、侨胞反对，刻意退让，委曲求全。最终，《新生》周刊被封，杜重远被判刑一年零两个月，不得上诉，立即送监。而上海图书杂志审查委员会所有参与审查《新生》周刊的人员，悉数被免职。国民政府当局此举，主要是给日方一个妥协姿态。

抵制和斗争的力量。"①得知《新生》事件后，邹韬奋在出版领域开始了新的抗争。1935年7月，邹韬奋在美国《芝加哥论坛报》获悉"《新生》事件"及杜重远入狱的消息后，当即发电慰问，并提前回国。船在上海一靠岸，邹韬奋顾不上跟家人寒暄，转交行李后即雇车到监狱去探望杜重远。当年11月，邹韬奋创办了《大众生活》周刊，继续"出版救国"、"文化救国"的事业。在《发刊词》中，邹韬奋提出："力求民族解放的实现，封建残余的铲除，个人主义的克服，这三大目标——在汪洋大海怒涛骇浪中的我们的灯塔——是当前全中国大众所要努力的重大使命。我们愿竭诚尽力，排除万难，从文化方面推动这个大运动的前进。"②

随即爆发的"一二·九"运动，为邹韬奋提供了新闻和评论素材。运动中，五千多学子面对军警的棍棒水枪，"手枪乱放"，"大刀直冲"，多人受伤、被捕。邹韬奋感佩于学生救亡努力的从容与镇定，在刊物上为他们声援："这至少使全世界知道中国大众并不是甘心做奴隶，至少使全世界知道投降屈辱、毫不知耻，并不是出于中国大众的意思。这是中国大众为民族生存不怕任何牺牲的先声！我们在民族解放斗争大旗的下面，满腔热诚、万分悲愤、遥对北方，向参加救亡运动的男女同胞们致最恳挚的革命敬礼！"③邹韬奋同时发出号召，以民族解放斗争为前提的国民，都应"共同擎起民族解放斗争的大旗以血

---

① 道格拉斯·凯尔纳.媒体文化：介于现代与后现代之间的文化研究、认同性与政治的新描述［M］.丁宁，译.北京：商务印书馆，2004：73.

② 韬奋.我们的灯塔（发刊词）//《大众生活》影印本（第1-16卷）［Z］.上海：上海书店，1982：2.

③ 韬奋.学生救亡运动//《大众生活》影印本（第1-16卷）［Z］.上海：上海书店，1982：137-138.

诚拥护学生救亡运动，推动全国大众的全盘的努力奋斗"①。《大众生活》刊发了许多现场的照片，一时销量剧增，达20万份，创造了近代中国杂志发行新的纪录。《大众生活》的崛起反映出邹韬奋面对当局管制采取的积极抗争策略，他有意识通过新的报刊平台对阵国民政府的各种压力，体现出一位知识分子以言论政的自觉。

《大众生活》风生水起之际，蒋介石再次派出要员（如国民党中央宣传部长张道藩）等，试图把邹韬奋"收编"，乃至安排接见，约邹韬奋到南京面谈，委托杜月笙陪同往返，以便让邹韬奋安心。邹韬奋鉴于已加入全国各界联合执行委员会，任执行委员之一，前往南京与蒋介石面谈，怕双方闹僵，不如不见。后来，邹韬奋从国民政府行政院副院长张群口中得知，蒋介石约他"当面一谈"的目的，主要是因其助手陈布雷太忙，希望邹韬奋做"文胆"第二。邹韬奋曾在上海《时事新报》担任过一年的秘书主任，那时陈布雷任报馆总主笔，两人有同事之谊。陈布雷后从报界跨入政界，历任蒋介石侍从室第二处主任、总统府国策顾问等职，成为国民政府知名的"领袖文胆"和"总裁智囊"，蒋介石诸多文件、讲稿即出自他的手笔。"知识分子不但没有成为一个高度一体化的阶级，而且在争夺符号合法化的斗争中产生极度分化，他们是通过他们所投资的文化市场的类型分化的，也根据他们的文化资本的数量与类型而分化为不同的阶层。在任何知识场域中，我们都可以辨别支配性的与被支配性的位置、保守者与先锋派、寻求再生产策略的人与寻求颠覆策略的人等。"②邹韬奋与陈布雷的不同人生抉择，

① 韬奋. 学生救亡运动 // 《大众生活》影印本（第1-16卷）[Z].上海：上海书店，1982：137-138.
② 戴维·斯沃茨. 文化与权力：布尔迪厄的社会学 [M]. 陶东风，译. 上海：上海译文出版社，2012：259.

正反映出民国知识分子"在野"与"在朝"的不同境遇。

　　邹韬奋不与当局合作的代价是《大众生活》于 1936 年 2 月被查封。但是，仅仅 3 个多月后，邹韬奋即在香港创办了《生活日报》，以"努力促进民族解放，积极推广大众文化"为宗旨。胡愈之曾在《邹韬奋与〈生活日报〉》一文中写道："殖民地的新闻检查，却比在半殖民地的蒋管区要宽大一些。例如'帝国主义'不能公开写出来，写成'□□主义'就可以了。至于要求抗日救亡，要求民主等等，在国民党地区是要作为'危害民国'罪惩办的，而香港政府则置之不问。这也是韬奋决定到香港去办报的一个原因。"①当然，在香港，新闻审查还是普遍存在。这从《大众生活》不时出现的"天窗"、"□□"标志即可见一斑。邹韬奋曾写过一篇《民众歌咏会前途无量》的文章，结语是"我们希望民众歌咏会普遍到全中国，我们愿听到十万百万的同胞集体的'反抗的呼声！'"结果"反抗的呼声"最后五个字被替换为"×××××"。②香港因曾爆发过海员大罢工，当局对劳工运动心有余悸，这方面的文字报道有时会被查禁。教育家陶行知的诗作《一个地方的印刷工人生活》有这样的语句："一家肚子饿，没有棉衣过冬，破屋呼呼西北风，妈妈病得要死，不能送终！……骂他他不痛，怨天也无用，也不可做梦。拳头联起来，碰！碰！碰！"邹韬奋想把这首诗在香港发表，却遭查禁，只得带回上海才刊出。③邹韬奋在香港创办《生活日报》的时候，广东军阀陈济棠特地派副

---

①　胡愈之.邹韬奋与《生活日报》//邹嘉骊.忆韬奋〔Z〕.上海：学林出版社，1985：310.

②　生活书店.韬奋画传·经历·患难余生记〔Z〕.北京：生活书店，2013：276.

③　邹韬奋.新闻检查//中国韬奋基金会韬奋著作编辑部.韬奋全集（7）〔Z〕.上海：上海人民出版社，1995：273.

官接他到广州面谈，事后还要送三千元，邹韬奋同样谢绝。

由于香港排版印刷业落后（有时连内地排版常用的五号、六号字根都难找），加上交通不便，报纸难以及时送达内地读者手中，飞机轮船常常误期，一份报纸到上海有时需七天，时效性不强，还不如迁回上海办报，在坚持出版近 60 期后，邹韬奋最终决定停办《生活日报》，返回上海。 这成了邹韬奋主持报刊出版以来，没有实现经营盈利的少有情况，尽管其发行量刚出版时就达两万份，为香港出版界所震惊，因为当地日报每日销数最多不过五六千份。①

1936 年 11 月 22 日凌晨许，邹韬奋在上海被捕，不久又传来消息，沈钧儒、章乃器、李公朴、王造时、史良与沙千里这一夜也分别在上海被捕，由此引发了轰动海内外的"七君子事件"，他们都是全国各界救国联合会主要负责人。② 虽然身陷囹圄，邹韬奋依然笔耕不辍。 邹韬奋在囚禁中写作了自传《经历》，补写完《萍踪忆语》后八篇文稿，并编选入狱前三个月发表的文章，整理出书稿《展望》，同时整理编译了在伦敦博物院

----

① 生活书店.韬奋画传·经历·患难余生记［Z］.北京：生活书店，2013：315.

② "七君子事件"爆发之初，各界即展开营救。 延安《红色中华报》以《反对南京政府实施高压政策》为题，报道了邹韬奋等人被捕的消息，并指出：这种行为实为全国人民所痛心疾首的，全国人民决不会为南京政府的爱国有罪政策所威胁而坐视中国的灭亡，必须再接再厉，前仆后继来发展正在开展的全国救亡运动。 国民党中央委员于右任、孙科等联名致电蒋介石，表示此案应"郑重处理"。冯玉祥等在南京征集 10 万人签名营救运动，"以表示民意之所依归，而促南京最高当局之觉悟"。 宋庆龄等人还表示要陪"七君子"一同坐牢，直到大家释放为止。 罗曼·罗兰、爱因斯坦等国际人士同样致电国民政府，要求放人。 尽管民意汹汹，当局却甘冒天下之大不韪，最终将"七君子"关押了 243 多天，直到 1937 年"七七事变"后才释放他们出狱。

图书馆研读马克思列宁著作时所做的笔记书稿《读书偶译》，上述作品当年均由生活书店出版。国民政府试图以权力压制言论，但邹韬奋以写作、进取的姿态表示对当局权力的抗议，彰显的是个体的人格价值和自由追求。权力可能是纯粹强制性的，包括直接使用惩罚性的有形力量以实施与保持对他人的支配，也可能对社会基本资源的级差式拥有与分布所产生的结果，这种资源既指物质方面的财产、财富、技术或原材料，也指诸如知识、书写文化、科学以及其他类型的文化资本等符号形态。① 即便在监狱中，邹韬奋通过写作等活动，也能够保持其自足的存在状态，而不过多受环境特别是当局的身体宰制，这是一种自我实现的积极状态。有道是自由的根本意义是挣脱枷锁、囚禁与他人奴役，其余的意义都是此维度的扩展和隐喻。②

二、封锁生活书店

抗战军兴后，邹韬奋任总经理的生活书店顺应潮流，出版了大量抗战读物，为一般民众编行的《战时读本》和《大众读物》，发行量均超过百万册。与此同时，生活书店广设分店，拓展业务。一两年时间内，其全国分店总数达到五十余家，同时在新加坡等地设立了海外分店。生活书店如此扩大规模，一度业界"老字号"商务印书馆和中华书局旗鼓相当。国民政府要员不少人都有过在生活书店购书的经历。白崇禧曾对桂林生活书店门庭若市的热闹景象表示过赞赏。张学良1938年4月16日带随从二人到长沙生活书店，"声明要买艾思奇及邹韬奋

---

① 约翰·费斯克，等.关键概念——传播与文化研究辞典（第二版）[M].李彬，译注.北京：新华出版社，2004：216.

② 以赛亚·伯林.自由论[M].胡传胜，译.南京：译林出版社，2011：48.

之作品"，经店方负责人一一介绍后，他们"买去《萍踪寄语》（初集）一册，《大众哲学》一册，《集纳》一本，《救亡手册》一册（因见广告指定要买）"。① 1939 年 5 月，冯玉祥在生活书店重庆店购买了邹韬奋所著《萍踪忆语》以及《抗日战士读本》、《大众读物》等，共计书费 24 元。②

　　尽管生活书店及其出版社名声在外，却被当局相关部门监控。据生活书店总管理处负责人之一张锡荣回忆，他有一次拆信时收到一份匿名邮寄的小册子，其上满列进步人士的简要情况，邹韬奋之名赫然列在这本铅印的"黑名册"上，并注明了基本情况：福建×县人，上海圣约翰大学文学士，留欧美考察，编辑兼新闻记者，有声誉，生活书店负责人，思想左倾，宜采取任以官职，酬以重金等办法争取之。③ 后据推测，"黑名册"可能是同情邹韬奋的当局情报特务系统相关人员邮寄的。其实，及至 1938 年春，蒋介石仍试图笼络邹韬奋，他在武昌寓所约见了邹韬奋及其好友杜重远。据邹韬奋回忆，在将近一小时的谈话中，蒋介石先是问了他们各自的工作情况、朋友圈，随即询问对于国事的意见。邹韬奋表示：希望委员长意识到，他不仅是一党的领袖，而且是整个民族的领袖；伟大领袖不在事必躬亲，而在善于用人，集合个人的专长和力量；同时，对于党外的人才，应一视同仁，不因党的界限而有所歧视。④

　　事后看来，蒋介石的"招抚"之举更多的是故作姿态，因当

① 北京印刷学院，韬奋纪念馆.《店务通讯》排印本（上）[Z].上海：学林出版社，2007：78.

② 北京印刷学院，韬奋纪念馆.《店务通讯》排印本（中）[Z].上海：学林出版社，2007：556.

③ 张锡荣.我在"生活"工作的日子（摘要）// 邹嘉骊.忆韬奋[Z].上海：学林出版社，1985：265.

④ 邹韬奋.领袖晤谈记 // 中国韬奋基金会韬奋著作编辑部.韬奋全集（10）[Z].上海：上海人民出版社，1995：192-194.

局针对生活书店的"封锁"有增无减。　先是西安生活分店经理及职员遭地方党部逮捕，"店里的生财用具搬移一空，形同劫掠"①。　类似的命运继而在天水、宜昌、赣州、福州、兰州、贵阳等生活分店接连上演，"负经理责任的高级干部被无辜逮捕的达四十余人之多"。②　衡阳分店经理及其他店员全部遭逮捕，被五花大绑押去公审，无法治可言。

邹韬奋向国民党文化部门负责人交涉，却一再被拖延，并称这是"地方事件，不是中央政策"。　西安分店被查封后，邹韬奋曾试图向国民政府中宣部部长叶楚伧、副部长潘公展说明情况，因事情既是地方党部所为，中央党部应有所知。　邹韬奋与潘公展早年在上海曾共同参与过上海学联会日刊编辑、写作工作，颇有交情。　邹韬奋在与叶楚伧面谈时，对方先是推说不知道，表示要致电问明情况，随即坦言：生活书店事业发达，但总有一部分不肯公开，所以党不放心。　邹韬奋对此当面给予了反驳：生活书店从人员、财务、出版物乃至仓库一切都是公开的，如不放心，随时可派人核验。　对方自知理亏，只得默然无言。③潘公展同时向邹韬奋转达了"叶部长之意"：生活书店须与国民党办的正中书局、独立出版社联合，在三机关之上，组织成立总管理处或董事会，主持编辑计划、营业计划等，由此实行党的领导，对外各自的名称保持不变。　把生活书店合并的提议，势必剥夺邹韬奋的独立性和出版自由。　复杂社会里个人自由的存在与否，取决于能否有意识地创造保卫其存

---

① 生活书店.韬奋画传·经历·患难余生记［Z］.北京：生活书店，2013：366.

② 生活书店.韬奋画传·经历·患难余生记［Z］.北京：生活书店，2013：367.

③ 生活书店.韬奋画传·经历·患难余生记［Z］.北京：生活书店，2013：367－368.

续和扩展的机制，"在一个已经建立起来的社会里，不服从的权利必须被制度化地保护起来，个体必须能够自由地遵从自己的良心行事，而不必畏惧社会生活某些领域中那些受行政委托的权力"①。邹韬奋对潘公展此议"陈恳说明，毅然婉谢"："根据抗战建国纲领的国策，对我们作原则上的领导，这是我们能接受的办法。像合并或其他等于消灭本店'生活精神'的办法，不但是本店的自杀政策，而且于党国也有百害而无一利，这是我们不能接受的办法。"②另据邹韬奋回忆，他曾被另一位在国民政府特务系统负责的友人委婉告知："以这样一个伟大力量的文化机关放在一个非本党党员的手里，党总是不能放心的！"③个中三昧，道出了当局的用心和基本策略：对不被自己所掌控的文化事业机构，不惜摧毁之。

1938 年 3 月底 4 月初，为了强化思想统一，加强各阶层对国民政府威权体制的认同，国民党临时全国代表大会在武昌召开，并通过决议实行"总裁制"，强化党内集权，要求各党派人士、各界民众"捐除成见，在一个信仰、一个领袖、一个政府之下""抗战到底"，为"党天下"造势，舆论管制成为其主要措施。同年，当局颁布战时图书杂志原稿审查办法和修正标准，要求各地书店及出版机关印行图书杂志，"除自然科学、应用科学之无关国防者及大中小学与民众学校教科书之应送教育部审查者外，均须一律呈送所在地审查机关审查许可后方准发行，如所在地无地方审查机关，得送呈中央审查机关办理，呈纯粹

---

① 卡尔·波兰尼. 大转型：我们时代的政治与经济起源 [M]. 刘阳，冯钢，译. 杭州：浙江人民出版社，2007：216.

② 北京印刷学院，韬奋纪念馆.《店务通讯》排印本（中）[Z]. 上海：学林出版社，2007：685.

③ 生活书店. 韬奋画传·经历·患难余生记 [Z]. 北京：生活书店，2013：365.

学术者，述不涉及时事问题及政治社会思想者，得不送审原稿，但出版时须先送审查机关审核后方准发行"①。 如当局对邹韬奋、柳湜合并后发行的《全民抗战》（第一三二期）曾有如下审查意见：查该刊陈希文著《三年来海外华侨工人的救国运动》一文第六页第五行有"他们又经常与世界各国工人之接触，易受阶级教育的熏陶，而具有国际主人的精神"等语，立论不妥，应予删去。②

在权力杠杆为官僚机构掌握的国家里，对媒体的政治专制辅以官方的审查机制，人们可以清楚地看到媒体是为占统治地位的精英阶层服务的，精英阶层得以统治媒体并对反对意见实施边缘化，常用的新闻过滤手法中就包括"反共宣传"控制手段。③ 国民政府对于与"抗战"、"中共"相关的图书查禁尤为风声鹤唳。 1938 年，国民政府汉口市检查出版品委员 3 月 13日通告："王明（即陈绍禹）著《为自由独立幸福的中国而奋斗》小册子内容抨击本党诋毁政府，又远东出版社印行之《毛泽东先生与延安〈新中华报〉记者其光充先生的谈话》小册，内容易使民众怀疑国共发生裂痕，影响团结抗战，并为日本利用作反宣传，嘱予查禁云……"④衡阳生活书店（办事处）1938

---

① 　参见《战时图书杂志原稿审查办法、中央图书杂志审查委员会组织大纲及有关文书》，中国第二历史档案馆，全宗号：十一，案卷号：3865，目录号：2。

② 　参见《中央图书杂志审查委员会每周工作报告及审查意见撮要》［《审查意见撮要》（第九十七、九十八期合订）］，中国第二历史档案馆，全宗号：五，案卷号：486，目录号：2。

③ 　爱德华·S.赫尔曼，诺姆·乔姆斯基.制造共识：大众传媒的政治经济学［M］.邵红松，译.北京：北京大学出版社，2011：1-27.

④ 　北京印刷学院，韬奋纪念馆.《店务通讯》排印本（上）［Z］.上海：学林出版社，2007：34.

年 4 月列出的一张清单上，记录了被当局抄去的书籍一百七十九本，其中，除《抗日救国政策》（被抄五本）为生活书店本版书外，其余均为外版书籍，诸如《列宁选集》、《八路军战斗经验》、《陕北红军全貌》、《抗日民族统一战线新发展》、《论共产国际》、《红旗下的中国》等。① 昆明生活书店 1938 年 8 月被当局查禁的图书达 37 种，如《保卫华北的游击战》、《大众资本论》、《马克思及其学说》、《斯大林及其事业》、《反杜林论》、《世界知识读本》等为"敏感"图书，《社会科学研究法》、《思想方法论》、《新经济学大纲》、《社会科学的基本问题》等偏重于研究、普及类的学术读物，也未幸免。② 在兰州，当局对生活书店出版或经销的图书，必须拣送两册，一册存档，一册如通过审查则发还。 此举主要针对生活书店，同行商务印书馆、中华书局以及其他书店，在当地并无太多影响，它们只须送一书目即可，大多走过场而已。 1939 年 7 月至 12 月，在当局内部查禁的共约 100 种图书中，生活书店出版、总经销的达 20 种，占比五分之一，其中包括《再励集》（韬奋著，查禁理由：暴露抗战期间各方之弱点，影响抗战前途及青年思想），《抗战与民众运动》（沙千里著，查禁理由：讥评中央），等等。③

美国学者乔万尼·萨托利在论述"被统治的民主与统治的民主"及"公众舆论的独立性和非独立"时，对极权主义舆论制造系统作了分析，认为单一中心的极权主义宣传系统意味着一个"封闭的系统"，"在封闭的系统中，新闻封锁或无拘无束

① 北京印刷学院，韬奋纪念馆.《店务通讯》排印本（上）[Z].上海：学林出版社，2007：47-48.

② 北京印刷学院，韬奋纪念馆.《店务通讯》排印本（上）[Z].上海：学林出版社，2007：161-162.

③ 参见《图书杂志审查委员会编印〈一九三九年七月至十二月份查禁书刊一览〉》，中国第二历史档案馆，全宗号：十一，案卷号：2772，目录号：2。

地撒谎是完全可能的，那里每天都在实践着这种事情"。① 在国民党一党独大的国民政府，鼓吹"一个主义，一个政党，一个领袖"，强调"以党治国"，宣传为灌输所取代，且带有强制性。 面对国民政府的咄咄逼人，邹韬奋一度考虑适当退让，采取审慎经营方针，企图以此获得当局信任。"如我们所售卖的书籍中，如党政当局认为有未妥善处，一经依法指出，我们自当完全遵照办理。（内政部注册的书当然仍可婉辞解说）我们仍可多出版和发售民主政治书，科学书，社会思想书，大众启蒙书，以供广大读者的需要，仍不妨碍为全民族抗战的各阶层服务。"②事实上，按照国民政府当局的审查标准，生活书店出版的图书，仅有少数十来种可以算作应"被禁"之列。 邹韬奋在1940年撰写生活书店史话时提及："本店出书共达九百十余种，其中有关思想问题者仅四十种，为图书杂志审查委员会认为应禁止者二十六种，在此二十六种中尚有十种为已由内政部审查通过得有执照者。"③而在出版方向和策略上，生活书店方面其实有意与当局保持一致。 如当国民党中央党部征求翻译孙中山遗教时，生活书店为第一家响应施行者，店方还整理、汇编了蒋介石的抗战言论集，广为发布。 此外，邹韬奋本人写过孙中山的传记，连载于《生活》周刊上，对其三民主义等思想多有介绍。 在写作中，他同样经常引用孙中山的言论。 邹韬奋这种"政治性"与中华书局发起人陆费逵的经营理念颇为类似，却与商务印书馆元老张元济"在商言商"出版宗旨差异明

---

① 乔万尼·萨托利.民主新论［M］.冯克利，阎克文，译.北京：东方出版社，1998：113.
② 北京印刷学院，韬奋纪念馆.《店务通讯》排印本（上）［Z］.上海：学林出版社，2007：610.
③ 北京印刷学院，韬奋纪念馆.《店务通讯》排印本（下）［Z］.上海：学林出版社，2007：1293.

显。 陆费逵在民国刚成立不久，即出版了新式中小学教科书系列，以五色国旗为封面，并在新教材中旗帜鲜明地提出"孙中山是当今中国的第一伟人"，而张元济在 1919 年曾拒绝出版孙中山所著代表作《孙文学说》。 王云五主政商务印书馆时期（特别是抗战爆发后），也曾在出版方向上有意与当局保持一致，其新编通俗刊物时代知识小册子多种，如《孙中山》、《民族主义》、《民权主义》、《民生主义》、《建国大纲》、《民权初步和集会演习》、《人民和国家》、《国民精神总动员》、《三民主义青年团》等。 经审查后，中央图书杂志审查委员会认为这些分册"词简义赅、内容纯正，堪为辅助一般民众对于党国政制及抗战建国之良好读物，有裨宣传且售价极廉（每册只售一分），旨在服务，尤堪嘉许"①。

当局在查禁、封店过程中，往往反应过激，闹出不少笑话，反映出审查机制的荒谬。 生活书店曾出版过一本蒋介石的言论集《抗战到底》，主要内容为蒋介石领导抗战的演讲词，书中篇目都曾见诸报刊，公开发表过。 该书汇编出版前，已经内政部审查准许注册，并经国民政府中央图书杂志审查会审查通过，战时首都重庆公安局却把这本书当作禁书抄查了。 邹韬奋多次抗议无效，事后得知，查禁此书主要因为该书附录里载有中国共产党响应蒋介石的宣言，这些宣言此前虽都在报刊上公开发表过，可见当局有关部门并不依法办事。 陕西省因党部有密令，宣称要把"所有生活书店查封"，该省南郑县有一家"生活商店"，只因招牌中有"生活"字眼也被封。

因政出多门，"搜查者纷至沓来，亦无一定标准，今日甲机关借口检查，将大量书报满载而归，从不发还，亦不宣布审查

---

① 参见《中央图书杂志审查委员会向教育部呈送商务印书馆编印的〈孙中山〉小册子及教育部对该书的嘉奖令》，中国第二历史档案馆，全宗号：五，案卷号：491，目录号：2。

结果。（衡阳有一个机关的检查老爷居然利用这个机会，把这样
'满载而归'的书籍另开一只小书店做生意，这个事实后来被
发现，在出版界传为笑谈，但却无可奈何）"①。国民政府检查
制度的混乱状况普遍存在，林语堂曾将其归结为缺乏系统性、
协调性和连贯性，如甲城被禁的消息转到乙城就被通过了，上
海还发生过检察官删节政府总理官方声明的闹剧，因为该检察
官是位中学毕业生，"须知，没有头脑的检查比不起作用的检查
更为糟糕，常常使检查的目标落空。当前新闻检查最恶劣的特
征，就是愚蠢、混乱和过敏"②。

三、谣言攻击

谣言很容易对目标对象实施"污名"。谣言的本质即官方
发言之外的发言。它是一种反权力。因此，在角逐权力的战
场上，谣言层出不穷是必然的。③针对邹韬奋的谣言，主要与
其收入状况和"出版献金"有关。有友人告诉邹韬奋，说他在
香港办报是"得到南京某巨公十万元，以离开上海为条件，于
是就把这笔不清白的款子在香港办起报来"④。邹韬奋在香港
贫民窟与胡愈之等人创办《生活日报》期间，有当地报纸就曾
刊发虚假报道，谣传邹韬奋被广西当局请去担任政府高等顾
问，同时兼任《民国日报》总主笔和广西大学教授，月薪六百

---

① 邹韬奋.对保障文化事业的再呼吁//中国韬奋基金会韬奋著作编辑
部.韬奋全集（10）[Z].上海：上海人民出版社，1995：294.
② 林语堂.中国新闻舆论史[M].刘小磊，译.上海：上海人民出版
社，2008：183-186.
③ 让-诺埃尔·卡普费雷.谣言：世界最古老的传媒[M].郑若麟，
译.上海：上海人民出版社，2008：235.
④ 生活书店.韬奋画传·经历·患难余生记[Z].北京：生活书店，
2013：287.

元以上。一个清白无辜的人，即使他的意志非常坚定，但是要把莫须有的重大罪行嫁祸于他，常常也会使他感到十分震惊，而且会使他深感屈辱，而在这种嫁祸不幸地有一些似乎能引以为佐证的根据时，情况更是如此。"他沮丧地发现人们都认为他的品质恶劣，但是这种嫁祸却往往给他的品质投下了不光彩和不名誉的阴影，甚至连他自己的想象亦是如此。受到如此粗暴的礼遇和严重伤害所带来的义愤本身就是一种非常痛苦的感受，因为对这种伤害进行报复常常不合宜，有时甚至也不可能。"①邹韬奋后来在《生活星期刊》上对受到"赞助"等谣言做了说明，自述他从大学毕业十多年来，从没有拿过这么高的薪水，投身出版业后，每月收入甚至比当初兼职当英文教员还少去十块大洋。"十年来一直是这样。我有大家族的重累，有小家庭的负担，人口日增，死病无常，只靠着一些版税的收入贴补贴补；因为（1933 年）出国视察借了一笔款子，有好几本著作的版税已不是我自己的，除把版税抵消一部分，还欠着朋友们几千块钱，一时无法偿还；不久以前一个弟弟死了，办丧事要举债；最近有一个庶母死了，办丧事又要举债。"②从这些描述来看，邹韬奋虽然身为生活书店负责人，但其经济状况大多时候仍很拮据。尽管生活面临困境，邹韬奋并不受政治势力在经济上的资助，这可谓他维系独立精神的一贯态度。

针对生活书店的谣言主要指向其接受了中国共产党方面的津贴，当局的推论是：生活周刊社注册资本较小（1925 年 12 月 28 日向实业部商号注册资本为十五万元），不可能从一家默默无闻的期刊社，迅猛发展到全国开设数十家分店且能与商务印

---

① 亚当·斯密.道德情操论［M］.赵康乐，译.北京：华夏出版社，2014：138－139.

② 韬奋.在香港的经历（二）［N］.生活星期刊（第 1 卷第 13 号），1936－8－30（13）.

书馆比肩的生活书店，因此这可视为接受了中国共产党津贴的证据。 邹韬奋对此作了辩白："本店最初为生活周刊社，该刊销量每期在十五万份以上（有当时邮局盖章的立券簿为证），仅仅该刊每年的订费即有数万元。"①加上其他刊物、图书的销量，以及不时在读者中进行招股等活动，企业每年的现金流量一二十万并不是大问题，足以应对正常经营。 1940 年 6 月，当局派出"会计专家"到生活书店总管理处查账，试图从账目上做文章，看书店是否从经济上领取了共产党的津贴，结果账目并无问题和漏洞。 邹韬奋重视财务工作，"我主持任何机关，经手任何公款，对于账目都特别谨慎；无论如何，必须请会计师查账，得到证书"②。 此举对于抵制一些刻意进行人身攻击的谣言，有良好的效果。"九·一八事变"后，邹韬奋在《生活》周刊发起为东北义勇军马占山将军等捐款，一呼百应。 这次捐款额总计十五万余元，邹韬奋不但请人作有细账，主要将捐款者的姓名公布在报刊上并分寄各捐户，收据制版公布，并且由会计师（潘序伦会计师）查账，确认无误后给予证明书公布。 但尽管如此，后来仍有人散布谣言，说邹韬奋出国视察的费用是从捐款里抽取的。"我前年回国后，听到这个消息，特把会计师所给的证明书制版，请律师（陈霆锐律师）再为登报宣布。 但是仍有人以故作怀疑的口吻，抹煞这铁一般的事实！这样不顾事实的行为，显然是存心要毁坏我在社会上的信用，但是终于因为我有铁据足以证明这是毁谤诬蔑，他们徒然'心劳

---

① 北京印刷学院，韬奋纪念馆.《店务通讯》排印本（下）［Z］.上海：学林出版社，2007：1292.
② 生活书店.韬奋画传·经历·患难余生记［Z］.北京：生活书店，2013：199.

日拙'，并不能达到他们的目的。"①及至创办《生活日报》进行招股拟筹集十五万元启动经费时，邹韬奋照样把每一笔款项列得清清楚楚，公开在报刊上，以便随时查证，免得授人以柄。

另外，1940年秋，关于邹韬奋等人将在重庆举行"暴动"的传闻让当局颇为紧张："战时首都各军事及公安机关忽接到军委会参谋总长何应钦氏通令，谓据报我和沈钧儒、沙千里诸先生将于'七七'在首都暴动，如不成则再于'双十'暴动，慎为防范云云。"②当邹韬奋、沈钧儒、沙千里向何应钦质问时，对方只得以受到汉奸挑拨离间为托词，但通令照发。事实证明，这是子虚乌有的事情。在重庆，邹韬奋一家曾住在学田湾衡舍，与国民政府要员陈立夫、陈果夫等比邻而居。邹韬奋此举一方面客观上是由于时值抗战，合适的房源不好找，一方面间接印证了自己言行的坦荡，与所谓的起义"阴谋"并无关联。

生活书店一度实行向读者推荐书目活动（与"书友会"形式类似），由读者先交五元作预约费。这原本是新书发售预约券的平常之举，却被当局怀疑为生活书店对读者进行组织活动。同人自治会小组本是生活书店发扬民主精神的体现，主要为开展自我教育、检讨工作、娱乐卫生等活动的内部组织，但被当局认为是有政治背景的小组，甚至连代写家书、赠送书报的服务队也遭到怀疑。为了避免授人口实，生活书店总管理处提醒同人加强检点言行举止，不发牢骚、谨慎交友；个人参加各种业余团体，不论是校友会、后援会、歌咏剧团等，凡是当局已经明令不准成立的，切勿随便参加。此外，店里留宿外

---

① 生活书店.韬奋画传·经历·患难余生记［Z］.北京：生活书店，2013：200.

② 生活书店.韬奋画传·经历·患难余生记［Z］.北京：生活书店，2013：344.

人，只准限于极熟而所住时日又极短的人，因为查起户口来如果留着不相干的人，容易生麻烦；代收信件、寄存物品必须限于熟人，同时知道具体为何物。① 对于个人与集体关系，邹韬奋向同人做了说明："我们既彻底明白我们每个人的言语行动要影响到整个事业，要影响到整个团体，我们对于做人的态度便不应该乘个人的高兴，随个人的癖气，依个人的喜怒，而应该顾到整个事业、整个团体。"② "同志"、"同人"等本是业界通行的称谓，为避免无端引发误解或被过度解读，邹韬奋后来建议，生活书店员工之间一律称"同事"，不称"同志"，免得被当局一听就以为是"共产党同志"。 流言所及，邹韬奋深为沉痛、悲愤，自感"一个文化事业机关被摧残的事小，影响于国家民族的前途事大"，他也"诚恳希望海内外读者及朋友们主持正义，如听到上述谣言，代为力辟，俾十五年艰苦辛勤培成的文化事业机关不致含冤沉没，俾对国家民族能做继续贡献，不胜感激之至"。③ 邹韬奋当时面临的媒介生态环境，其实是民国时期多数新闻从业人员共同的困境。 有学者统计，1941年至1942年间，在国民政府统治地区，有1400多种报刊被查禁。④ 在此前后，国民政府通过发布《国家总动员法》及其《实施纲要》，并以"战争需要"等为由，为其加强对新闻、言论、出版、著作检查和限制寻求合法性，加紧了对战时传播媒介的控制，特别对宣扬民主的自由派报刊物的宣传共产主义的

① 北京印刷学院，韬奋纪念馆.《店务通讯》排印本（中）［Z］.上海：学林出版社，2007：625.
② 北京印刷学院，韬奋纪念馆.《店务通讯》排印本（中）［Z］.上海：学林出版社，2007：748.
③ 北京印刷学院，韬奋纪念馆.《店务通讯》排印本（下）［Z］.上海：学林出版社，2007：1293.
④ 许纪霖，陈达凯.中国现代化史（第1卷，1800－1949）［M］.上海：学林出版社，2006：440－441.

报刊严加检审，实施查禁和封闭。

第二节　言论自由与战时民主政治诉求

　　"知识分子普遍具有国族倾向，深信国家兴亡，匹夫有责，以致把自由民主当成救国图存、强兵富国的工具，而非最高的基本终极价值。"①邹韬奋在其编辑出版活动中，注入了强烈的政治激情，尤以实现言论自由、民主政治为愿景。

一、为言论自由鼓与呼

　　就历史谱系而言，言论或出版自由的最初意义主要指不受政府的审查，以及不受私人利益集团的干涉或过度集中的私人权力的不良影响。　自近代西方报刊出版模式引进中国以来，章太炎、梁启超、史量才等就已擎起言论出版自由的大旗，虽因世易时移或扬或卷，却始终飘展。"新闻自由"毫无疑问意味着从过去的政府新闻许可制度或检查制度中解放出来，自由不是说报刊可以无所顾忌地危害公共安全、宣扬犯罪，或破坏有组织的社会，不是使社会败坏的许可证，不意味着可以恶意刊登虚假新闻或可以侵犯人们的生命、自由和合法享有财产的权利，"一般说来，出版自由的边界非常清楚，报纸可以自由刊登它想刊登的内容，但要为之负责"。②邹韬奋所谓"言论自由"与此类似，即并非放任不管，而是在三民主义、抗战第一等原

---

① 李金铨．（序言）文人论政：知识分子与报刊 // 文人论政：知识分子与报刊［C］．桂林：广西师范大学出版社，2008：9．

② 利昂·纳尔逊·弗林特．报纸的良知——新闻事业的原则和问题案例讲义［M］．萧严，译．李青藜，展江，校．北京：中国人民大学出版社，2005：89-90．

则基础上，以法律为准绳，突出法治而非人治。"今日并没有人主张言论出版漫无条件的自由（抗战建国纲领即为共同遵守的原则），图书杂志与新闻消息有别，既有政府公布的原则以资遵循，又有法律以绳其后，出版后的图书杂志已不致有重大谬误，即偶有微细失检之处，亦可按现有的出版法及其关于言论出版的现行法规，在出版后加以纠正或禁止，不应因噎废食，使整个出版事业增加困难。"①

除了在报刊上呼吁当局给予新闻出版界言论、出版自由，邹韬奋还通过参政议政努力促进之。蒋介石在确立其对于国民党的统治地位后，采取了一系列措施以进一步从社会上获取合法性和权威性，其中包括设立国民参政会和各级临时参议会。1938年3月国民党临时全国代表大会通过《抗战建国纲领》，做出在抗战期间设立国民参政会的决策。同年4月，国民党五届四中全会制定《国民参政会组织条例》，随即召开了第一届参政会。9月，国民政府又公布《省临时参议会组织条例》，此后省、县各级临时参议会和乡、镇等各级临时代表会逐步召开。"这种临时性的民意机关尽管还不是民主政体中的大众参政渠道，但共产党、各民主党派和社会知名人士均采取合作态度，接受遴选出席参政会，对政府决策加以审议和质询，这就使国民党战时集权体制在外延上获得了比从前更多的合法性资源从而相对稳固。"②1938年至1940年，邹韬奋连续5次参加

---

① 邹韬奋.忙得一场空 // 中国韬奋基金会韬奋著作编辑部.韬奋全集（10）[Z].上海：上海人民出版社，1995：220.
② 许纪霖，陈达凯.中国现代化史（第1卷，1800－1949）[M].上海：学林出版社，2006：440.

了第一届国民参政会历次大会，他联名提交了多项提案①，内容主要涉及出版自由、言论自由和坚持抗战。

尤其值得一提的是，1938 年 10 月底至 11 月初，邹韬奋参加国民参政会第一届第二次大会，并提交了《请撤销图书杂志原稿审查办法以充分反映舆论及保障出版自由案》。3 个月前，国民政府刚发布《战时图书杂志原稿审查办法》，商务印书馆、中华书局、世界书局、开明书局等十余家知名出版机构方面均吁请当局撤销该决定。邹韬奋的提案虽然获得七十多位参议员联合署名，但在提案讨论审查环节，国民党方面只同意把"撤销"改为"改善"，试图作调和处理。在论辩阶段，主持提案审查的国民党中央党部负责人刘百闵，宣称实行图书杂志原稿审查办法，原是商务印书馆总经理王云五向政府请求的。邹韬奋连忙致电王云五求证，对方回电否定了官方的说法，电报称："图书杂志原稿审查，弟去年绝未向政府请求举办。反之，（邵）力子初长中宣部时，曾以应否恢复审查见商，弟详举窒碍情形，力劝不可，兹当交通梗滞之时，如欲审查原稿，更无异禁止一切新刊物，或使新刊物绝迹于内地，窒碍尤多，务望先生等坚持撤销。幸甚！"②在事实面前，当局不得不同意恢复"撤销"提案，并获得多数通过。邹韬奋以在野身份参政议政，与中国士大夫的"清议"传统颇为类似。但是，"在现代

①　邹韬奋的提案包括：《具体规定检查书报标准并统一执行案》（第一次大会），《请撤销图书杂志原稿审查办法以充分反映舆论及保障出版自由案》（第二次大会），《请撤销增加书籍印刷品寄费以便普及教育增强抗战力量案》（第三次大会），《改善审查检查书报办法及实行撤销增加书报寄费以解救出版界困难而加强抗战文化事业案》（第四次大会），《严禁违法拘捕迅速实行提审法以保障人民言论自由案》（第五次大会）。

②　邹韬奋.忙得一场空 // 中国韬奋基金会韬奋著作编辑部.韬奋全集（10）[Z].上海：上海人民出版社，1995：119-221.

中国，知识分子的议政不仅无补于国事，而且其专业领域也往往遭到政治权力的强暴"①。 邹韬奋从生活书店接连遭当局封闭的现实中，已日益看清形势，所谓的参政会提案，都仅仅是当局政治上装点门面的权宜之计，并不会采纳并施行各方的建言献策。 并且，就技术层面而言，民主只能产生于建立民主的深思熟虑的政治决定，"没有一大批熟谙政治艺术并且能使人民的意愿倾向转化为持久的政治制度的，有智慧、有能力的政治家，就不可能有稳定的自由民主制度"②。 参议员虽然拥有决议权、建议权、询问权（第二届大会时增加了调查权），但往往附加了条件，如国民参政会的决议案必须经过国防最高会议通过后，才发生效力，其实质仍是听令于蒋介石个人意志。

邹韬奋于 1941 年第二届国民参政会第一次会议期间，辞去了国民参政员资格，对国民党当局的失望可以说是主要诱因。他在给沈钧儒、张君劢、梁漱溟、张申府等参议员的公开信中自白：本会上届第一次大会通过公布之抗战建国纲领，明载在抗战期间，于不违反三民主义最高原则及法令范围内，对于言论出版集会结社自由，当与以合法之充分保障。 此种最低限度之民权，必须在实际上得到合法保障，始有推进政治之可言。③但这一希望在现实面前已经被粉碎："韬奋参加工作之生活书店，努力抗战建国文化，现在所出杂志八种及书籍千余种，均经政府机关审查通过，毫无违法行为。 乃最近又于二月八日起至二十一日止，不及半个月，成都、桂林、贵阳、昆明等处分

① 许纪霖.中国自由主义的乌托邦 // 大时代中的知识人 [M].北京：中华书局，2007：50.

② 弗朗西斯·福山.历史的终结及最后之人 [M].黄胜强，许铭原，译.北京：中国社会科学出版社，2003：251.

③ 邹韬奋.致沈钧儒等在野各抗日党派领袖 // 中国韬奋基金会韬奋著作编辑部.韬奋全集（10）[Z].上海：上海人民出版社，1995：40.

店，均无故被封，或勒令停业，十六年之惨淡经营，五十余处分店至此已全部被毁，虽屡向中央及地方有关之党政各机关请求纠正，毫无结果。夫一部分文化事业被违法摧残之事小，民权毫无保障之事大。国民参政会号称民意机关，决议等于废纸。念及民主政治前途，不胜痛心。韬奋忝列议席，无补时艰，深自愧疚。敬请转呈国民政府，辞去国民参政员，嗣后仍当以国民一分子资格，拥护政府，服从领袖，抗战到底，所望民权得到实际保障，民意机关始有实效，由此巩固团结，发扬民力，改善政治，争取抗战最后胜利，不胜大愿。"①这次大会上，中国共产党方面代表董必武、邓颖超等没有出席，其中的重要原因之一是国共双方对皖南事变善后处理意见存在分歧。对于民国知识分子由抗战而来从团结到分裂的情势，徐复观认为其主要原因是国民党若干人未能凝结成一条由孙中山奠定的三民主义中庸路线，"而国民党面对有异见的知识分子，已完全失掉了涵容与讨论的精神力量"②。

　　二、借助媒介推进民主政治

　　对于媒介功能，梁启超在"去塞求通"的思想基础上，较早提出了报刊的"耳目喉舌"论。邹韬奋对此有所引申，认为各级党政机关相当于政府的股肱，民间舆论机关则如政府的耳目，因为两者都遵照政府相关标准各司其职，虽然前者直接作为政府构成的一部分较为明显，后者更为隐蔽，但两者"在效用上却很像股肱与耳目之不能偏废，所以我们希望能受到同等

---

① 邹韬奋.呈请国民参政会转呈国民政府辞职电∥韬奋基金会韬奋著作编辑部.韬奋全集（10）［Z］.上海：上海人民出版社，1995：39.
② 徐复观.在非常变局下中国知识分子的悲剧命运∥中国知识分子精神［Z］.上海：华东师范大学出版社，2004：11.

的待遇"①。 为此，邹韬奋通过书报刊媒介，曾为推进民主政治进步著书立说。

20 世纪 30 年代，邹韬奋在欧美考察期间，已留意过英国等国的议会制度，甚至亲临议院观摩辩论时的场景，他服膺于英国工党理论家、民主社会主义思潮奠基者拉斯基的思想，将其视为"政治学权威"。 邹韬奋民主政治思想其来有自，在写作《反民主的几种烟幕》一文中，邹韬奋曾引用拉斯基的言论来说明英国"加强民主政治"并非"用阶级独裁来代替民主"，拉斯基疾呼英国要取得反法西斯战争的胜利，应"加深并扩大民主政治的领域"。② 对于苏联一党制与德意一党制之间的差异，邹韬奋也引用拉斯基《近代国家中的自由》一书中的观点，重申前者是民主的道路，代表大多数人民利益；而后者走专制路线，压迫剥削大多数人民。"苏联一党政治（无产阶级专政）的'一'，是由全国最大多数人民（初期占人口百分之九十五，后来占全国人口百分之一百）所要求，是为着全国最多数人民的利益而自然存在的。 德意一党专政的'一'，却是为着全国中最少数特权阶级的利益，用暴力压迫最大多数人民，奴役最大多数人民而勉强存在的。"③

民国时期的政治开放有限，主要集中在偏技术性的外交、经济和教育等领域，如吸纳翁文灏主持"学者内阁"，胡适、丁文江参加国防设计委员会等。 而民主反对权力，试图把它变成一种协商关系，不管这些关系是平等双方之间的关系，还是不

---

① 邹韬奋.审查书报原稿的严重性//中国韬奋基金会韬奋著作编辑部.韬奋全集（8）[Z].上海：上海人民出版社，1995：186.

② 邹韬奋.反民主的几种烟幕//中国韬奋基金会韬奋著作编辑部.韬奋全集（10）[Z].上海：上海人民出版社，1995：678-679.

③ 邹韬奋.一党专政与以党治国//中国韬奋基金会韬奋著作编辑部.韬奋全集（10）[Z].上海：上海人民出版社，1995：716-717.

同权威间的关系。① 如在论述对于"领袖"的看法时，邹韬奋提到："我们主张民主政治，正是要使领袖更能充分反映全国多数民众的要求，我们主张改善政治，善用人才，增强舆论及民意（都与言论自由有关）对于政府及官吏之监督，正是要增强领袖执行历史的使命。"②邹韬奋的民主政治观，有比较明显的"主权在民"的特点。"民主政治的真谛，不外于林肯所谓民有民治民享，中山先生说政治是大众的事，大众的事要大众来管，抗战建国的伟业是需要大众来热烈参加的。"③

邹韬奋认为，民众的言论自由等基本权利的有效保障，是推进民主政治的前提，在不违反三民主义原则以及抗战国策的范围内，对于人民所赋予的言论出版集会结社及身体自由保障的种种民权，应由政府申令各地方当局切实奉行、予以充分保障。"这种保障可以说是普遍发展宪政运动加强国民政治教育的先决条件，这先决条件如得不到充分的解决，即令在宪法条文上弄得尽善尽美，这宪法和民众是脱离关系的；所谓事实宪政与更充分的动员全民与提高民权及加强国本，都是不相干的了。"④

中国能否实现民主政治，直接关乎抗战成败，这也是邹韬奋民主政治思想的内容之一。"民主政治实现的程度与抗战胜利的进程实成正比例。这个理由，是在于民主政治的核心是与全

---

① 安东尼·吉登斯.超越左与右：激进政治的未来［M］.李惠斌，杨雪冬，译.北京：社会科学文献出版社，2000：101.

② 邹韬奋.领袖与工具∥中国韬奋基金会韬奋著作编辑部.韬奋全集（10）［Z］.上海：上海人民出版社，1995：194-196.

③ 邹韬奋.参政会第三届大会开幕∥中国韬奋基金会韬奋著作编辑部.韬奋全集（9）［Z］.上海：上海人民出版社，1995：29-30.

④ 邹韬奋.关于宪政的三个基本原则∥中国韬奋基金会韬奋著作编辑部.韬奋全集（9）［Z］.上海：上海人民出版社，1995：278.

民动员成为异名同质的内容；换句话说，就是要尽量使更多的国民发挥他们的自动性与创造性，以最高的热诚参与抗战建国的各部门工作。所谓民主政治不仅仅是指有议会，有选举，而且指各部门工作的组织，尤其是民众团体、青年组织，都需民主化，使民众运动得到广大的开展。"①此外，在邹韬奋看来："现代中国的抗战建国伟业既不是任何一个阶级所能包办，那末中国在抗战建国的共同努力中，不可能采用德意式的一党专政，也不可能采用苏联式的一党专政，惟一可能的途径是采用各党派同时并存与团结合作的民主政治。"②邹韬奋有关自由、民主的言论，固然是其政治理想的抒发与投射，这与胡适、罗隆基等自由知识分子的理念不谋而合、遥相呼应，容易在读者心中激起乌托邦式的美好憧憬。"最不明确的词语，有时反而影响最大。例如像民主、社会主义、平等、自由，等等，它们的含义极为模糊，即使一大堆专著也不足以确定它们的所指。然而这区区几个词语的确有着神奇的威力，它们似乎是解决一切问题的灵丹妙药。各种极不相同的潜意识中的抱负及其实现的希望，全被它们集于一身。"③邹韬奋有关民主政治的言行，是整个中国现代政治民主化进程的一部分，他对民国时期的宪政运动的支持与期盼，更可谓这一动态的惊鸿一瞥，为民国时期知识分子推动政治文明建设作了探索。

---

① 邹韬奋.今年的黄花岗烈士纪念//中国韬奋基金会韬奋著作编辑部.韬奋全集（9）［Z］.上海：上海人民出版社，1995：70.

② 邹韬奋.党派与人权//中国韬奋基金会韬奋著作编辑部.韬奋全集（10）［Z］.上海：上海人民出版社，1995：89-90.

③ 古斯塔夫·勒庞.乌合之众：大众心理研究［M］.冯克利，译.桂林：广西师范大学出版社，2011：123.

三、声援宪政运动

按照孙中山所构想、设计的政治路线图，国民革命的完成需经历"军政、训政、宪政"三个时期，简言之，"军政时期"突出"以党建国"，开展暴力革命；训政时期主要"以党治国"；宪政时期则"还政于民"。 1928 年 10 月，张学良"东北易帜"后，国民政府在名义上统一中国大部，国民党中央常委会随即通过并公布《中国国民党训政纲领》，宣布中华民国由"军政"时期进入"训政"阶段。 1929 年，胡适、罗隆基、梁实秋等以《新月》杂志为基地，连续发表了《人权与约法》、《论人权》、《告压迫言论自由者——研究党义的心得》等文章，抨击当局专制统治（如依据国民党上海党部《严厉处置反革命分子》议案，党部仅凭一纸证明就可随意定人罪名并处刑法），要求保障集会、结社、言论自由等基本人权；同时反对"训政"，要求尽快落实"宪政"。 这一人权运动引发广泛关注，持续近两年，最终以新月书店被查抄，《新月》杂志以及胡适、罗隆基等言论集《人权宣言》被没收而失败告终。 1931 年 6 月 1 日，国民政府公布其第一部宪法性文件——《中华民国训政时期约法》，开篇即宣称"国民政府本革命之三民主义、五权宪法以建设中华民国"，实则明确了"以党代政治国"的原则，国民党最高权力机构即国家最高权力机构。"九·一八事变"后，经立法院长孙科等人倡议，"速开党禁，筹备宪政，实行民治"的呼声日益高涨，行政院长汪精卫、监察院长于右任等对此表示反对，进而引发了"实行宪政还是训政"的大讨论，制定宪法被提上议事日程。 最终，《中华民国宪法（草案）》（即《五五宪草》）于 1936 年 5 月 5 日发布。 1937 年全面抗战爆发后，中国进入救亡图存的战时状态，宪政运动暂告一段落。

1939 年 9 月，国民参政会第一届第四次会议在重庆举行，"宪政"议题受到较多关注和讨论。 邹韬奋与会时注意到，大会共有 7 项提案涉及宪政议题，分别由各党派及无党派代表提出，其中包括《请政府明令保障各抗日党派合法地位案》（陈绍禹提），《请结束党治立施党政以安定人心发扬民力而利抗战案》（左舜生、张君劢、章伯钧等提），《请政府遵照中国国民党第五次全国代表大会决议案定期召集国民大会制定宪法开始宪政案》（孔庚等提），等等。 对于在大会上引起激烈争辩的"结束党治"提案的具体内涵，邹韬奋给出了自己的理解，此议案首先明确要结束国民党一党专政的党治，而非各民主国家里的政党政治。 他还借用孙中山的言论，指出应结束以党员治国，而应以主义治国，三民主义为全国共同的政治纲领，"结束党治"有利于各抗日在野党及无党派人士共同参政，这样也可避免国民党"党员相护"，选贤与能。①

国民参政会第一届第四次会议对上述涉及施行宪政的七项提案给出了最终审查意见，其"治本办法"宣称：一、请政府明令定期召集国民大会，制定宪法，实行宪政。 二、由议长指定参政员若干人，组织国民参政会宪政期成会，协助政府促成宪政。 这一审查意见受到大会全体一致通过，议长蒋介石指定参政员 19 人（后增至 25 人）组成国民参政会宪政期成会。 但邹韬奋后来对此决议提出了质疑，认为其只是在玩文字游戏。"因为就字面上说，'国民大会'有了，'宪法'有了，'宪政'也有了"，但是仅"定期"二字就够研究，"因为定期可快可慢，一年半载是定期，三年五年是定期，八年十年是定期，而且还可改期延期，此中'方便之门'甚多。"②该决议案于 1939 年 9 月

---

① 邹韬奋.再谈抗日各党派对宪政的要求 // 中国韬奋基金会韬奋著作编辑部.韬奋全集（10）［Z］.上海：上海人民出版社，1995：270 - 273.

② 邹韬奋.舌战后的"治本办法" // 中国韬奋基金会韬奋著作编辑部.韬奋全集（10）［Z］.上海：上海人民出版社，1995：285.

通过，但直到近两年后邹韬奋发文回忆参政会内情时，仍在"定期"中。

国民参政会宪政期成会开了四五次后，又有人发起了宪政促进会。蒋介石在约见左舜生等参议员时，表示希望能尽快实施宪政，具体办法大家可具体研究，时任国民党中央党部秘书长的叶楚伧却传出话来："研究可以，最好由少数学者在房间里研究研究，不要发表文章，来什么运动！"①另有一些人造谣，实现宪政的最终目的是要颠覆国民政府。在宪政促进会筹备员座谈会中，国民党中央党部所属社会部的许多职员"不请自来"，在重庆银行公会会场破口大骂，进行扰乱，他们因人多进而要"表决"所谓取消组建宪政促进会的"提议"。虽因时近中午12点，原定会场另有他用，"表决"并未进行，但第二天国民政府中央社仍发出消息，称这次座谈会已由多数"表决"否定宪政促进会的组织。宪政期成会另有一项成果为宪法修正案，待逐条宣布审议通过时，蒋介石宣布休会时间已到，翌日再详细讨论。等到第二天，刚开始没多久即又被宣布休会，对于修正案根本没展开讨论；再行开会时，秘书长王世杰宣读了蒋介石的"手令"：各意见送政府审议，即算是作了决议。"宪草修正案原为国民参政会第五次大会最中心的议案，也是国民参政会宪政期成会的唯一结晶品，这样干脆地结束"，邹韬奋等参政员"好像冷水浇背，不胜寒心"。②邹韬奋对国民参政会从认可、期待到失望，最后辞去资格的过程，正如美国学者格里德尔所言：当知识分子不可能再有表达个人意见的权利时，还坚持知识分子具有承担使命的特权，就失去了意义，当诸如

---

① 邹韬奋.一幕悲喜剧//中国韬奋基金会韬奋著作编辑部.韬奋全集（10）[Z].上海：上海人民出版社，1995：298.

② 邹韬奋.对宪政的最后挣扎//中国韬奋基金会韬奋著作编辑部.韬奋全集（10）[Z].上海：上海人民出版社，1995：306.

"除依据法律外"、"准备立宪"等说法本身成为国家权力兵工厂的武器时，试图用宪政手段限制国家权力，就成了对宪政本身的限制。①

1939 年 10 月，邹韬奋在《全民抗战》上撰文，再次呼吁以推动实施宪政的最大努力，来迎接纪念"双十"国庆。他认为应把实施宪政与拥护政府抗战的国策结合起来，以加速抗战建国胜利。"民国成立以后屡次有所谓宪法，有所谓选举，有所谓国会，但都不免失败，其最大症结即在只是少数人活动而与大众在此时此地的要求脱离了关系。结果宪法只是木乃伊，宪政运动只是少数政客的工具，有名无实，流弊百出。现在是抗战建国的迫切时期，不是可以从容玩什么把戏的时候，决不容再蹈这样的覆辙。"②当年 11 月，生活书店出版《宪政运动参考材料》，邹韬奋在图书前言中，对参政会上的宪政运动作了介绍；同时提醒，实施宪政"并不是仅仅坐待若干专家抄袭或凭空创造若干宪法的条文，就算了事，却须能够反映人民在这抗战建国伟大时代中的迫切要求，由此加强国民对于国家的更亲切更深刻的认识，加强国民参加政治，参加抗战建国工作的努力"③。

民主、宪政、言论自由相互之间三位一体、相辅相成，这是邹韬奋民主政治思想的基本架构。"宪政的发展和民主的发展是朝着同一的倾向。和宪政对立的是专制，和民主对立的是独

① 格里德尔.知识分子与现代中国：他们与国家关系的历史叙述 [M].单正平，译.桂林：广西师范大学出版社，2010：334.

② 邹韬奋.今年的黄花岗烈士纪念 // 中国韬奋基金会韬奋著作编辑 部.韬奋全集（9）[Z].上海：上海人民出版社，1995：224 - 226.

③ 邹韬奋.今年的黄花岗烈士纪念 // 中国韬奋基金会韬奋著作编辑 部.韬奋全集（9）[Z].上海：上海人民出版社，1995：245.

裁。宪政和民主有着联系，好像专制和独裁有着联系一样。"①邹韬奋曾在实现"多数统治"的愿景下，把民主政治的主要特征归纳为以下要点：人民有言论出版集会结社的自由；树立法治的精神，保障人权；保障人民的选举权与被选举权；人民通过选举的代表掌握立法权，同时组织负责任的政府，监督政府依法理政；宪法等根本法律，须尽量由最大多数人民参加研究讨论，由此激发他们服从法律的自觉性；保证人民的经济和社会权益；愿意且努力与各政党合作竞争。② 不难看出，邹韬奋把享有自由视为实现民主的前提，并诉诸法治保障。 他的类似言论，仅仅是个人政治思想的总结，并与其新闻出版活动关系密切，但在国民政府统治时期，受制于"主流意识形态"和国民政府的"抗战"需要，没有土壤促使其思想生根发芽，这也最终导致邹韬奋对当局日益失去信心。

第三节　接受共产主义信仰

从对国民党及其政权的排拒到对中国共产党的认同、支持，邹韬奋大致经历了由一名温和主义者向激进主义者转变的过程。 美国当代学者利昂·P.巴拉达特在其从"左派"到"右派"的政治光谱中，划分出激进主义者、自由主义者、温和主义者、保守主义者与反动主义者五类人士。 激进主义者通常极端不满于现行社会，他们偏好立即的、根本性的社会变革（革命性的变革），最极端的激进主义者有使用暴力的倾向。 自由

① 邹韬奋.宪政与民主∥中国韬奋基金会韬奋著作编辑部.韬奋全集（9）[Z].上海：上海人民出版社，1995：263.
② 邹韬奋.宪政与民主∥中国韬奋基金会韬奋著作编辑部.韬奋全集（9）[Z].上海：上海人民出版社，1995：266-271.

主义者拒斥任何彻底改变体制的企图，他们会尝试通过合法的程序变更法律，克服社会缺陷。温和主义者通常指一个人在某一政治立场上是温和的，他们基本上对社会感到满意，坚持体制内的改革应循序渐进，不应过于极端，以致扰乱社会的安定。大多数保守主义者对于社会通过冒进的政策方案达成改革的能力缺乏信心，他们只支持缓慢和表层的体制变动。反动主义者极端不满现状，主张倒退变革，支持将社会带回先前的状态或重返旧的价值体系。① 20 世纪 30 年代，与邹韬奋生活在同时代的许多知识分子（比如鲁迅），都逐渐左倾。"从那时开始的知识和文化生活的持续极化，在整个抗战时期和后来的内战中，继续聚集着力量。但人们对国民政府逐渐丧失信心的同时，并不意味着相应地对共产主义者提出的革命政权抱有信心。"②

一、无党派办刊立场

邹韬奋办刊宣扬无党派立场，只强调注重大众需求、服务于大众。邹韬奋曾记述有人将"国家主义派"的"帽子"扣给他，因为《生活》周刊经常刊发报道抗日救国的文章，又有人说他是"左倾作家"，甚至在组建"劳动社会党"……对于上述种种传言或者有意的诬陷，邹韬奋于 1932 年发文声明："其实我不管什么叫'左'，什么叫'右'，只知道就大多数民众的立场，有所主张，有所建议，有所批评而已"，"根据自己的信仰而加入合于自己理想的政治集团，原是光明磊落的事情，这其中不必即含有什么侮辱的意义。不过我确未加入任何政治集

---

① 利昂·P.巴拉达特.意识形态起源和影响［M］.张慧芝，张露璐，译.北京：世界图书出版公司，2010：17－32.
② 格里德尔.知识分子与现代中国：他们与国家关系的历史叙述［M］.单正平，译.桂林：广西师范大学出版社，2010：334.

团，既是一桩事实，也用不着说谎。我现在只以中华民族一分子的资格主持本刊，尽其微薄的能力，为民族前途努力，想不致犯了什么非砍脑袋不可的罪名吧"。①

1936 年六七月间，邹韬奋在香港主持《生活日报》编辑出版事宜一再声明，"我们是完全立在民众的立场办报，绝对和任何党派没有联系"；有也仅仅是如《生活日报》宗旨所言，为"促进民族解放，推广大众文化"，唤起民众共同奋斗来抗敌救国。香港当局在对《生活日报》进行新闻审查时，当事人最终给出的结论为，"这只是几个读书人办的报，没有什么政治背景"②。

邹韬奋与国民党中统局长徐恩曾是南洋大学电机科同班同学，两人私谊不薄。好几次晤谈时，徐恩曾暗示邹韬奋，要他识时务，加入国民党，多研究三民主义。邹韬奋对此的答复是："做一个光明磊落的国民，只能做有益国家民族的光明磊落的事情，做任何私人或私党的走狗'仰承意旨'的玩意儿是我这副硬骨头所干不来的"，"不过要我加入国民党，也不妨事情和我商量商量，现在无缘无故在短时期内把几十家书店封闭，把无辜的工作人员拘捕，在这样无理压迫下要我入党，无异叫我屈膝。中国读书人是最讲气节的，这也是民族气节的一个根源，即使我屈膝，你们得到这样一个无人格的党员有何益处？"③

邹韬奋所谓无党派立场，主要出于保持刊物编辑出版的独

---

① 韬奋.漫笔//《生活》周刊影印本（第 7 卷）[Z].北京：人民出版社，1980：782 - 783.

② 生活书店.韬奋画传·经历·患难余生记 [Z].北京：生活书店，2013：273 - 274.

③ 邹韬奋.与党部"特务"首领的谈话//中国韬奋基金会韬奋著作编辑部.韬奋全集（10）[Z].上海：上海人民出版社，1995：349 - 352.

立运营，而不被政治集团所控制、利用，这不意味着他轻视任何党派，或者反对一切政党或政党制度。如曾有快要毕业的大学生读者给邹韬奋写信，表示自己对于入党问题的困惑，并反对无政府党、国家主义派、国民党等一切政党。为此，邹韬奋在答复中作了辩证分析："我以为政党并不是绝对的坏东西，倘若一党的党纲及事业，的确是为国利民，便是一个好政党，倘若一切反对岂不是不分是非了吗？"①这从他对中国共产党态度的转变也可以得到证明。

二、"拥共"立场的确证

邹韬奋对中国共产党的态度，发生过较大转变，这一定程度上决定了《生活》周刊、《大众生活》乃至生活书店报道、出版方向的改变。1930年，邹韬奋在《好县长》一文中，曾有这样的记载："蹂躏湘粤闽赣边境的朱毛匪患愈演愈烈，以赣省受祸为尤甚，最近攻陷该省信丰县，焚杀甚惨，该县县长吴兆丰竟以忠勇卫民而致以身殉职，尤可惋惜。"②1932年在刊发好友杜重远的文章时，邹韬奋对其涉及中国共产党相关负面传闻内容，同样照登。"此间共党情形，亦与世间所传说者迥异。据瑞金县同学刘君云：（瑞金已成共党的大本营）烧杀极惨，奸淫则无，每至一县，有资产者杀，有知识者杀，大县杀至二十万人，小县亦杀七八万人。房文地契全行毁灭，华屋美室一概焚烧。自然，贪官污吏土豪劣绅亦同在不赦之列，但是良莠不择，玉石俱焚，造成一个极大恐怖状态。他们将所有农田，重

---

① 邹韬奋.生活问题与入党问题 // 中国韬奋基金会韬奋著作编辑部.
　　韬奋全集（4）[Z].上海：上海人民出版社，1995：109.
② 韬奋.好县长 //《生活》周刊影印本（第5卷）[Z].北京：人民
　　出版社，1980：325.

行划分，授与贫农苦工耕种。"①1933 年，《生活》周刊有关中国共产党的报道，依然采用国民政府的宣传口径，将红军视为"匪"，而国民政府军队则为"我军"，对立立场鲜明。

日军侵华以及国共第二次合作的实现，对于邹韬奋改变对中国共产党的态度产生了重要影响。在抗日方面，邹韬奋向来主张全民一致对外，团结御侮。1937 年"七七事变"爆发后，蒋介石公开承认了中国共产党的合法地位；与此同时，陕北中央红军改编为国民革命军第八路军（简称"八路军"），散布安徽、江苏等地的红军游击队改编为国民革命军新编第四军（简称"新四军"），抗日民族统一战线由此形成，国共开始了第二次合作。在报道中，邹韬奋对"朱毛"的称谓变为直呼其名，或以"毛泽东先生"等指代，与此前的"匪"称判若霄壤。

除了对毛泽东、朱德等中共党政军领导人态度的转变，在报道内容和取向上，邹韬奋作了较大调整，如对于陕北公学、中国人民抗日军政大学（简称"抗大"）等的情况，报名流程、办事处地点等信息，他在《抗战》三日刊以及《大众生活》等报刊上作了诸多推介。1938 年 4 月，《抗战》三日刊《边区实录》系列报道中，刊发了关于抗大的介绍，如其学生主要由四个大队组成：第一、第二大队都是红军干部；第三、第四大队主要为外来学生。第一大队为军事大队，旨在培养营团军事干部；第二大队为政治大队，主要培养师团政训工作人员；第三大队性质为短期速成班，主要培养游击战领导人员以及下级政治干部人员，可视为"抗大"的预科班；第四大队刚成立不久，军事学术为主要科目，旨在造就连排长人才，须经过一定的见

---

① 杜重远.向前干去//《生活》周刊影印本（第 7 卷）[Z].北京：人民出版社，1980：111.

习期后，才能成为正式军官。①《抗战》三日刊上刊发的《赴延
安途中见闻》、《陕公毕业典礼速写》等系列文章，同样有助于
在读者受众中宣传中国共产党的抗战政策和教育建设实绩。 许
多青年闻讯纷纷致函邹韬奋或八路军办事处咨询、寻求帮助，
另有些人直接按图索骥奔赴延安。 因投考和咨询的青年众多，
八路军办事处来不及一一详细答复，后来只得给邹韬奋写信，
说明招生情况，并在《抗战》三日刊公布陕北公学的招生简
章，详细说明入学要求及其他事项，如："本校以实施国防教
育，培养抗战人才为宗旨"；"甲普通"类报名资格为"一、 愿
为抗战服务者，二、 无论男女，凡年龄在十六岁以上，三十五
岁以下者均合格，三、 身体强健，无不良嗜好者"；学费方面，
"学生一律免缴学费，惟每月每人须交膳费六元，第一学期二十
四元，一次缴纳，经本校特许者得分期缴纳或免缴费，书籍文
具服装铺盖日常用品自备"。②

　　由于对积极抗战有共同诉求，邹韬奋渐渐对中国共产党报
以好感。 1938 年 4 月生活书店内刊《店务通讯》上刊发了由邹
韬奋、徐伯昕、金仲华等人联名发出的启事，呼吁生活书店同
人为八路军将士捐款，用以购买防毒面具，抗击日本侵略者。
"几天以前看到报纸上朱德总司令的通电——沉痛呼吁希望大家
捐钱出来买防毒面具，因为日本强盗将施行它的最野蛮的手
段，以毒瓦斯来残杀我们前线的勇士和后方的同胞。 ……我们
为了保家卫国，保卫民族，都应该有慷慨输捐的必要，让我们

---

①　舒湮. 边区实录（六）《中国抗日军政大学》//《抗战》三日刊影印
　　本（第 65 号）[Z]. 上海：上海书店，1984：6.
②　陕北公学招生简章//《抗战》三日刊影印本（第 20 号）[Z]. 上
　　海：上海书店，1984：10.

也大声疾呼一下：我们希望同人们尽自己的力量多捐点钱出来！"①抗战期间，邹韬奋还与王炳南等中共人士一道前往前线劳军。

1935 年前后，邹韬奋在欧美考察期间，对于共产党的信仰已开始表示认同。 1935 年 5 月，流亡海外的邹韬奋从伦敦乘船奔赴美国考察，受到美共中央中国局委员徐永煐②的帮助。 邹韬奋去世五周年（1949 年 7 月）之际，徐永煐写文以资纪念，其中谈到他为邹韬奋考察美国的工会和共产党组织提供了直接或间接的介绍和帮助。 在两人谈话中，邹韬奋告诉徐永煐自己思想的转变历程：在国内的时候，他只是一名爱国主义者，只要求中华民族的解放与强盛；游历了苏联之后，便觉得社会主义很好；待到了英国，发现资本主义或者有些不妥；但到了美国北部纽约等城市，参观一些工程学校，又觉得资本主义还是不错；由此认定，中国人只要发奋好好干，社会主义与资本主义都是出路，反之都没有办法。 可是，这次美国之行，在南部看到了贫困、压迫、凶残以及黑人与白人共产主义者的艰苦工作，坚决奋斗，他才深刻体会到资本主义的本质，并由此感到，社会主义与资本主义道路并非都适用中国；中华民族的彻底解放，只有在社会主义无产阶级政党共产党的领导下才能获得。③

邹韬奋与中国共产党领导人的直接、间接交往，有助于加

---

① 北京印刷学院，韬奋纪念馆.《店务通讯》排印本（中）［Z］.上海：学林出版社，2007：43.

② 徐永煐（1902－1968），江西龙南人，1925 年赴美国，在芝加哥大学、斯坦福大学等校求学，后加入美国共产党，1946 年回国后转入中国共产党，历任美共中央中国局委员、书记，中共中央军委外事组编译处处长等职。

③ 徐永煐.韬奋的共产主义思想∥邹嘉骊.忆韬奋［Z］.上海：学林出版社，1985：191－192.

深他对"中国共产党"及其纲领、政策的理解和接受。 1936年
六七月间，刘少奇化名"莫文华"，两次在《生活日报星期增
刊》发表了题为《民族解放的人民阵线》(《创刊号》)和《人
民阵线与关门主义》(第6号)的文章。 在写给邹韬奋的信函
中，"莫文华"表达了对邹韬奋及其主编刊物的赞赏和肯定。
复函中，邹韬奋赞同作者关于全民族联合起来抗日救亡等的主
张，并对"人民阵线"的提法给出了商榷意见。 邹韬奋认为：
"人民阵线"这个名词容易引起误解，不如用"民族联合阵线"
来得清楚。 邹韬奋首先分析了"人民阵线"一词与法国的渊
源，指出法国的"人民阵线"是使法西斯以外的人民联合起来
反对法西斯，是以阶级为出发点，其性质是对内的；而中国当
前的主要目标是一致对外，获得民族解放。"而且称'人民阵
线'也容易使人误会只包括人民，有志抗日救国的军人、官吏
并不包括在内。 所以我们主张，为明了起见，不可再用'人民
阵线'这个名词，应该用'民族联合阵线'，使人一望而知是以
民族解放为本位的联合战线；是对外的，不是对内的；是中华
民族的任何分子，除汉奸外，都可以参加的，都应该参加的，
并不限于任何阶级的，并且不该由任何阶级包办的。"①令人颇
为感慨的是，刘少奇和邹韬奋这一段文字之交，在"文革"时
期，却成了"案底"。"莫文华"写给邹韬奋的信函，作为"右
倾投降主义的代表作"，被编入《刘少奇反动言论集》，受到批
判。 受此影响，邹韬奋被追批为"支持刘少奇的资本家"。

此外，邹韬奋等人还请中共领导人等前往生活书店演讲、
座谈，如1939年1月，叶剑英在生活书店茶话会上发表了《今
后的战局》的演讲；同年6月，生活书店举行茶话会，欢迎新
同事，周恩来应邀参加并发表演讲《第二期抗战中的文化工

---

① 编者.《人民阵线与关门主义》附言［N］.生活日报星期增刊（第
6号），1936-7-12（10-11）.

作》，董必武、徐特立、博古、凯丰等中共人士曾在生活书店谈过国共关系。 1940年，在中共重庆办事处，邹韬奋获得毛泽东尚未在重庆公开发表的《新民主主义论》文稿后，如获至宝，滔滔不绝向范长江复述文章内容。 毛泽东此前曾托人在生活书店订阅三十余种杂志，由店方按期航空寄发。

亲身经历、眼见为实的流亡经历，为深化邹韬奋对共产党的向心力提供了现实基础。 为躲避国民党当局迫害，邹韬奋历经辗转，于1942年10月到达苏中抗日根据地，据当时的苏区负责人陈毅回忆，邹韬奋在给他的通信中谈到参加了当地参议会，与江苏绅士进行了广泛接触，对生产运动、减租减息、救灾等问题，作了深入地研究，由此感慨"过去十年来从事于民主运动，只是隔靴搔痒，今天才在实际中看到了真正的民主政治"；在与敌后军民一道粉碎了日军的"扫荡"后，邹韬奋又表示：今天我真正地了解了共产党的统一战线绝不是只有形式的寒暄请客，而是和各阶层人民结成了生死之交。[①] 当时邹韬奋患中耳炎逐渐恶化有癌变趋势，陈毅等负责人为此特定准备了二十万的治疗费，准备从北平请医师南下，但那位中国医生在动身前被日军控制了。 邹韬奋后来甚至对陈毅等表示："我死也死在抗日民主根据地。"[②]在苏北地区，每当群众和干部请去演讲，邹韬奋有求必应，已融入了当地的军民生活。 邹韬奋生前曾表示，完成《患难余生记》写作后，他要接着写《苏北观感录》及《各国民主政治史》。 但因患病，他连《患难余生记》没有写完就去世了，成为终生遗憾。

反向观之，中国共产党在生活书店的影响也极为广泛和深

---

① 陈毅.在延安举行的邹韬奋先生追悼大会上的讲话//邹嘉骊.忆韬奋［Z］.上海：学林出版社，1985：92.

② 陈毅.在延安举行的邹韬奋先生追悼大会上的讲话//邹嘉骊.忆韬奋［Z］.上海：学林出版社，1985：93.

人。　一方面，邹韬奋同人中，有许多就是共产党党员，如生活书店《读书月报》主编胡绳，《世界知识》主编钱亦石、钱俊瑞，《大众生活》编委之一夏衍、乔冠华，《新生》周刊负责人艾寒松。　其他还有"秘密党员"胡愈之、沙千里，或是"特别党员"，如徐雪寒、金仲华、千家驹，等等。　邹韬奋与鲁迅、茅盾、郑振铎等左翼作家也曾密切合作。　1937年全面抗战后，生活书店抓住国共联合抗战的有利时机，先后出版了《共产党宣言》、《雇佣劳动与资本》、《反杜林论》、《国家与革命》、《辩证唯物论与历史唯物论》等数十种著作，为传播马克思列宁主义提供了精神食粮。　陈云化名"廉臣"写作的《随军西行见闻录》讲述了红军长征的故事，1938年在生活书店、新知书店出版发行了单行本，书名改为《随军西行记》。　胡愈之、张仲实等对于生活书店的图书出版方向，发挥了较大的影响。　胡愈之是编委会主席，主持制定过图书选题年度计划。　同为共产党员的张仲实，1935年年初担任生活书店编辑部主任，"生活书店有许多宣传马克思列宁主义的新书，大半是在仲实主持之下出版的"①。　1940年3月间，周恩来在重庆曾家岩八路军办事处请了生活书店秘书处主任张锡荣等前往谈话，了解近半年来生活书店的状况。　针对书店很多青年不满足于整理书籍、开发票等具体业务而想前往延安的现象，周恩来明确指出：生活书店的事业是整个进步文化事业的一部分，参加生活书店工作就是参加革命，要向青年人宣传这个道理，方式要巧妙，要暗示，使他们了解工作的意义，以便他们安心。　针对当局日益紧逼的封锁、压迫，周恩来建议，书店应分一部分人带着纸型和书籍转到边区去，到敌后游击区去开展文化工作，留下的也要将一部分人和财产分出去，采取各种可能的办法，建立第二道阵

---

① 毕云程.韬奋和生活书店//邹嘉骊.忆韬奋［Z］.上海：学林出版社，1985：298.

线，长期隐蔽，等待有利时机。① 1941 年，生活书店与读书出版社、新知书店共同在苏北抗日根据地组建了大众书店，主要经营马克思列宁主义和苏联文学等书籍。开张当天，苏区主要负责人陈毅亲往祝贺，并选购了《西行漫记》等数十册书籍。

邹韬奋有时组织、安排及时宣扬共产党方面的政策。据生活书店特约撰稿人杜若君回忆，在 1938 年 4 月间，英国和意大利签署了协定，由此引发了蒋介石对英国可能腾出手来关注远东局势的幻想，以此考虑对日妥协的可能性。蒋介石为此指示《大公报》负责人张季鸾要加强宣传、制造舆论。周恩来在生活书店的一次座谈涉及上述世界局势变化以及国民政府的动向。邹韬奋因此请杜若君写一篇专稿，以便尽快在生活书店旗下的《世界知识》杂志上发表。《世界知识》杂志社刚迁到武汉，因印刷、排版等问题，出版周期不定。杜若君所写专论《英意协定有什么影响》交给邹韬奋后，一时不能安排出版。邹韬奋当机立断，决定将这篇只有近万字的文稿出版单行本，定价 4 分钱，以便争取宣传舆论阵地。② 生活书店的许多员工还经常利用工作的业余时间，开展制度化的读书会，讨论、学习《辩证唯物论》、《联共（布）党史简明教程》、《政治经济学》等论著，探讨马克思列宁主义思想。

德国学者卡尔·曼海姆曾从知识社会学角度考察知识分子群体的特性。非附属性知识分子实际上采取了两种行动过程，以摆脱这种处于中间道路的立场：第一，他们在多大程度上是自愿地加入各种相互对抗的阶级中的某一个阶级；其次，检查他们自己的社会处境，寻求完成作为整个知识利益集团的预定

---

① 张锡荣.我在"生活"工作的日子（摘要）// 邹嘉骊.忆韬奋 [Z].上海：学林出版社，1985：266 - 267.

② 杜若君.忆韬奋（摘要）——纪念韬奋逝世四十周年 // 邹嘉骊.忆韬奋 [Z].上海：学林出版社，1985：435.

倡议人的使命，政治上的投靠或反对将基于在社会中的有意识的取向和根据知识生活的要求来决定。① 邹韬奋申请加入中国共产党的经历，说明了他试图摆脱从前"非附属"性知识分子的身份，这种"非附属性"曾使他在国共两党之间都保持超然姿态，并不过多介入政治。世易时移，在邹韬奋生命后期，他多次表示要加入中国共产党，这种政治上的归属一定程度上消解了其自由主义知识分子身份的特征，而略带有激进主义色彩。据徐伯昕转述，1942 年 9 月间，邹韬奋将要离开梅县江头村去苏北解放区时，曾对帮助他隐蔽的同志讲了这样一段话："我毕生办刊物、做记者、开书店，简直是'题残稿纸百万张，写秃毛锥十万管'了，但政权、军权还在蒋介石手里，他一声令下，就可以使千万个人头落地！千万本书籍杂志焚毁！连我这样的文弱书生、空谈爱国者，他都一再使我流离失所，家散人亡呢！我现在彻底觉悟了，我要到八路军、新四军方面去，在毛泽东、周恩来、朱德等同志的领导下，参加革命斗争，争取加入中国共产党。"②1944 年，邹韬奋因患耳癌临终前几个月，一再表示加入中国共产党的夙愿。此前不同时段，他曾好几次分别向周恩来、王明等人表达了这一请求，他得到的答复是，暂时以非党员身份在党外活动，更有利于开展工作。在遗嘱中，邹韬奋再次表达了请求加入中国共产党的决心。③ 1944

---

① 卡尔·曼海姆.意识形态与乌托邦［M］.黎鸣，李书崇，译.上海：上海三联书店，2011：158-160.

② 徐伯昕.战斗到最后一息（摘要）——纪念邹韬奋同志逝世三十五周年∥邹嘉骊.忆韬奋［Z］.上海：学林出版社，1985：349-350.

③ 对于邹韬奋申请加入中国共产党的前后经过，邹韬奋的女儿邹嘉骊作过细致考证，对邹韬奋《遗言记要》的不同版本，也有比较和求证。邹嘉骊.韬奋年谱（第 3 卷）［Z］.上海：上海文艺出版社，2005：518-524.

年9月，邹韬奋去世两个月后，中共中央给邹韬奋家属发来唁电，其中写道："先生遗嘱，要求追认入党，骨灰移葬延安，我们谨以严肃而沉痛的心情，接受先生临终的请求，并引此为吾党的光荣。"①

邹韬奋从在报刊上"批共"到"拥共"直至愿意成为其中一员的历程，主要动因是对国民党及国民政府失望所致，而革命时期中国共产党争取民族独立、要求民主政治等的宣言和实践，正好契合了邹韬奋一贯坚信的理念。正如法国当代社会学家雷蒙·阿隆在论述知识分子及其意识形态主题时所指出的那样，"长期战争，国民党的日益腐败、通货膨胀和警察体系的残酷，这一切使知识分子越来越反感，并最终成为毛泽东的盟友"②。邹韬奋的言行也是许多民国时期青年效仿、学习的榜样。如后来担任过中国史学会会长、中央文献研究室副主任等职的金冲及回忆，十几岁时，读了邹韬奋所著的《经历》、《抗战以来》、《患难余生记》、《与反民主的抗争》等作品后，感到"读他的书，仿佛能触摸他那颗烈火般的心"，"韬奋是我心目中肃然起敬的优秀知识分子。他书中处处流露出的对共产党的信任和尊敬，也一步步地拉近了我对共产党的感情"。③吴冷西后来任新华社社长、《人民日报》总编辑等职，而他青年时代，同样受邹韬奋主编的《生活》周刊影响，"从《生活》周刊、《世界知识》杂志、《自修大学》杂志等左翼刊物中逐渐了解抗日救国、解放劳苦大众、民族解放和社会解放的道理，也

① 邹嘉骊.韬奋年谱（第3卷）[Z].上海：上海文艺出版社，2005：526-527.
② 雷蒙·阿隆.知识分子的鸦片[M].吕一民，顾杭，译.南京：译林出版社，2012：247.
③ 金冲及.回忆六十年前的事[J].读书，2012（9）：6-7.

知道了世界第一个劳苦大众当家作主的国家——苏联"①。 生活·读书·新知三联书店总经理范用也曾回忆，当年他对邹韬奋主编的《大众生活》、《生活星期刊》，"是每期要买的"。② 邹韬奋从"批共"到"拥共"这一转变，成为民国时期知识分子政治抉择的典型，这本身也是现代出版转型大格局中有关新闻出版人士角色身份转换的题中之义，其历史价值则随着中华人民共和国的成立以及中国共产党的执政而越发深远、影响至今。

三、邹韬奋、张元济交谊例析

在中国现代出版史上，张元济与邹韬奋堪称新旧两代知识分子从业的代表。 张元济历任商务印书馆编译所所长、经理、监理、董事长等要职，数十年如一日呕心沥血，劳苦功高。 邹韬奋先后担任《生活》周刊、《大众生活》、《生活日报》等报刊主编，主持生活书店管理工作，致力于服务大众，同样可圈可点。 张元济虽然年长邹韬奋 28 岁，他们的成长环境迥异，但都经历了清廷灭亡、民国肇基、日本侵华等一系列历史事件。风云变幻的时局中，两人因缘际会，惺惺相惜，在昌明教育、投身出版业、宣扬抗战救亡等方面，尽管路径有别，但往往不谋而合，其精神风骨，历久弥新。 两人最终都以中国共产党及其信仰为追求，考察两人的交谊，也有助于辨析邹韬奋出版理想和政治思想的变迁。

张元济是清末科举的见证人。 1892 年，26 岁的张元济赴京会试中贡士，获同进士出身，随即入翰林院任庶吉士，后在

---

① 吴冷西.延安十年//回忆领袖与战友［Z］.北京：新华出版社，2006：1.

② 范用.买书结缘//泥土·脚印［Z］.北京：生活·读书·新知三联书店，2008：43.

总理事务衙门任章京（类似文书、文秘）职务。 光绪皇帝喜欢看新书，常常写条子到总理衙门要书，如日本图志等，都是张元济经手办理的。 因热衷西学，张元济不但自己学习英语，还联手同人在京筹办通艺学堂，"专讲泰西诸种实学"①，与传统私塾教学大异其旨。 光绪皇帝召见张元济时，特意询问过通艺学堂的办学情况。 1898 年"戊戌政变"发生后，张元济因思想维新，支持变法，受到"革职永不叙用"的处分，但经总理衙门大臣李鸿章向盛宣怀推荐，他于 1899 年赴盛宣怀创办的南洋公学译书院担任"总校兼代院事"。 1901 年，因南洋公学总理何嗣焜病故于任上，张元济兼任南洋公学代总理，全面主持学校工作约半年。 张元济呈请盛宣怀开设南洋公学特班，旨在培养贯通中西的青年才俊，学生中有邵力子、李叔同、黄炎培等人，并聘请蔡元培担任特班主任。 黄炎培后来发起创设中华职业教育社，创办《生活》周刊，最初由具有商科专业背景的王志莘担任主编，其继任者正是邹韬奋。 颇为巧合的是，张元济哲嗣张树年也毕业于圣约翰大学，算来是邹韬奋的"学弟"，他取得经济系学士文凭后赴纽约大学留学，获硕士学位。 20 世纪30 年代初，张树年学成归来，经人推荐，他入职新华银行。 当时新华银行的总经理，恰好是《生活》周刊前主编王志莘。 张元济、邹韬奋此时虽未定交，但共同的朋友圈为两人后续投缘作了一定铺垫。 在张元济主持下，南洋公学译书院出版了亚当·斯密著、严复译的《原富》等著作。

1901 年，张元济投资商务印书馆，翌年受邀出任编译所所长，从此他的人生志趣更倾向于教育与出版行业而无意仕进。"昌明教育生平愿，故向书林努力来"，这句诗正是其人生写照。

投身出版业后，张元济对教育事业仍给予诸多关注，他以

---

① 张元济.通艺学堂章程//侯且岸.教育救国论 [Z]．北京：高等教育出版社，2010：33.

"扶助教育"为己任，先后起草了《议改良留学日本办法》
（1906）、《为寺庙办学致学部堂官书》（1906）、《复议外国人
设立学堂章程》（1906）、《全浙教育总会工作提要》（1907）、
《调查英国教育之提纲》（1910）、《中国教育会章程草案》
（1911）等议案。　1910 年，张元济从东南亚到英法德意等国作
环球之旅，"我此次游历最注意的是学堂，而小学堂尤为格外注
意"①。　国外基础教育完备，女子教育、残疾者教育健全，教
学教法新颖，这些给张元济留下了深刻的印象，他认为中国教
育界应该取法、效仿。　1917 年，中华职业教育社在上海创立，
发起人以及赞助者包括黄炎培、张元济、蔡元培、梁启超、范
源濂、张謇等各界名流数十人。　张元济所拟《中华职业教育社
宣言书》宗旨称："本社之立，同人鉴于方今吾国最重要、最困
难问题，无过于生计。　根本解决，惟有沟通教育与职业。　同
人认此为救国家、救社会唯一方法。　故于本社之立，矢愿相与
终始之。"②

　　与张元济一样，邹韬奋对于教育事业颇为用心，他在《申
报》、《时事新报》、《新教育》、《教育与职业》、《教育杂志》等
报刊发表诸多有关职业教育、青年求职指导的文章，如《改良
家庭教育丛谈》（1921）、《杜威的〈民治与教育〉》（1921）、
《济南教育大会纪事》（1922）、《中国之职业教育》（1923）、
《美国补习教育法令之研究》（1926）。　20 世纪 20 年代，邹韬
奋还有七八年兼职从教英文的经历。"大概过了一年光景，当时
在中华职业学校担任校长的顾荫亭先生正在物色一个英文教
员，想到了我。　刚巧我所'贴'的科学名词也可以告一段落，

----

①　张元济.张元济全集（第 5 卷，诗文）［Z］.北京：商务印书馆，
　　2008：169.
②　张元济.张元济全集（第 5 卷，诗文）［Z］.北京：商务印书馆，
　　2008：76 - 77.

于是便接受了他的聘请。从那时起，每日上半天便在中华职业学校教英文，并兼该校的英文教务主任；下半天，仍在职教社主持编辑股的事务。夜里是用来预备教课、修改卷子和自己阅看书报等等。"①邹韬奋后来总结出英文教学应尽量使用英语而非国文授课等多条经验，颇为难得。

张元济在《我国现在和将来教育的职责》一文中呼吁："我们的教育不要贵族化，要贫（'平'字还不够）民化；不要都市化，要乡村化；不要外洋化，要内地化。"②邹韬奋认同教育首先要面向大众普及，"教育既关国家大计，则为一国谋教育方面之发展者，应放大其眼光，为大多数民众谋，不应尽其心力于少数人，故迩来吾国教育家极力提倡所谓平民教育"③。张元济、邹韬奋两人均注重教育事业与出版事业的结合。张元济在商务印书馆与同人一道编写出版新式教科书，支持创办《教育杂志》杂志（陆费逵出任第一任主编），且风行一时。邹韬奋初期主编《生活》周刊时，许多内容和报道以职业教育指导为主题。受西潮东渐、欧风美雨浸染，张元济、邹韬奋以放眼世界的胸怀践行教育和出版理想，无疑为中国现代基础教育、职业教育改革作了有益探索。

张元济之于文化领域的贡献，除了出版严复译《天演论》、林纾译《茶花女》等大批外国学术、文学名著外，他对于古籍整理尤为费心尽力。为了影印《四部丛刊》和出版《百衲本二十四史》，张元济亲选底本、左右参证、精心校勘，几乎访遍了

---

① 邹韬奋.经历［M］.北京：中国工人出版社，2007：55.

② 张元济.张元济全集（第5卷，诗文）［Z］.北京：商务印书馆，2008：94-95.

③ 邹韬奋.办理平民职业教育所应根据之原则//韬奋基金会韬奋著作编辑部.韬奋全集（1）［Z］.上海：上海人民出版社，1995：468-470.

藏书名家，足迹甚至远至日本等域外，积数年之功而书成。 热衷整理国故、以期再造文明的胡适为此致函张元济，对其编辑、校勘志业击节赞赏："《廿四史》百衲本样本今早细看，喜欢赞叹，不能自已。 此书之出，嘉惠学史者真不可计量。 惟先生的《校勘记》功力最勤，功用最大，千万不可不早日发刊。 若能以每种校勘记附刊于每一史之后，则此书之功用可以增加不止百倍，盖普通学者很少能得殿本者，即有之亦很少能细细用此百衲本互校。 校勘之学是专门事业，非人人所能为。 专家以其所得嘉惠学者，则一人之功力可供无穷人之用，然后可望后来者能超过校史的工作而作进一步的事业。"①曾在商务印书馆任职的茅盾对张元济的道德文章同样赞誉有加："在中国的新式出版事业中，张菊生确实是开辟草莱的人，他不但是个有远见、有魄力的企业家，同时又是一个学贯中西、博古通今的人。 他没有留下专门著作，但《百衲本二十四史》每史有他写的跋，以及所辑《涉园丛刊》各书的跋，可以概见他于史学、文学都有高深的修养。"②

相比而言，邹韬奋在管理生活书店事务的同时，其成就主要体现在现代报刊的编辑出版上。 邹韬奋主编的报刊包括《生活》周刊、《大众生活》、《抗战》三日刊、《生活日报》等，其内容大多偏时政、社会生活报道。 因邹韬奋立足服务于大众，其选题、话语为读者所喜闻乐见，《生活》周刊单期发行量有时超过 15 万份。 1935 年，《大众生活》声援"一二·九"抗日救亡运动，单期发行量一度高达 20 万份，这比《申报》同一时期十多万份的发行量还高。 据邹韬奋回忆，张元济是生活周刊社

① 张元济.张元济全集（第 2 卷，书信）［Z］.北京：商务印书馆，2007：545.
② 茅盾，韦韬.茅盾回忆录（上）［M］.北京：华文出版社，2013：97.

的"永久社员","本刊按期送他，藉请教益"，张元济曾致函"亲笔赞赏本刊"。①

张元济花费很多精力引进西学著作、介绍新知，注重古籍整理、传承中华文化经典；邹韬奋则更多的是依托新闻报道，有意无意中建构起一道旨在满足大众日常需求的新兴文化景观。时至今日，论者常有"张元济不可追"的感慨，而提及中国现代新闻出版事业的奠基者，也很难绕过邹韬奋，在此意义上可以说，张元济、邹韬奋都是中国现代出版业中的领军式人物。

20 世纪 30 年代，面对日本日益蚕食中国的局势，许多有识之士纷纷呼吁国共合作、全民共同抵御外侮。张元济和邹韬奋着力通过图书、报刊媒介，宣扬抗日救亡主张，两人有着深沉的家国情怀。1931 年"九·一八事变"以后，邹韬奋所主持的《生活》周刊，因发表了许多宣扬抗战的言论，日益不被国民政府当局所容，因临时撤稿而屡有"开天窗"的情况出现。为此，张元济受黄炎培委托，专程向蒋介石表示希望做出干预。尽管蒋介石答应调查，但《生活》周刊最终还是没有逃脱被查封的命运。另据张树年回忆："先父是《生活》周刊的忠实读者，从创刊到受封闭。从未间断，正因为该刊言论正直，产生了仰慕之情。1933 年 12 月《生活》周刊被国民党政府无理封闭。先父与韬奋先生有同业之雅。出于不平，拟向蒋介石南京当局申说，请求开禁，准予复刊。但与蒋氏素不相识。乃邀老友俞明颐（字寿丞）先生之子俞大维（当时任军工署长）陪同，于 1934 年夏去庐山面见蒋氏。当时蒋表示与有关部门

① 编者. 张菊生先生亲笔赞赏本刊［J］.《生活》周刊（第 3 卷），14.

商量后答复。 不久来信，未能同意。"①

外敌人侵以致生灵涂炭、斯文湮灭，张元济对此早有切肤之痛。 1932 年，日军侵占上海闸北，商务印书馆连同张元济一手创办的东方图书馆，毁于日方的蓄意轰炸和纵火。 东方图书馆时有"东亚第一图书馆"美誉，40 余万册图书化为灰烬。 张元济悲痛至极，他在给友人的信中写道："东方图书馆成立数年，于社会教育不无裨益，今亦尽付劫灰。 宋元旧本事前仅携出五千余册，即宋椠元刊两类，已毁去三千余册，恐此后不可复得，最为可惜。 惟元济一息尚存，仍当力图恢复，藉尽服务社会之职，兼以上答大君子殷殷期望之意。"②

在动荡的时局中，张元济与邹韬奋的交往日益增多。 1936年 11 月 22 日凌晨许，邹韬奋、沈钧儒等七位全国各界救国联合会主要负责人在上海被捕，"七君子事件"爆发。 当局最终将"七君子"关押了 200 多天，直到"七七事变"后将他们释放出狱。 其间，张元济曾到苏州吴县横街看守所专程探望被关押在那里的邹韬奋等人。"除与衡老（即沈钧儒）有年谊，往来素密外，与其他在押的爱国诸君子素无往来，不相认识。 乃由衡老一一介绍，得以晤面。"③"开庭审判"时，张元济再度前往探监，当局以"防止有人扰乱"为借口，禁止旁听，他只好致信慰问。

尽管身陷囹圄，但张元济与邹韬奋之间时有书信往来。 邹韬奋把在狱中写作并由生活书店出版的自传《经历》一书托人

---

① 张树年.读邹韬奋先生狱中致先父书有感//政协海盐县文史资料工作委员会.海盐文史资料（第 3 辑）［Z］.1985 年：1-2.

② 张人凤，柳和城.张元济年谱长编（下卷）［Z］.上海：上海交通大学出版社，2011：899.

③ 张树年.读邹韬奋先生狱中致先父书有感//政协海盐县文史资料工作委员会.海盐文史资料（第 3 辑）［Z］.1985 年：1-2.

转交张元济，张元济则以《中华民族的人格》为赠。"七七事变"前夕，张元济从《史记》、《左传》、《战国策》中选取有关子路、豫让、聂政、荆轲等十余人的事迹，文白对照，一一加以评点，汇编成册出版，书名题为《中华民族的人格》。 在前言《编书的本意》中，张元济写道："这些人都生在二千多年以前，可见得我中华民族本来的人格，是很高尚的。 只要谨守着我们先民的榜样，保全着我们固有的精神，我们中华民族不怕没有复兴的一日！"①邹韬奋收到《中华民族的人格》样书后，致函张元济以表谢意和钦佩之情："韬十年前主办《生活》周刊时，即蒙先生爱护有加，赐书勉励。 长者扶掖之隆情厚谊，十年来未尝须臾或忘也"，"此间诸友（自）陷身囹圄以来，个人利害非所计及，惟救国无罪与民族人格不得不誓死力争。 拜读大著《中华民族的人格》，实获我心，韬等所始终坚持生死不渝者正为先生谆谆训诲者也。 此书在国难危迫如今日，尤弥足珍贵。 韬得闲当作一文介绍于国人，广播先生之爱国精神，努力服膺先生之懿训，为国奋斗，亦即以报答厚爱于万一也"。②

抗日战争全面爆发后，《中华民族的人格》一书再版重印，但在日占区被禁止发行。 邹韬奋出狱后，也在报刊上撰写了《持久战的重要条件》、《坚持抗战与积极办法》、《以保卫祖国为唯一中心》、《救亡的道路》系列文章，还多次号召为抗战将士募捐，组织伤病医院，并亲临前线慰问。 张元济、邹韬奋同仇敌忾的抗战言行，正是中国广大知识阶层保家卫国的自觉担当，无疑，他们也试图借此激发全民抗战的热忱和斗志。 1937年 10 月 16 日，张元济再次致函邹韬奋，就美英日法中等《九

---

① 张元济.张元济全集（第 5 卷，诗文）［Z］.北京：商务印书馆，
  2008：370.
② 张人凤，柳和城.张元济年谱长编（下卷）［Z］.上海：上海交通
  大学出版社，2011：1061.

国公约》成员国开会调解中日冲突事宜发表看法，认为"欧美诸国决不能以实力抑制日本，加以英国袒日之癖，世界厌战之理，其所为调解者，必将迁就日本还我虚名，予彼实利，只求日本接受（和解），我有何法可以抗拒？此事唯有苏俄可以从中牵掣"①。邹韬奋在所拟《编者按》中表示："文化界前辈菊生先生德高望重，忠诚爱国，这封信里的远识卓见，尤可钦敬，所以我们很诚恳地公诸国人，并希望政府当局加以注意……'英国袒日之癖'，我们绝对不可让它牵着鼻子走的！"②

对于汪精卫政治立场的转变，张元济和邹韬奋的态度颇为相似。张元济与汪精卫兄弟渊源颇深。汪精卫同父异母的哥哥汪兆镛与张元济有同年、同乡之谊，两人私交甚笃。而汪精卫早年曾陪同张元济在广州拜谒黄花岗烈士墓，后又书信不断。互致问候的同时，两人更多的是就时局、民生、外交、文化教育事业等内容进行探讨。如1930年9月，张元济就编辑出版《百衲本二十四史》的缘起、进展相告汪精卫，并寄送先行出版的宋景祐本《汉书》给后者，表示"倘于政务余闲府赐批览，锡以品题，曷胜宠幸"③。1933年9月6日，张元济给汪精卫去函，信中提及去年春日，他们与蔡元培聚谈时"请开辽省为万国公地"以抵制日本等议论，在张元济看来，"兴邦丧邦，不能不有赖于吾兄运筹帷幄矣"④ 1935年11月1日，国

① 张菊生先生的来信 // 《抗战》三日刊影印本（第20号），1937-10-23.
② 张菊生先生的来信 // 《抗战》三日刊影印本（第20号），1937-10-23.
③ 张元济.张元济全集（第2卷，书信）［Z］.北京：商务印书馆，2007：131.
④ 张元济.张元济全集（第2卷，书信）［Z］.北京：商务印书馆，2007：132-136.

民党四届六中全会开幕后集体合影时，国民政府行政院院长兼外交部长汪精卫遭袭，连中三枪，伤及左颊、左臂和后背。 张元济闻讯后专门发电给汪精卫："闻精卫先生受伤，不胜悬念，乞代慰问。"①可见，张元济也曾把汪精卫引为知交，并对他匡正时弊、救民水火寄予厚望。 然而，当汪精卫公开与日本合作并于1940年3月成立汪伪政权后，张元济与汪精卫的交情较之以往判若霄壤。 据《张元济年谱长编》记载，"约是年（1941），汪兆铭自南京托人带沪赠先生诗集一册（疑即汪著《双照楼诗词稿》），并嘱先生复函。 先生未予理睬"②。 在此前后，邹韬奋发表了《汪精卫的自掘坟墓》、《汪精卫通敌卖国》等多篇文章，声讨汪精卫"投敌叛国"言行，言辞激烈处，直接以"汪逆"称之。

　　张元济和邹韬奋长期是"无党派人士"，但这并不妨碍他们以文化界名流身份参政议政，同时保持历来为知识分子所珍视的独立立场和批判锋芒。 抗战期间，邹韬奋曾放弃过成为蒋介石"文胆"、"陈布雷第二"的机会，但他以参政员身份，连续五次参加了第一届国民参政会历次大会，并就当时新闻出版业广为关注的书报刊审查制度、言论自由、加强抗战文化事业等提交议案，一度显得颇为振奋。 但迫于国民政府当局打压、查封生活书店的情势，邹韬奋于1941年第二届国民参政会第一次会议期间，辞去了国民参政员资格，并且避走香港。 他后来认识到，国民政府所谓"参政议政"，不过是装点门面的镜花水月，即便出台相关决案也不会真正付诸实施。 对于政治方面的敏锐度，胡愈之一语中的，他说邹韬奋"不是一个政治家，也

① 张元济.张元济全集（第2卷，书信）［Z］.北京：商务印书馆，2007：136.

② 张人凤，柳和城.张元济年谱长编（下卷）［Z］.上海：上海交通大学出版社，2011：1175.

没有那种小政客投机钻营的恶习，他最不爱在政界中厮混。他天真率直的性格，不适合于干实际政治。即使让他走上政治舞台，我相信他也未必有经世之才"①。

张元济早年因受"戊戌政变"影响，无心仕途已久，但对于时局和有关国计民生的事项，他并非袖手旁观。海盐县长张韶舞曾以"繁荣城市"建设为名，拆除县城繁华路段许多商店和民宅，大兴土木，"地方官视捐资有无，以定移让之伸缩，从中敲诈"，②张元济回乡耳闻目睹上述情形后颇为义愤。1937年10月，他把张韶舞征工开挖防空壕，砍伐海塘树木，造成水道堵塞等情况，据实写了《海盐通讯》，投寄上海各报，邹韬奋也收到了函件。邹韬奋复信："先生留意民间疾苦，蔼然仁者之言，不胜敬佩。惟此事在当局或许视为有关军事，公开刊布，或易引起误会，故愚意不如设法将此中情形，由先生详述函告军事委员会或竟函告蒋先生（即蒋介石），收效必速，同时可免防务之外泄，不知尊意以为如何"。③ 1948年9月23日，张元济、胡适等81人入选国民政府中央研究院第一届院士。在国立中央研究院第一次院士会议上，张元济言词激烈地批评了"兄弟阋于墙"的内战："抗战胜利，我们以为这遭可以和平，可以好好地改造我们的国家了。谁知道又发生了不断的内战。……都是一家的人，有什么不可以坐下来商量的？但是战端一开，完全是意气用事，非拼个你死我活不可。这是多么

---

① 胡愈之.韬奋与大众文化//邹嘉骊.忆韬奋［Z］.上海：学林出版社，1985：152.

② 刘文荣.殷殷赤子心 眷眷桑梓情——张元济先生与故乡//中国人民政治协商会议浙江省海盐县委员会文史资料工作委员会.张元济轶事专辑［Z］.1990：114-115.

③ 韬奋基金会，上海韬奋纪念馆.韬奋全集（增补本7）［Z］.上海：上海人民出版社，2015：616-617.

痛心的事情。"①连年战乱造成四海困穷，张元济同样直言不讳，"到处征兵征粮，也弄到鸡犬不宁，民不聊生"，"有人告诉我，胡适之先生在北平每天不能全吃饭，晚上都是喝粥，我听见十分难过"；"战事不到两年，已经成了这个现象，倘若再打下去，别的不用说，我恐怕这个中央研究院也就免不了要关门"。② 会后，胡适对张元济说："菊老，今天大家在做喜事，你的发言未免说得太杀风景了。"③张元济对此并不在意。 时隔不到一年，中华人民共和国成立后，在上海出席中央研究院二十一周纪念会活动时，当着新任上海市市长陈毅等人士的面，张元济照样批评了讲排场、搞形式主义的活动。 如张元济看到林森中路（今淮海中路）有人用松柏枝搭起跨街牌楼，预备庆祝人民解放军举行入城仪式。 张元济认为："解放军进入城市已经有半个月，我们人民何必要请他们特别举行入城仪式？ 这虽然花不了多大的钱，但是拿来赈济难民，也可以救活不少的人。"④

邹韬奋后来逐步接受了马克思主义信仰，生前曾提出要求加入中国共产党。 张元济后来在政治上也亲近中国共产党。1949 年 9 月 6 日，83 岁高龄的张元济离沪北上进京，应邀为参加中国人民政治协商会议作准备。 在《出席政协会议之回忆》一文中，张元济对中国共产党充满信心，表示大家希望国事好转，"唯有在共产党的领导下，埋头苦干，奋发图强"⑤。 在京

---

① 张元济.张元济全集（第 5 卷，诗文）[Z].北京：商务印书馆，
2008：225 - 227.

② 张元济.张元济全集（第 5 卷，诗文）[Z].北京：商务印书馆，
2008：226.

③ 汪家熔.张元济[Z].上海：上海辞书出版社，2012：329.

④ 张元济.张元济全集（第 5 卷，诗文）[Z].北京：商务印书馆，
2008：229 - 231.

⑤ 张元济.张元济全集（第 5 卷，诗文）[Z].北京：商务印书馆，
2008：240.

期间，张元济与周恩来等中共人士都有往来，并受邀与毛泽东等人同游天坛，后又在中南海叙谈、聚餐。张元济觉得毛泽东有学问、有胆略，比他见过的光绪、袁世凯、孙中山、蒋介石都要务实、强大，周恩来体贴入微，办事周到。耳闻目睹多种新兴气象，张元济认为中国从此有希望了，兴奋之余，有时夜里都睡不着觉。

在革故鼎新的大变动中，邹韬奋、张元济选择了向中国共产党方面聚合，这与胡适、王云五等人的抉择截然不同。对中国共产党的信任及其治乱安邦能力的肯定无疑是重要原因之一。张元济和邹韬奋都曾有类似表示，希望尽快建立起独立、富强、文明、民主、和平、统一的新中国，而他们最终都把厚望寄托在了中国共产党人身上，相信他们能带领国人走向复兴。中国共产党执政后，对张元济、邹韬奋给予了充分礼遇。张元济耄耋之年仍当选为全国人大代表，毛泽东还提名他担任上海市文史馆馆长。邹韬奋尽管在五十知天命之年因耳癌病逝，但毛泽东、朱德、陈毅等人先后题词纪念，以其名字命名的"韬奋出版奖"（即"长江韬奋奖"），至今仍是业界最高的荣誉。

张元济、邹韬奋之所以数十年一日，兢兢业业、任劳任怨投身编辑出版行业，对于这项事业的执着、热爱是最根本的动因。张元济后来有机会"复出"回京做官，甚至被邀请出任北洋政府的教育总长，他都不为所动。为了生计，编好刊物之余，邹韬奋经常写作、翻译到深夜。20世纪40年代，受时局等因素影响，加之清贫自守，张元济同样长期以鬻文卖字维持生计，商务印书馆《东方杂志》等先后刊有他的《鬻书润例》广告，有时他也希望亲朋好友帮忙宣传，"但望为我吹嘘，招徕写件"①。

① 张元济.张元济全集（第5卷，诗文）[Z].北京：商务印书馆，2008：590.

张元济、邹韬奋都是节俭、公私分明之人。"张菊生先生更有一种习性，特别爱惜纸张，对馆内公事来往所写的手札，都是利用极狭小的纸边或废纸，信封通常用收到的旧信封重复使用，很少见到他用过整张信纸和新的信封。在他的影响下，利用旧信封和纸边在商务印书馆内相沿成风。"①邹韬奋在生活周刊社、生活书店，稿笺只为公用，他的私人信函、稿件都自备稿纸、信封。此外，张元济不抽烟，不喝酒，公务之外，他比较喜欢听昆曲，偶尔去听戏，随身备着《集成曲谱》以便对照。邹韬奋同样不嗜烟酒，据邹嘉骊回忆，"我的父亲邹韬奋是一个幽默又有情趣的人。他喜欢看电影，在一些聚会场合，还会去模仿卓别林的表演，逗得朋友们很开心。有段时间他还学跳舞，平时锻炼身体常做一套健身操"②。

正所谓金无足赤人无完人，张元济有时办事过于认真和苛求，个性极强。"张菊老之要求严，很多人是受不了的。一个好处是他对自己严，否则更不行。他在一个封建社会，处身于上层，内心中间很骄傲，实在是很看不起人的。……而且脾气非常暴躁。有时提出使人难堪的条件。章锡琛离开商务，他（张）有很大的感情作用。但平心而论，他使商务印书馆成为一个正派出版社。"③张元济在商务印书馆曾请辞编译所所长、经理、监理职务，究其原因，主要是他与高凤池总经理等人在经营管理、改革等方面的政见差异，但不可否认，他喜欢管事又"眼里容不得沙"的个性，与此不无关系。1918 年，在给高

---

① 曹冰严.张元济与商务印书馆//宋应离，袁喜生，刘小敏.20 世纪中国著名编辑出版家研究资料汇辑（第 1 辑）[Z].开封：河南大学出版社，2005：49.

② 邹嘉骊，李伟.父亲邹韬奋与我们的家庭 [J].三联生活周刊，2012（29）.

③ 汪家熔.张元济 [Z].上海：上海辞书出版社，2012：320.

凤池的信中，张元济曾提及："弟于商业毫无经验，且嫉恶太严，去弊惟恐不速。两年以来默察情形，匪特与公主张不同，且违反多数人之心理。"①冰冻三尺非一日之寒。1926年辞去监理一职时，张元济又对高凤池感叹："十年以来，公与弟已尝互相舍而互相从矣。彼此所感痛苦，不可名言。"②

邹韬奋在其自述中，也反思自己有时接人待物过于急躁，没有耐心，比如他自认为不太适合做教员，尽管这是一件有趣味的工作。他总结的原因中首要的便是："一个是我的性太急，看见学生有时答不出，或是错误多了一些，我很容易生气，对于这种学生，我易于疾言厉色，似乎予人以难堪，事后往往懊悔，第二次遇着同样情形时仍不免再犯这个毛病；这样容易生气不但觉得对不住我的学生，对于我自己的健康也有损害。我觉得忍耐性也是做教师的应有的特性，我的忍耐性——至少在教学方面——太缺乏，因此我觉得自己还不十分适宜于做教员。"③

胡适、蔡元培、王云五等人曾以出版论文集的方式纪念张元济七十寿诞，并在征文启事中称他为富于新思想的旧学家，也是能实践新道德的老绅士，这可谓知人论世之言。邹韬奋则是一位主要接受新式西方教育成长起来的现代知识分子。因出版理想、家国情怀等旨趣趋同，他们的交集完成了两代知识分子的精神风骨的薪尽火传。韬奋基金会理事长聂震宁先生将韬奋精神归结为"为大众"、"爱祖国"、"敢斗争"、"善经营"、

① 张元济.张元济全集（第3卷，书信）[Z].北京：商务印书馆，2007：112.

② 张元济.张元济全集（第3卷，书信）[Z].北京：商务印书馆，2007：123.

③ 邹韬奋.经历[M].北京：中国工人出版社，2007：69-70.

"懂管理"、"真敬业"。① 并且，作为中国现代知识分子的代表，张元济、邹韬奋的交集主要在于抗战时期，他们以出版为志业，孜孜矻矻，服务大众，可以说继胡适、陈独秀等人发起的新文化运动之后，在抗战时期推动形成了中国现代史上另外一次启蒙与救亡运动的新潮。 时下，尽管出版格局、技术条件等与张元济、邹韬奋所处的时代早已不可同日而语，技艺层面的编辑出版活动更是发生了翻天覆地的变革，但总有一些精神气度能够穿越历史尘埃的重重迷雾，历久弥新，烛照着来者砥砺前行。

---

① 聂震宁.韬奋精神六讲[M].北京：人民出版社，2015.

结 语

我们依然有理由相信，通过知识分子的不懈努力，媒介系统有可能壮大为推动时代进步历程中一支重要的民主力量，媒介传播将不断为传承人类文明、建立公平正义的社会秩序乃至实现人的自由全面发展，提供源源不竭的智力支持和精神养料，虽任重而道远，但功不唐捐。

邹韬奋编辑出版思想的转变及其实践，从一个侧面烛照出中国出版业从传统同人书报刊出版向职业化转型的时代潮流。如果说张元济、陆费逵、叶圣陶等人的编辑出版活动偏向于古籍、教育、学术领域的积累的话，那么，邹韬奋更倾向于都市大众文化建构，这在他对抗战文化的宣扬方面展现得更为明显，民国知识分子的精神传承与价值流变由此彰显。

一、邹韬奋与启蒙现代性

晚清民国以降，无论是传统帝国向民族国家的更迭，还是农耕文明向工业社会的演进，中国已多次遭遇现代性议题，进步与倒退博弈，激进与保守并存。鉴于"现代性"命题的丰富内涵和不同解读，其自身也充满矛盾性对抗，最终，关于现代性的各种要素，往往被整合到线性的社会、历史进程中予以论证，特别是现代化过程中政治、经济、社会和文化诸层面的互动与碰撞。

新闻出版业作为社会文化生活的一部分，其现代性因子涵盖技术变革、经营管理理念创新、制度完善等诸多面相。邹韬奋通过其言论和实践，强化了现代出版观念和原则。他所主持的《生活》周刊以及后来的生活书店，就其属性而言，为市场化的商业出版机构，因此不可避免需要遵循商业逻辑，自主经营，自负盈亏。邹韬奋以服务大众为己任，通过完善刊物定位和管理变革等举措，实现了商业上的成功。随着企业的发展，其事业性属性同样凸显。邹韬奋对于事业性的强调，突出表现在为国家民族服务方面。这与当前新闻出版界强调"社会效益与经济效益"统一协调的理念一脉相承。中华人民共和国成立前夕，生活书店与读书出版社、新知书店合并，成为如今北京生活·读书·新知三联书店的前身。2013年7月，经国家新闻出版广电总局批准，三联书店出资设立生活书店，由邹韬奋等人创办的出版界"老字号"得以恢复设立，这足见历史资源对于当代的影响，注重文化事业性的韬奋精神由此也更宜发扬光大。

就精神内核而言，邹韬奋的编辑出版活动与思想变迁，指向中国式现代启蒙。这种启蒙精神，除了包括民主、科学等新兴思想，革命、战争等宏大叙事，同样包括全民族的动员和普罗大众的自我觉醒。邹韬奋向来倡导建构"大众文化"，反对服务少数人的"关门主义"。这与他作为一名现代知识分子的身份意识不无关联。邹韬奋早年较为关注职业教育，对家庭婚姻等社会问题经常在报刊做出疏导性评论，后来他呼吁全民抗战、试图推进民主政治诉求等。这一系列言行，正是他作为一名知识分子，在破除封闭思想、群体动员、推进政治文明等方面的尝试和努力。

邹韬奋的"大众观"为中国现代媒介大众化以及建构大众文化方面提供了生动的实践样本。诚然，在传统文化的传承与弘扬方面，或就对世界新知的引进、推介而言，生活书店的积累和贡献难以与商务印书馆、中华书局等出版机构相提并论，但就书报刊媒介的大众化，对大众文化的传播和引导来说，邹韬奋及其所主持的期刊、日报、书店等，则旗鼓相当，这从《生活周刊》、《大众生活》十余万乃至二十万的发行量可得到一定程度的印证。出版方与读者之间，通过刊物平台，还维系着持久的信任关系和友好互动，这正是邹韬奋"竭诚为读者服务"的核心。除书报刊订阅，在日常生活方面，许多读者把生活书店同人当作好朋友，经常写信请求邹韬奋等人代购鞋子、衣料、书报，或就婚姻、求学、工作等生活困扰寻求帮助，邹韬奋等人都乐此不疲、纯义务性地尽可能满足读者需求。邹韬奋流亡海外期间，他本人同样直接受到过《生活》周刊读者在生活起居方面的关照。这种融洽、互助式的编读往来，超越了一般的编务层面，显示出邹韬奋等人服务大众的成就，在今天看来，难能可贵。

邹韬奋本人的编辑出版活动和著述，留下了丰富的史料，这利于后世学人从中梳理考察民国时期上海、汉口、重庆、香港等地的出版状况，或探讨民众、知识分子的抗战历史，也可用以分析国民政府的政制变迁与改革，民国都市文化生态等议题。以邹韬奋为中心的"生活"同人，他们以各自的编辑出版实践，不但筑成了民国新闻出版界一道文化景观，并且为中华人民共和国的新闻出版业造就了人才，如胡愈之曾出任原出版总署署长等职。虽然时过境迁，邹韬奋服务大众、淡泊名利、创辟榛莽的精神仍值得来者借鉴。邹韬奋善于把握时代主题（如思想启蒙、抗战救亡），注重事业性与商业性协调发展，同时拥有心系家国众生的出版情怀。这为他所主持、管理的报刊和书店赢得了广泛读者，上述理念对于当前转企改制后的中国新闻出版业来说，同样富有启迪。

二、知识分子的话语空间与批判立场

时代所期许的知识分子，当是社会的良心、真理的捍卫者、通往正义与公平之路的清道夫，正如宋代张载"横渠四句"所言，他们希冀为天地立心，为生民立命，为往圣继绝学，乃至为万世开太平，在道统、学统甚至政统上建言献策，从而为自我价值的实现加冕。

以此为结穴，对于知识分子尤其是传媒型知识分子而言，加强道德自律和职业修养便应是一项持之以恒的基本修炼，否则其言行的公信力、说服力将大打折扣。左拉因德雷福斯事件向法国当局发出了"我控诉"的时代强音而名震一时，但反德雷福斯派将矛头指向他的私生活；乔姆斯基因反对美国发动越战、阿富汗战争赢得广泛赞誉，但他否定柬埔寨"红色高棉"大屠杀行为的言论同样饱受争议；英国学者保罗·约翰逊在其名作《知识分子》一书中，对卢梭、托尔斯泰、易卜生、雪莱、海明威、罗素、萨特等人进行了解构和祛魅：尽管他们在人类思想、文学、艺术等领域取得了卓尔不群的成就，但同时在生活或作风方面存在诸多缺憾、弊病，或放纵于混乱的情感生活，或沽名钓誉、疯狂逐利，或言行不一、对他人与自我实行双重标准。在当今众声喧哗、不乏媚俗的知识界、媒体圈、舆论场，类似乱象并不鲜见。"公共知识分子"被推下了众人仰望的神坛，他们中许多人不再发出独立的自身话语，却为特殊利益集团和政治势力代言，变异为被民众揶揄、嘲笑的对象。这足以引人反思：对于广大知识分子而言，"反求诸己"仍是一项长期而严肃的课题。

以上述情形为参照反观邹韬奋，无论是其服务大众的编辑出版思想与实践，还是清贫自守、兢兢业业的优良品格，都可谓留存了传媒型知识分子应有的道德和情操。从他拒绝国民政府的高官厚禄、威逼利诱到甘愿与中国共产党休戚与共、肝胆相照，其风骨可与《大公报》张季鸾揭橥的"不党、不卖、不私、不盲"办报原则引为奥援，也与《申报》总经理史量才"国有国格，报有报格，人有人格"的三位一体宣言声同气求，且历久弥新。当我们对当前虚假报道、媚俗、哗众取宠等新闻出版业态习焉不察、见怪不怪的时候，追念邹韬奋等人宁折不弯的气度，更让人心生温情和敬意。

在近 20 年的新闻出版实践中，邹韬奋留下了约 800 万字的文章、编译作品，因许多是报道需要的急就章，自然不可能篇篇精彩，但在对时局的针砭中，他所展现的"反讽"风格颇具特色，这一定程度上可视为中国"文人论政"传统的回响，其话语中蕴含的批判性色彩，承载了邹韬奋作为一名知识分子的道义和担当。

三、新闻出版业的多元治理模式

中国现代出版转型并非进化论式的线性发展或螺旋上升，也可能出现"退化"现象，如邹韬奋曾因言获罪，被迫流亡，其所主持的报刊以及生活书店均遭到封杀。邹韬奋对国民党失望、逐步转向共产主义信仰的历程在一定程度上反映出：当局刻意打压、封杀知识分子法律许可范围内的话语空间，容易引发其对相应出版传媒体制的反弹，导致价值认同离心倾向；保持自由发声的探讨空间，反而更便于知识分子群体和而不同、多元共生。当权者的诚意与尊重，同样会对知识分子群体形成认同产生影响。

革命年代毕竟已成为过去式。在互联网时代，日新月异的技术变革，催生并推动新闻出版业不断转型，通过书报刊平面媒体散布新闻、知识、思想、意识形态的传播模式，日益被即时、便捷、超文本的散发式网络传播所取代，普罗大众"人人都有麦克风"的状况越趋普遍，"自媒体"、"流媒体"盛行，不断消解着传统集权主义垂直管制的效力。基于上述类似情势，单一、自上而下的垂直式政府规制，应由多元共生的扁平化管理模式所补充、完善，在强化从业者自律的同时，行业协会、组织的监督引导功能同样值得重视。多元管理模式诉诸媒介独立、政企分开等核心议题，这是实现中国新闻出版界现代化变革的未竟之业。自由并非无所限制，应持辩证观，有所扬弃。在涉及暴力、色情、犯罪、弱势群体等报道时，国家权力机关的干预和引导不但不能缺失，反而更显必要。概言之，自由应在法律范围内，且遵循对他人、社会无害而有益的原则，个体特别是媒体从业人员则为其言行承担责任。国家通过法律法规规制新闻出版市场，制定从业标准，规范竞争行为等举措，对于维护行业良性、健康、持续发展同样不可或缺。

在主办《生活日报》时，邹韬奋曾对未来的报刊编辑出版事业展开过憧憬。他期待着将来《生活日报》真正成为大众集体的作品，由全国各地的工人、农民、职员、学生等直接供给言论和新闻资料，而不是由少数的职业投稿家和新闻记者包办一切，销量可达百万计，真正实现广泛覆盖。时至今日，就物质和技术层面而言，邹韬奋的理想很大程度上已经实现或完全超越了。另一方面，究竟有多少新闻出版者真正立足于大众的立场，不受商业化的过度侵蚀，不受权势力量的过度干预，却仍是一系列有待深入探讨的命题。但我们依然有理由相信，通过知识分子的不懈努力，媒介系统有可能壮大为推动时代进步历程中一支重要的民主力量，媒介传播将不断为传承人类文明、建立公平正义的社会秩序乃至实现人的自由全面发展，提供源源不竭的智力支持和精神养料，虽任重而道远，但功不唐捐。

以邹韬奋为中心探究民国知识分子与现代出版转型相关研究，因其对象为历史人物和事件，容易陷入意识形态话语惯性的路径依赖中去，后续研究应更多地发掘一手资料，如进一步搜集、查阅、研判与邹韬奋以及生活书店等有关的民国档案文献，以此支撑立论。同时，布尔迪厄、韦伯等人的知识分子理论有待进一步深化理解、融合，并在考虑中西语境适用性的前提下，加以解析邹韬奋作为现代知识分子的编辑出版实践和文化生产活动。对邹韬奋与胡适、范长江、胡愈之、郑振铎等人的交往史考察，仍有待进一步细化阐释，以便将来把本研究推向纵深。

参考文献

（各部分文献以作者、编者姓名的拼音顺序排列）

一、邹韬奋研究汇编史料

1. 北京印刷学院，韬奋纪念馆.《店务通讯》排印本（共3卷）［Z］.上海：学林出版社，2007.

2. 生活书店史稿编辑委员会. 生活书店史稿［M］.北京：生活书店，2013.

3. 韬奋基金会韬奋著作编辑部. 韬奋全集（1-14卷）［Z］.上海：上海人民出版社，1995.

4. 邹嘉骊. 韬奋著译系年目录［Z］.上海：学林出版社，1984.

5. 邹嘉骊. 忆韬奋［Z］.上海：学林出版社，1985.

6. 邹嘉骊. 韬奋年谱（1-3卷）［Z］.上海：上海文艺出版社，2005.

7. 邹嘉骊. 别样的家书：宋庆龄、沈粹缜往来书信集［Z］.上海：上海人民出版社，2015.

8. 邹韬奋. 韬奋文集（1-3卷）［Z］.北京：生活·读书·新知三联书店，1955.

9. 邹韬奋.《生活》周刊影印本（1-8卷）[Z].北京：人民出版社，1980.

10. 邹韬奋.《大众生活》新1-30号影印本（香港版）[Z].上海：上海书店，1981.

11. 邹韬奋.《生活日报》影印本[Z].上海：上海书店，1981.

12. 邹韬奋.《生活日报星期增刊》影印本[Z].上海：上海书店，1981.

13. 邹韬奋.《生活星期刊》影印本[Z].上海：上海书店，1981.

14. 邹韬奋.《大众生活》第1-16期影印本[Z].上海：上海书店，1982.

15. 邹韬奋.《抗战》三日刊影印本[Z].上海：上海书店，1984.

二、邹韬奋研究著作类文献

1. 陈挥.韬奋评传[M].上海：上海交通大学出版社，2009.

2. 龚鹏.邹韬奋启蒙思想研究[M].北京：中国社会科学出版社，2011.

3. 郝丹立.韬奋新论：邹韬奋思想发展历程研究[M].北京：当代中国出版社，2002.

4. 雷群明.韬奋论新闻出版[Z].上海：学林出版社，2009.

5. 马仲扬，苏克尘.邹韬奋传记[M].重庆：重庆出版社，1997.

6. 穆欣.邹韬奋[M].北京：首都师范大学出版社，1995.

7. 潘大明.韬奋人格发展的轨迹[M].上海：上海文艺出

版社，1998.

8. 沈谦芳. 邹韬奋传［M］. 济南：山东人民出版社，1998.

9. 韬奋基金会韬奋著作编辑部. 韬奋研究论文集［C］. 上海：上海人民出版社，1997.

10. 韬奋纪念馆. 邹韬奋研究（第一辑）［C］. 上海：学林出版社，2004.

11. 韬奋纪念馆. 邹韬奋研究（第二辑）［C］. 上海：学林出版社，2005.

12. 韬奋纪念馆. 邹韬奋研究（第三辑）［C］. 上海：学林出版社，2008.

13. 韬奋纪念馆. 邹韬奋研究（第四辑）［C］. 上海：上海三联书店，2016.

14. 武志勇. 韬奋经营管理方略［M］. 北京：中央编译出版社，2000.

15. 俞月亭. 韬奋论［M］. 石家庄：河北教育出版社，1991.

16. 赵文.《生活》周刊（1925－1933）与城市平民文化［M］. 上海：上海三联书店，2010.

三、邹韬奋研究论文类资料

1. 程美东、胡尚元. 抗战时期的知识分子与中国共产党——以闻一多、韦君宜、邹韬奋、李鼎铭为例［J］. 北京科技大学学报（社会科学版），2007（1）.

2. 董亚秋. 报刊公共领域与邹韬奋［J］. 学理论，2012（12）.

3. 郝丹立. 论韬奋研究的时代转型——兼论《韬奋文集·序》的价值取向［J］. 编辑学刊，2001（4）.

4. 郝丹立. 邹韬奋的知识分子观——从其对陈布雷、胡适

的评价说起 [J]. 四川教育学院学报，2002（7）.

5. 黄瑚，李楠. 学习邹韬奋的服务精神——纪念韬奋诞辰115 周年 [J]. 新闻记者，2010（12）.

6. 黄禹铭. 邹韬奋《生活日报》的办报经历 [J]. 东南传播，2012（2）.

7. 雷群明. 韬奋精神的核心 [J]. 编辑学刊，2004（5）.

8. 李华. 邹韬奋与中国近代新文化 [D]. 山东师范大学硕士学位论文，2002.

9. 李凌. 邹韬奋新闻工作思想及历史贡献 [J]. 兰台世界，2014（1）.

10. 李云桃.《生活》周刊时期邹韬奋的妇女观探析 [D]. 浙江大学硕士学位论文，2007.

11. 梁德学. 生活书店经营管理研究 [D]. 兰州大学硕士学位论文，2009.

12. 马彩红. 邹韬奋国外通讯研究 [D]. 河北大学硕士学位论文，2006.

13. 孟晖. 邹韬奋《经历》等自传的研究 [D]. 复旦大学硕士学位论文，2008.

14. 秋石. 关于鲁迅、黄源同生活书店风波由来考辨 [J]. 文艺理论与批评，2003（5）.

15. 孙景峰. 邹韬奋的出版广告思想与实践 [J]. 出版发行研究，2000（10）.

16. 唐森树. 邹韬奋的期刊编辑改革创新精神 [J]. 改革与战略，2005（5）.

17. 王琳.《抗战》三日刊研究 [D]. 北京印刷学院硕士学位论文，2006.

18. 吴锋、殷俊、孟磊. 从韬奋原型看韬奋新闻奖评选得失——韬奋新闻奖评选 20 年的回顾与反思 [J]. 科技与出版，2013（1）.

19. 徐光煦. 邹韬奋曲折参政路 [J]. 红岩春秋，2013（6）.

20. 朱生华. 邹韬奋的人才思想与用人之道 [J]. 武汉学刊，2012（1）.

四、其他相关论著

1. 柏杨. 丑陋的中国人 [M]. 北京：人民文学出版社，2008.

2. 蔡翔. 大学出版发展战略研究 [M]. 北京：中国传媒大学出版社，2008.

3. 陈力丹. 精神交往论：马克思恩格斯的传播观 [M]. 北京：中国人民大学出版社，2008.

4. 陈龙. 书生报国——民国那些大记者 [M]. 武汉：湖北人民出版社，2011.

5. 陈明远. 文化人的经济生活 [Z]. 西安：陕西人民出版社，2013.

6. 陈树萍. 北新书局与中国现代文学 [M]. 上海：上海三联书店，2008.

7. 陈旭麓. 近代中国社会的新陈代谢 [M]. 北京：中国人民大学出版社，2012.

8. 陈占彪. 五四知识分子的淑世意识 [M]. 北京：商务印书馆，2010.

9. 杜维明. 现代精神与儒家传统 [M]. 北京：生活·读书·新知三联书店，2013.

10. 范军. 出版文化与产业专题研究 [M]. 武汉：华中师范大学出版社，2012.

11. 方汉奇. 中国近代报刊史（上、下）[M]. 太原：山西教育出版社，2012.

12. 费孝通. 乡土中国 [M]. 北京：人民出版社，2008.

13. 傅国涌. 笔底波澜：百年中国言论史的一种读法 [M]. 桂林：广西师范大学出版社，2006.

14. 耿云志. 近代中国文化转型研究导论 [M]. 成都：四川人民出版社，2008.

15. 哈佛燕京学社. 启蒙的反思 [Z]. 南京：江苏教育出版社，2005.

16. 郝振省. 出版六十年书店的故事 [Z]. 北京：中国书籍出版社，2009.

17. 何怀宏. 独立知识分子 [M]. 重庆：重庆出版社，2013.

18. 胡慧君. 抗日战争时期的胡适 [M]. 杭州：浙江大学出版社，2013.

19. 胡愈之. 我的回忆 [M]. 南京：江苏人民出版社，1990.

20. 江苏省政协文史资料委员会. 新文化出版家徐伯昕 [Z]. 北京：中国文史出版社，1994.

21. 李金铨. 文人论政——知识分子与报刊 [Z]. 桂林：广西师范大学出版社，2008.

22. 李频. 编辑家茅盾评传 [M]. 开封：河南大学出版社，2006.

23. 李频. 出版：人学絮语 [Z]. 郑州：河南大学出版社，2012.

24. 李勇军. 再见，老杂志：细节中的民国记录 [Z]. 北京：北京工业大学出版社，2010.

25. 林贤治. 纸上的声音 [Z]. 桂林：漓江出版社，2015.

26. 林贤治. 五四之魂：中国知识分子精神史 [M]. 桂林：广西师范大学出版社，2008.

27. 林贤治. 午夜的幽光：关于知识分子的札记 [Z]. 桂林：广西师范大学出版社，2005.

28. 林语堂. 吾国与吾民 [M]. 南京：江苏文艺出版社, 2010.

29. 柳斌杰. 论文化体制改革 [M]. 北京：人民出版社, 2013.

30. 刘小枫. 现代性社会理论绪论：现代性与现代中国 [M]. 上海：上海三联书店, 1998.

31. 刘晓红. 西方传播政治经济学研究 [M]. 上海：上海人民出版社, 2007.

32. 罗志田. 激变时代的文化与政治：从新文化运动到北伐 [M]. 北京：北京大学出版社, 2006.

33. 马振犊. 抗战中的蒋介石 [M]. 北京：九州出版社, 2013.

34. 茅盾, 韦韬. 茅盾回忆录 [M]. 北京：华文出版社, 2013.

35. 摩罗. 中国的疼痛：国民性批判与文化政治学困境 [M]. 上海：复旦大学出版社, 2011.

36. 摩罗, 杨帆. 人性的复苏：国民性批判的起源与反思 [Z]. 上海：复旦大学出版社, 2011.

37. 聂震宁. 我们的出版文化观 [M]. 北京：中国书籍出版社, 2008.

38. 钱穆. 从中国历史来看中国民族性及中国文化 [M]. 北京：九州出版社, 2011.

39. 邵建. 知识分子与人文 [M]. 北京：中国社会出版社, 2009.

40. 史春风. 商务印书馆与中国近代文化 [M]. 北京：北京大学出版社, 2006.

41. 宋应离, 袁喜生, 刘小敏. 20 世纪中国著名编辑出版家研究资料汇辑（1－10 卷）[Z]. 开封：河南大学出版社, 2007.

42. 宋原放，等.中国出版史料（1-3卷）［Z］.武汉：湖北教育出版社，2004.

43. 宋原放，陈江.中国出版史料（现代部分补卷，1-3册）［Z］.济南：山东教育出版社，武汉：湖北教育出版社，2006.

44. 彤新春.时代变迁与媒体转型：大公报1902-1966年［M］.北京：社会科学文献出版社，2013.

45. 汪晖.现代中国思想的兴起［M］.北京：生活·读书·新知三联书店，2008.

46. 王岳川.媒介哲学［Z］.开封：河南大学出版社，2004：127.

47. 王芝琛.百年沧桑：王芸生与《大公报》［M］.北京：工人出版社，2001.

48. 吴永贵.民国出版史［M］.福州：福建人民出版社，2011.

49. 夏衍.懒寻旧梦录［M］.北京：生活·读书·新知三联书店，2006.

50. 谢慧.知识分子的救亡努力：《今日评论》与抗战时期中国政策的抉择［M］.北京：社会科学文献出版社，2010.

51. 谢泳.书生的困境：中国现代知识分子问题简论［M］.桂林：广西师范大学出版社，2009.

52. 谢泳.逝去的年代：中国自由知识分子的命运［M］.福州：福建教育出版社，2013.

53. 许纪霖.现代性的多元反思［C］.南京：江苏人民出版社，2008.

54. 许纪霖，等.近代中国知识分子的公共交往［M］.上海：上海人民出版社，2008.

55. 许纪霖.启蒙如何起死回生：现代中国知识分子的思想困境［M］.北京：北京大学出版社，2011.

56．徐复观．中国知识分子精神［Z］．上海：华东师范大学出版社，2004．

57．徐铸成．报海旧闻（修订版）［M］．北京：生活·读书·新知三联书店，2010．

58．阎晓宏．中国版权年鉴［Z］．北京：中国人民大学出版社，2010．

59．杨奎松．忍不住的"关怀"（增订版）：1949年前后的书生与政治［M］．桂林：广西师大出版社，2013．

60．杨天石．蒋介石与南京国民政府［M］．北京：中国人民大学出版社，2007．

61．余英时．士与中国文化［M］．上海：上海人民出版社，2003．

62．袁伟时．中国现代思想散论［M］．上海：上海三联书店，2008．

63．赵家璧．编辑忆旧［M］．北京：中华书局，2008．

64．张宝明．多维视野下的《新青年》研究［M］．北京：商务印书馆，2007．

65．张国功．温情与敬意：一个出版人的编余零墨［M］．南昌：百花洲文艺出版社，2010．

66．张灏．危机中的中国知识分子：寻求秩序与意义［M］．王跃，高力克，毛小林，译．北京：新星出版社，2006．

67．张静庐．中国近现代出版史料（1-8卷）［Z］．上海：上海书店出版社，2004．

68．张树年．我的父亲张元济［M］．天津：百花文艺出版社，2006．

69．张耀杰．北大教授与《新青年》［M］．北京：中国言实出版社，2007．

70．张志强．现代出版学［M］．苏州：苏州大学出版社，2003．

71. 周宁. 天朝遥远：西方的中国形象研究（上下）[M]. 北京：北京大学出版社，2006.

72. 周天度. 七君子传 [M]. 北京：中国社会科学出版社，1989.

73. 周蔚华，等. 数字传播与出版转型 [M]. 北京：北京大学出版社，2011.

74. 资中筠. 士人风骨 [Z]. 桂林：广西师范大学出版社，2011.

五、中译本文献

1. 阿尔弗雷德·格罗塞. 身份认同的困境 [M]. 王鲲，译. 北京：社会科学文献出版社，2010.

2. 爱德华·S. 赫尔曼，诺姆·乔姆斯基. 制造共识：大众传媒的政治经济学 [M]. 邵红松，译. 北京：北京大学出版社，2011.

3. 艾历克斯·英格尔斯. 国民性：心理—社会的视角 [M]. 王今一，译. 北京：社会科学文献出版社，2012.

4. 埃里克·M. 艾森伯格，小 H. L. 古多尔. 组织传播：平衡创造性和约束 [M]. 白春生，王秀丽，张璟，译. 北京：北京广播学院出版社，2004.

5. 埃里克·霍布斯鲍姆. 民族与民族主义 [M]. 李金梅，译. 上海：上海人民出版社，2000.

6. 埃里克·霍弗. 狂热分子：群众运动圣经 [M]. 梁永安，译. 桂林：广西师范大学出版社，2011.

7. 安东尼·吉登斯. 现代性与自我认同 [M]. 赵旭东，方文，译. 北京：生活·读书·新知三联书店，1998.

8. 安东尼·吉登斯. 超越左与右：激进政治的未来 [M]. 李惠斌，杨雪冬，译. 北京：社会科学文献出版社，2000.

9. 安东尼·史密斯. 民族主义：理论意识形态、历史

[M]．叶江，译．上海：上海人民出版社，2006.

10．安东尼奥·葛兰西．狱中札记[M]．曹雷雨，姜丽，张跣，译．北京：中国社会科学出版社，2000.

11．奥格尔斯，等．大众传播学：影响研究范式[M]．常昌富，关世杰，等，译．北京：中国社会科学出版社，2000.

12．奥特弗利德·赫费．全球化时代的民主[M]．庞学铨，李张林，译．上海：上海译文出版社，2007.

13．巴斯卡尔·博尼法斯．造假的知识分子：谎言专家们的媒体胜利[M]．河清，译．北京：商务印书馆，2013.

14．白瑞华．中国近代报刊史[M]．苏世军，译．北京：中央编译出版社，2013.

15．彼得·奥斯本．时间的政治：现代性与先锋[M]．王志宏，译．北京：商务印书馆，2014.

16．辜鸿铭．中国人的精神[M]．李晨曦，译．南京：译林出版社，2012.

17．理查德·A.波斯纳．公共知识分子：衰落之研究[M]．徐昕，译．北京：中国政法大学出版社，2002.

18．布尔迪厄，等．文化资本与社会炼金术：布尔迪厄访谈录[Z]．包亚明，译．上海：上海人民出版社，1997.

19．保罗·F.拉扎斯菲尔德，等．人民的选择：选民如何在总统选战中做决定（第三版）[M]．唐茜，译．北京：中国人民大学出版社，2012.

20．保罗·约翰逊．知识分子[M]．杨正润，译．南京：江苏人民出版社，2003.

21．本尼迪克特·安德森．想象的共同体：民族主义的起源与散布[M]．吴叡人，译．上海：上海人民出版社，2011.

22．戴维·斯沃茨．文化与权力：布尔迪厄的社会学[M]．陶东风，译．上海：上海译文出版社，2012.

23．丹·席勒．信息拜物教：批判与解构[M]．邢立军，方军祥，凌金良，译. 北京：中国社会科学文献出版社，2008.

24. 丹尼·卡瓦拉罗. 文化理论关键词 [M]. 张卫东，张生，赵顺宏，译. 南京：江苏人民出版社，2006.

25. 丹尼尔·C. 哈林，保罗·曼奇尼. 比较媒介体制——媒介与政治的三种模式 [M]. 陈娟，展江，译. 北京：中国人民大学出版社，2012.

26. 丹尼斯·麦奎尔. 受众分析 [M]. 刘燕南，李颖，杨振荣，译. 北京：中国人民大学出版社，2006.

27. 道格拉斯·凯尔纳. 媒体文化：介于现代与后现代之间的文化研究、认同性与政治的新描述 [M]. 丁宁，译. 北京：商务印书馆，2004.

28. 菲利普·帕特森，李·威尔金斯. 媒介伦理学：问题与案例 [M]. 李青藜，译. 北京：中国人民大学出版社，2006.

29. 费迪南·布伦蒂埃，等. 批判知识分子的批判 [M]. 王增进，译. 北京：中国社会科学出版社，2007.

30. 费正清. 中国：传统与变迁 [M]. 张沛，译. 北京：世界知识出版社，2002.

31. 弗里德利希·冯·哈耶克. 通往奴役之路 [M]. 王明毅，冯兴元，译. 北京：中国社会科学出版社，1997.

32. 弗里德利希·冯·哈耶克. 致命的自负：社会主义的谬误 [M]. 冯克利，等，译. 北京：中国社会科学出版社，2009.

33. 弗朗西斯·福山. 历史的终结及最后之人 [M]. 黄胜强，许铭原，译. 北京：中国社会科学出版社，2003.

34. 格里德尔. 知识分子与现代中国：他们与国家关系的历史叙述 [M]. 单正平，译. 桂林：广西师范大学出版社，2010.

35. 古斯塔夫·勒庞. 乌合之众：大众心理研究 [M]. 冯克利，译. 桂林：广西师范大学出版社，2011.

36. 哈贝马斯. 公共领域的结构转型［M］. 曹卫东，译. 上海：学林出版社，1999.

37. 哈贝马斯. 现代性的哲学话语［M］. 曹卫东，译. 南京：译林出版社，2011.

38. 哈罗德·D. 拉斯韦尔. 世界大战中的宣传技巧［M］. 田青，张洁，译. 北京：中国人民大学出版社，2003.

39. 哈罗德·拉斯韦尔. 社会传播的结构与功能［M］. 何道宽，译. 北京：中国传媒大学出版社，2013.

40. 哈罗德·伊尼斯. 传播的偏向［M］. 何道宽，译. 北京：中国传媒大学出版社，2013.

41. 汉娜·阿伦特. 极权主义的起源［M］. 林骧华，译. 北京：生活·读书·新知三联书店，2008.

42. 加里·德斯勒. 人力资源管理（第十二版）［M］. 刘昕，译. 北京：中国人民大学出版社，2012.

43. 居依·德波. 景观社会［M］. 王昭风，译. 南京：南京大学出版社，2006.

44. 卡尔·波普尔. 开放社会及其敌人（第二卷）［M］. 郑一明，等，译. 北京：中国社会科学出版社，1999.

45. 卡尔·曼海姆. 意识形态与乌托邦［M］. 黎鸣，李书崇，译. 上海：上海三联书店，2011.

46. 凯瑟琳·米勒. 组织传播（第二版）［M］. 袁军，石丹，周积华，吴燕春，译. 北京：华夏出版社，2000.

47. 孔飞力. 叫魂：1768 年中国妖术大恐慌［M］. 陈兼，刘昶，译. 北京：生活·读书·新知三联书店，2012.

48. 孔飞力. 中国现代国家的起源［M］. 陈兼，陈之宏，译. 北京：生活·读书·新知三联书店，2013.

49. 拉塞尔·雅各比. 乌托邦之死［M］. 姚建彬，译. 北京：新星出版社，2007.

50. 雷吉斯·德布雷. 两面之词：关于革命问题的通信

[Z]. 赵汀阳,张万申,译. 北京:中信出版社,2014.

51. 雷蒙·阿隆. 知识分子的鸦片 [M]. 吕一民,顾杭,译. 南京:译林出版社,2012.

52. 利昂·纳尔逊·弗林特. 报纸的良知——新闻事业的原则和问题案例讲义 [M]. 萧严,李青藜,译. 展江,校. 北京:中国人民大学出版社,2005.

53. 里亚·格林菲尔德. 民族主义:走向现代的五条道路 [M]. 王春华,等,译. 刘北成,校. 上海:上海三联书店,2010.

54. 理查德·A. 波斯纳. 公共知识分子:衰落之研究 [M]. 徐昕,译. 北京:中国政法大学出版社,2002.

55. 理查德·罗蒂. 偶然、反讽与团结 [M]. 徐文瑞,译. 北京:商务印书馆,2003.

56. 李欧梵. 上海摩登(修订版)[M]. 毛尖,译. 北京:人民文学出版社,2010.

57. 罗伯特·哈克特,赵月枝. 维系民主? 西方政治与新闻客观性 [M]. 沈荟,周雨,译. 北京:清华大学出版社,2005.

58. 罗伯特·麦克切斯尼. 富媒体 穷民主:不确定时代的传播政治 [M]. 谢岳,译. 北京:新华出版社,2004.

59. 罗伯特·麦克切斯尼. 传播革命:紧要关头与媒体的未来 [M]. 高金萍,译. 上海译文出版社,2009.

60. E. M. 罗杰斯. 传播学史:一种传记式的方法 [M]. 殷晓蓉,译. 上海:上海译文出版社,2012.

61. 马克·里拉. 当知识分子遇到政治 [M]. 邓晓菁,王笑红,译. 北京:新星出版社,2005.

62. 马克·L. 纳普. 谎言与欺骗:人类社会永不落幕的演出 [M]. 郑芳芳,译. 北京:机械工业出版社,2011.

63. 马克斯·霍克海默,西奥多·阿多尔诺. 启蒙辩证法:

哲学断片［M］．渠敬东，曹卫东，译．上海：上海人民出版社，2006．

64．马克斯·韦伯．学术与政治（第三版）［Z］．冯克利，译．北京：生活·读书·新知三联书店，2013．

65．马克斯韦尔·麦库姆斯．议程设置：大众媒介与舆论［M］．郭镇之，徐培喜，译．北京：北京大学出版社，2008．

66．迈克尔·舒德森．为什么民主需要不可爱的新闻界［M］．贺文发，译．北京：华夏出版社，2010．

67．明恩溥．中国人的气质［M］．刘文飞，刘晓旸，译．北京：北京联合出版公司，2013．

68．尼古拉斯·加汉姆．解放·传媒·现代性：关于传媒和社会理论的讨论［M］．李岚，译．北京：新华出版社，2005．

69．尼克·史蒂文森．认识媒介文化——社会理论与大众传播［M］．王文斌，译．北京：商务印书馆，2001．

70．欧文·戈夫曼．污名：受损身份管理札记［M］．宋立宏，译．北京：商务印书馆，2009．

71．欧文·M. 费斯．言论自由的反讽［M］．刘擎，殷莹，译．北京：新星出版社，2005：14．

72．彼得斯．交流的无奈：传播思想史［M］．何道宽，译．北京：华夏出版社，2003．

73．前坂俊之．太平洋战争与日本新闻［M］．晏英，译．北京：新星出版社，2015．

74．乔万尼·萨托利．民主新论［M］．冯克利，阎克文，译．北京：东方出版社，1998．

75．切斯特·何尔康比．中国人的德性：西方学者眼中的中国镜像［M］．王剑，译．西安：陕西师范大学出版社，2007．

76．让-诺埃尔·卡普费雷．谣言：世界最古老的传媒［M］．郑若麟，译．上海：上海人民出版社，2008．

77．诺曼·费尔克拉夫．话语与社会变迁［M］．殷晓蓉，译. 北京: 华夏出版社, 2003.

78. 诺姆·乔姆斯基, 戴维·巴萨米安. 宣传与公共意识 [M]. 信强, 译. 上海: 上海译文出版社, 2006.

79. 爱德华·W. 萨义德. 知识分子论 [M]. 单德兴, 译. 陆建德, 校. 第二版. 北京: 生活·读书·新知三联书店, 2013.

80. 塞奇·莫斯科维奇. 群氓的时代 [M]. 许列, 薛丹云, 李继红, 译. 南京: 江苏人民出版社, 2006.

81. 托马斯·奥斯本. 启蒙面面观: 社会理论与真理伦理学 [M]. 郑丹丹, 译. 北京: 商务印书馆, 2007.

82. 托伊思·A. 梵·迪克. 作为话语的新闻 [M]. 曾庆香, 译. 北京: 华夏出版社, 2003: 85.

83. 瓦尔特·本雅明. 机械复制时代的艺术作品 [M]. 王才勇, 译. 北京: 中国城市出版社, 2013.

84. 威尔伯·施拉姆, 威廉·波特. 传播学概论 [M]. 何道宽, 译. 第二版. 北京: 中国人民大学出版社, 2010.

85. 文森特·莫斯可. 传播政治经济学 [M]. 胡春阳, 黄红宇, 姚建华, 译. 上海: 上海译文出版社, 2013.

86. 沃尔特·李普曼. 公众舆论 [M]. 阎克文, 江红, 译. 上海: 上海人民出版社: 2006.

87. 新闻自由委员会. 一个自由而负责的新闻界 [R]. 展江, 王征, 王涛, 译. 北京: 中国人民大学出版社, 2004.

88. 亚当·斯密. 道德情操论 [M]. 赵康乐, 译. 北京: 华夏出版社, 2014.

89. 以赛亚·伯林. 自由论 [M]. 胡传胜, 译. 南京: 译林出版社, 2011.

90. 约翰·埃尔德里奇. 获取信息: 新闻、真相和权力 [M]. 张威, 邓天颖, 主译. 北京: 新华出版社, 2004.

91. 约翰·费斯克. 理解大众文化 [M]. 王晓珏, 宋伟杰，译. 北京：中央编译出版社，2006.

92. 约翰·费斯克，等. 关键概念——传播与文化研究辞典 [M]. 李彬，译注. 第二版. 北京：新华出版社，2004.

93. 约翰·弥尔顿. 论出版自由 [M]. 吴之椿，译. 北京：商务印书馆，2008.

94. 约瑟夫·熊彼特. 资本主义、社会主义与民主 [M]. 吴良健，译. 北京：商务印书馆，1999.

95. 约书亚·梅罗维茨. 消失的地域：电子媒介对社会行为的影响 [M]. 肖志军，译. 北京：清华大学出版社，2002.

96. 朱利安·班达. 知识分子的背叛 [M]. 余碧平，译. 上海：上海人民出版社，2005.

六、外文文献

1. Benjamin I. Schwartz. Chinese Communism and the Rise of Mao. Cambridge：Cambridge University Press，1951.

2. John B. Thompson. Language and Symbolic Power. Cambridge, Mass. ：Harvard University Press，1991.

3. John King Fairbank，Edwin O. Reischauer. China：Tradition and Transformation. Boston：Houghton Mifflin Company，1978.

后 记

本书为笔者博士论文基础上的修订版。

遥想匆匆 2012 年夏季的某个傍晚，在北京某合租房内，笔者接到聂师震宁先生来电及勉励的场景至今历历在目。此后，笔者得以拜入聂先生门下，开始博士研究生求学历程，这是此生莫大的荣幸。聂先生在业界、学界、政界德高望重，对后学奖掖有加、大力提携，其道德文章、言传身教，处处彰显出长者风范，春风化雨，润物无声。先生传道授业、耳提面命的同时，还为笔者提供在韬奋基金会担任志愿者的工作，这既让笔者有时常向先生请教之便，也很好地解决了生活来源问题，得以营造一个心无旁骛、安心求学的优良环境。每有新书佳作如《出版者说——关于书刊出版的理解与随想》出版后，先生都题签并在扉页钤上一方雅趣十足的篆刻名章惠赠，睹物念师恩，内心常常不由涌动着融融暖意。先生于笔者，恩重如山，任何致谢之词均显苍白无力，唯期盼不久的将来，自己也能在某行业、某领域有所作为，以期报师恩于万一，尽管先生所有的提携、教诲、帮助，从来不奢求学生们的任何回报。

蔡翔先生的鼓励、教诲同样令笔者感佩。入学以来，蔡先生对笔者在学业上多有指导，并提供机会让笔者在中国传媒大学出版社继续从事编辑出版实务锻炼，不胜感激。李频先生学养深厚，为人为学严谨、细致，每见好文章，每有新体会，不时转发给大家学习，这种师生间的互动交流，对于笔者求学以及将来立志从事教学、科研相关工作无疑大有裨益。

每篇博士论文都凝聚着导师们的心血。拙作从确定议题、开题报告到中期考核、预答辩等，业师聂震宁先生以及蔡翔先生、李频先生、郝振省先生、张志强先生、袁军先生、雷跃捷先生、刘昶先生、段鹏先生、王宇女士、于殿利先生等均给予了批评、指正，并给出许多建设性意见。对于师长们的严格要求和学术指导，笔者谨致以诚挚的谢意。几位匿名评审专家亦对拙作提出了中肯的意见和建议，在此一并致谢。拙作与师长们的期许还有较大差距，但对个人而言，难免敝帚自珍，笔者将在后续的学习和工作中，进一步提升自己的学养，力求在为人、为学上都有所进步。师长先生们的嘉德懿行，永远是笔者此生铭记于心的山高水长。

南京大学信息管理学院孙建军院长、江莹书记、姜迎春书记、张志强先生等师长，在科研、工作、生活等多方面，给予笔者诸多指导和爱护，不胜感激。此外，王晓燕导师、肖启明先生、唐教授、颜叔、彭叔、青亦师兄、任教授、大年兄、国功兄、叶教授、雨晗师姐、唐师姐、阿豪、阿冬、石委员、阿贞、左健社长、燕姐、杨海平老师、王鹏涛老师、邓三鸿老师、丁晓蔚老师等师友，在笔者学习工作生活中都给予了许多关照和帮助，此情此谊，让笔者的青春多了许多美好的回忆。在此，笔者亦心存感念。

拙著得以顺利出版，南京大学出版社金鑫荣社长、施敏老师、郭艳娟老师倾注了诸多心力，在此谨致谢忱。

恩重于山，情深似海，偏偏致谢如何走笔都嫌太短。流光如电，时不我待，唯将家人、师友们的恩情、关爱、友谊铭记，继续在尘世与天地间跋涉。既与世界温柔相遇、刻骨相蚀，"我自不辱使命，使我与众生相聚"。

自 12 岁那年初秋离乡远行，便与家人聚少离多，谨以此献给我的父母家人，你们的善良、勤劳以及拳拳关爱，永远是我魂牵梦绕的精神家园。

河山万里，掌中日月，有情悲欢，端为难诉，唯赋新词旧韵数首，聊寄心曲：

浣溪沙

逐月岭南又帝京。凤台系马立金陵。江山风雨总关情。　　故景依稀千里梦，慈颜明灭万家灯。椿庭萱草可青青？

长相思

橘子洲，白鹭洲。混迹江湖多远游，怎堪二老忧？聚也欢，别也愁。叶落千山恨未休，层林覆古丘。

忆秦娥

凭阑眺。潇潇暮雨长安道。长安道，年年梧叶，待谁来扫？　　樽前应莫夸年少。月圆偏把离人照。离人照，故交伤别，一蓑芳草。

西江月

天地无边春色，美人几度闲愁。依稀家国忍凝眸，倾饮樽前浊酒。　　驰影江湖奔走，青葱岁月何留？雕龙策马衣轻裘，看取河山竞秀。

七律

雾锁楼台鹊踏枝，潇潇暮雨叶参差。
青楼咏唱燕台句，紫殿冰封后主词。

玄武龙腾惊旧梦，秦淮虎啸冷胭脂。
回看无限台城柳，犹似佳人浅醉时。

无题

故国万重山，秋花下海关。
春帆楼影在，建邺水吹寒。

画堂春

长空浩荡起青云，梧桐深处罗裙。小楼连夜雨纷纷，勾忆何人？　　浮世几番冷暖，且听花海风吟。我身非是恋芳尘，恨未逢君。

一剪梅

帘外金蝉未肯休，鸣罢青丘，响彻红楼。声声凄切上心头，非是悲秋，想把人留。　　何故江湖久漫游，逝水东流，忍对归舟？乡关唯向梦中求，山色清幽，你也温柔。

临江仙

欲逐离情沉逝水，偏偏耿耿难休。流光不肯为君留。先生骑鹤去，日落故人秋。　　何意名山传信史？亦曾漫说曹刘。多少英雄古来愁。低吟芳草岸，看杀帝王州！

青玉案

红尘总说西风妒，但吹落、千千树。我却常怜风自苦。含霜凝露，纷飞木叶，只为佳人舞。　　用情每至深深处，摹绘当年旧眉妩。一笔相思传尺素。祝君安好，青山无恙，还道花如故。

浣溪沙

征马不前水自东。伤心还与去年同。天涯有尽愿无穷。 百战山河荣辱系，千秋风雨是非空。金陵城外斗春风。

浣溪沙

春老台城一萼红。承平年少各匆匆。此情只与故人同。 知我殷忧诗句里，感君意气酒杯中。插花走马大江东。

潇湘　刘火雄　谨识

2017 年 11 月

图书在版编目（CIP）数据

邹韬奋与中国现代出版转型/刘火雄著.—南京：
南京大学出版社,2018.12
ISBN 978-7-305-19611-9

Ⅰ.①邹… Ⅱ.①刘… Ⅲ.①邹韬奋(1895—1944)
-人物研究②出版事业-文化史-研究-中国-现代
Ⅳ.①K825.42②G239.296

中国版本图书馆 CIP 数据核字(2017)第 286813 号

出版发行　南京大学出版社
社　　址　南京市汉口路 22 号　　　　邮　编　210093
出 版 人　金鑫荣
书　　名　**邹韬奋与中国现代出版转型**
著　　者　刘火雄
责任编辑　郭艳娟

照　　排　南京紫藤制版印务中心
印　　刷　南通印刷总厂有限公司
开　　本　880×1230　1/32　印张 8.125　字数 210 千
版　　次　2018 年 12 月第 1 版　2018 年 12 月第 1 次印刷
ISBN 978-7-305-19611-9
定　　价　32.00 元

网　　址　http://www.njupco.com
官方微博　http://weibo.com/njupco
官方微信　njupress
销售咨询　(025)83594756